新编21世纪高等职业教育精品教材 / 财务会计类 / 中国特色高水平高职学校建设项目成果
浙江省会计优势专业建设项目成果

Financial Analysis

财务分析

（第2版）

主　编◎施金影
副主编◎吴诗怡　薛叶佳

中国人民大学出版社
·北京·

图书在版编目（CIP）数据

财务分析/施金影主编．--2版．--北京：中国人民大学出版社，2022.10
新编21世纪高等职业教育精品教材．财务会计类
ISBN 978-7-300-31143-2

Ⅰ．①财… Ⅱ．①施… Ⅲ．①会计分析-高等职业教育-教材 Ⅳ．①F231.2

中国版本图书馆CIP数据核字（2022）第195426号

新编21世纪高等职业教育精品教材·财务会计类
中国特色高水平高职学校建设项目成果
浙江省会计优势专业建设项目成果
财务分析（第2版）
主　编　施金影
副主编　吴诗怡　薛叶佳
Caiwu Fenxi

出版发行	中国人民大学出版社		
社　　址	北京中关村大街31号	**邮政编码**	100080
电　　话	010－62511242（总编室）		010－62511770（质管部）
	010－82501766（邮购部）		010－62514148（门市部）
	010－62515195（发行公司）		010－62515275（盗版举报）
网　　址	http://www.crup.com.cn		
经　　销	新华书店		
印　　刷	天津鑫丰华印务有限公司	**版　　次**	2014年9月第1版
规　　格	185 mm×260 mm　16开本		2022年10月第2版
印　　张	16 插页1	**印　　次**	2022年10月第1次印刷
字　　数	357 000	**定　　价**	43.00元

第2版前言

随着市场经济的发展，我国经济已到达一个新的发展阶段。财务管理作为经济管理的重要组成部分，对从业人员的职业素质提出了较高的要求。财务人员不仅要掌握专业基础知识，还要学会充分利用企业财务报表所显示的信息，对企业的投资价值、盈利能力和成长性等方面进行判断和评价。财务分析是一门理论和实践紧密结合的、应用性极强的经济管理学科。本书遵循高等职业教育人才培养目标和人才培养模式改革的重点，充分吸收了国家示范性高等职业院校工学结合课程教学改革成果，突出职业性、实践性和开放性。本书紧紧围绕企业的经营活动和财务活动，深度跟进财务分析的理论前沿和新型实践，系统地探讨了财务分析学科的整体框架和重点领域，深入地阐述了财务分析的主要内容和重要方法，较全面地构建了现代财务分析理论和方法体系，旨在提高读者的财务分析水平和职业判断能力。

本书在借鉴国内外同类优秀教材的基础上，在设计编写体例时，既强调基本知识和专业技能的学习，又强化职业素质和职业道德的培养，根据财务分析框架，按照由浅入深、循序渐进的认知规律来安排总体结构和各项目内容，每个项目主要包括“学习目标”“引导案例”“任务描述”“基本知识与技能”“典型案例”“学思之窗”“项目小结”“项目训练”“项目实训”等内容。除了系统介绍理论知识外，本书还结合例题和教学案例进行具体分析，在叙述时并不追求理论上的深度，而是通过常见案例进行说明和具体分析，使读者容易接受，易于理解。

本书由浙江金融职业学院施金影副教授担任主编，负责拟定编写大纲，对全书进行总纂和定稿；吴诗怡、薛叶佳担任副主编。本书共分为十个项目，具体编写分工如下：项目一、项目二由吴诗怡编写，项目三、项目八由施金影编写，项目四、项目五由薛叶佳编写，项目六、项目七由杨艾编写，项目九、项目十由彭博编写。为对接高等职业教育的“信息化、智能化、互动化”改革发展趋势，进一步优化教材内容，丰富教材资源，拓展教材应用，我们于2022年对教材进行了修订。

在编写过程中，我们借鉴和参考了国内外大量相关书籍和论文，在此谨向所有相关作者表示诚挚的感谢。虽然我们对本书的撰写做了很多努力，但由于水平有限，对某些问题可能存在理解不透彻之处，纰漏和不妥之处在所难免，敬请广大读者和专家批评指正。

施金影

2022年8月

目　录

项目一

财务分析的理论基础

学习目标

知识目标

熟悉财务分析的主体及具体分析目标

掌握财务分析的内涵和作用

熟悉财务分析的信息种类及特点

明确财务分析的局限性

能力目标

理解财务分析所应具备的基本价值观念

掌握财务分析信息的取得渠道与方法

能够灵活运用各种财务分析信息

素质目标

树立服务意识、爱岗敬业，提高服务质量

鼓励不断学习新知识，紧跟时事，了解国家新政策

引导案例

一项贷款申请的财务审查

一家经济发展公司在向银行的首次贷款申请中，提出了一次性贷款 4 200 万元人民币的请求。银行信贷人员在对该公司进行信贷调查分析时发现，公司当年上半年财务会计报表显示：公司注册资金 4 950 万元，总资产 5.13 亿元，其中对外债权投资总额近 2.5 亿元（约占总资产的 48.73%），应收及预付款项近 2 亿元（约占总资产的 38.99%），其余为固定资产和存货（约占总资产的 12.28%）。而其目前负债总额中，长期与短期借款总额约 2.45 亿元，与公司同期的对外债权投资总额相差无几。由此银行信贷人员初步

产生了一种猜测，怀疑该公司几乎没有自己的主要经营项目，而存在通过挪用银行贷款，以更高利率水平向其他企业转贷以获取利差收益的可能。

基于报表分析上的这一猜测，银行信贷人员开始有针对性地对该企业的资金往来及其主要业务活动进行深入细致的调查，并最终证实了自己的猜测。于是，在银行信贷人员向银行负责人员如实汇报了分析与调研结果之后，银行基于信贷风险和资金安全的考虑，果断地拒绝了该公司的贷款要求。

一年多后，该公司由于受其债务链上某些企业经营不善的影响，导致资金链中断，资金无法如期收回，步入了清算的边缘。而这家银行由于分析得当，避免了一笔不良贷款的产生。

资料来源：刘玉梅．财务分析［M］．大连：大连出版社，2008.

任务一 财务分析概述

任务描述

了解财务分析的起源与发展、财务分析的意义，掌握财务分析的内涵。

基本知识与技能

一、财务分析的起源与发展

现代财务分析起源于财务报表分析，它于19世纪后期到20世纪初期最先由美国银行家所倡导。银行在决定是否向企业发放贷款时，最关心的是申请贷款的企业能否保证按时偿还本息。在企业财务分析未被采用之前，银行家对贷款的审查往往仅以企业经营者个人信用为依据。随着社会化大生产的逐渐发展，企业经营日趋复杂，规模日渐庞大，货币需求相应增长，市场竞争愈演愈烈，银行家以企业经营者个人信誉为依据，往往导致损失惨重。美国南北战争之后，出现了修建铁路的高潮，经济一度繁荣。之后不久便发生了周期性经济危机，许多企业陷入困境，濒临破产，纷纷向银行申请贷款以维持生存。当时，在决定贷款之前，银行要求借款企业提供财务报表，对贷款企业财务报表等资料的真实性进行分析与检查，以全面分析企业财务状况，确认企业具有足够的偿还能力。因此，西方国家的财务分析开始于银行资本家对企业进行的信用调查工作，这是发放贷款的银行把财务报表分析作为调查接受贷款企业经营稳定性（信用程度）的一种技术手段，在确认贷款企业可靠程度的基础上，保证银行发放贷款资金的安全性。

1900 年，美国财务学学者托马斯·乌都洛克率先撰写出版了《铁道财务诸表分析》一书，该书主要对财务会计报表分析的一系列基本概念问题进行了较系统的研究。1919 年，另一位美国财务学学者亚历山大·乌尔撰写出版了《比率分析体系》一书，该书对财务分析方法问题进行了富有创造性的研究。紧接着，诺维·贝尔发表了《损益分析图表》，斯蒂芬·吉尔发表了《趋势分析》等一系列著作，进一步丰富和发展了财务报表分析的理论与方法。这些论著的发表标志着"财务报表分析"作为一门相对独立的学科已经形成。

到了 20 世纪 30 年代，资本主义世界爆发了严重的经济危机，商品滞销，市场萧条，资金紧缺，利率猛涨，证券价格暴跌，银行纷纷关闭，信用紧缩。在这样恶劣的经济环境下，资本家开始认识到，仅仅注重从外界筹集资金，扩大生产规模，仍然不能在竞争中求得长久的生存和发展，必须重视资金的内部管理。这样，企业内部财务报表分析开始逐渐得到重视。当时，经济生活中普遍存在的一种"黑色倒闭"现象更使得企业资本家痛定思痛。企业发展建设越快，盈利能力越强，破产倒闭的风险反而越大。许多一夜间倒闭的企业却正是那些很有发展潜力的企业。经济学家们在分析这种异常现象时，终于认识到：一个企业不仅要追求更高的盈利能力，同时必须维持足够的偿债能力。偿债能力不足，是"黑色倒闭"企业的致命伤。这样，盈利能力与偿债能力的综合分析开始在企业内部盛行起来。正是这种综合分析，极大地丰富与发展了财务分析的理论与方法。

随着社会生产实践活动内容的日益丰富和经验的不断积累，财务报表分析从原先被金融机构用作在发放贷款时观察借款企业偿还能力的手段，发展到被投资单位或个人在股份投资时用作确认投资是否有利的手段。于是，财务报表分析由信用分析阶段进入投资分析阶段，其主要任务从稳定性分析过渡到收益性分析。现代的财务分析领域不断扩展，早已不限于初期的银行信贷分析和一般投资分析。全面、系统的筹资分析、投资分析、经营分析是财务分析的基本领域。随着经济发展、体制改革与现代公司制的出现，财务分析在资本市场、企业重组、绩效评价、企业股价等领域的应用也越来越广泛。

二、财务分析的内涵

关于财务分析的定义，有多种表达，美国南加州大学教授瓦尔特认为，财务分析的本质是搜集与决策有关的各种财务信息，并加以分析和解释的一种技术。美国纽约市立大学伯纳斯坦认为，财务分析是一种判断的过程，旨在评估企业现在或过去的财务状况及经营成果，其主要目的在于对企业未来的状况及经营业绩进行最佳预测。中国台湾政治大学教授洪国赐认为，财务分析以审慎选择财务信息为起点，作为探讨的根据；以分析信息为重心，揭示其相关性；以研究信息的相关性为手段，评核其结果。

财务分析是以会计核算和报表资料及其他相关资料为依据，采用一系列专门的分析技术和方法，对企业等经济组织过去和现在有关筹资活动、投资活动、经营活动的偿债能力、盈利能力和营运能力状况进行分析与评价，为企业的投资者、债权人、经营者及其他关心企业的组织或个人了解企业过去、评价企业现状、预测企业未来，作出正确决策，提供准确的信息或依据的应用经济学科。

三、财务分析的意义与作用

财务报表能够全面反映企业的财务状况、经营成果和现金流量情况，但是仅仅通过财务报表上的数据，还不能直接或全面说明企业的财务状况，特别是不能说明企业经营状况的好坏和经营成果的高低，只有将企业的财务指标与有关的数据进行比较才能说明企业财务状况所处的地位，因此要进行财务报表分析。

做好财务报表分析工作，可以正确评价企业的财务状况、经营成果和现金流量情况，揭示企业未来的报酬和风险，还可以检查企业预算完成情况，考核经营管理人员的业绩，为建立健全合理的激励机制提供帮助。

小思考

如何才能更好地做好财务分析工作？

任务二

财务分析的主体与目标

任务描述

了解财务分析的主体，掌握各主体进行财务分析的目标及要求。

基本知识与技能

一、财务分析的主体

一般来说，企业财务分析的主体有企业经营管理者、企业投资者、企业债权人、注册会计师和审计人员以及政府机构和其他与企业有利益关系的人士等。

（一）企业经营管理者

企业经营管理者是指被所有者聘用的、对公司资产和负债进行管理的、由个人组成的团体，有时称之为“管理当局”。企业经营管理是一项复杂的系统工程。企业在经营中往往由于资金没有适度的调配、生产组织控制不佳、销售过程工作失误等许多客观的和主观的因素，使企业经营产生不良后果。因此，企业经营管理者要迅速获得企业的重要财务信息，以便采取必要的措施和有效的方法来应付瞬息万变的经营情况，而进行财务分析是企业经营管理者得到此项财务信息的有效途径。

（二）企业投资者

企业投资者是指企业的权益投资者，即普通股东。企业投资者投资于企业的目的是扩大自己的财富，他们所关心的是偿债能力、收益能力以及风险等。

企业投资者进行财务分析，是为了回答以下几方面的问题：

（1）公司当前和长期的收益水平如何？公司收益是否容易受重大变动的影响？

（2）公司财务状况如何？公司资本结构决定的风险和报酬如何？

（3）与其他竞争者相比，公司处于何种地位？

（三）企业债权人

企业债权人是指借款给企业并得到企业还款承诺的人，可以分为短期债权人和长期债权人，他们所关心的是企业是否具有偿还债务的能力。企业债权人的主要决策是决定是否给企业提供借款，以及是否需要提前收回债权。

企业债权人进行财务报表分析，是为了回答以下几方面的问题：

（1）公司为什么需要额外筹集资金？

（2）公司还本付息所需资金的可能来源是什么？

（3）公司对于以前的短期借款和长期借款是否按期偿还？

（4）公司将来在哪些方面还需要借款？

（四）注册会计师和审计人员

注册会计师和审计人员进行财务分析的主要资料是企业对外财务报表。注册会计师和审计人员对某一企业的财务报表进行审查鉴证后，必须编写查账报告书，并明确指出被查单位的会计处理是否符合一般公认会计原则，对企业所提供的财务报告是否足以公正表达某一特定期间的财务状况和经营成果提出意见。

（五）政府机构和其他与企业有利益关系的人士

政府机构也是公司财务报表的使用人，包括税务部门、国有企业的管理部门、证券管理机构、会计监管机构和社会保障部门等。他们使用财务报表是为了履行自己的监督管理职责。

其他与企业有利益关系的人士包括公司员工、公司客户、社会公众，以及提供评估、咨询服务的中介机构等。随着经济的发展、企业的成长及市场的成熟，社会公众的市场意识不断增强，其理财与消费等行为也趋于理性。他们都需要进行财务分析以了解企业的财务状况、经营成果、成长潜力及售后服务等情况，以便作出投资决策和消费选择。此外，财务分析领域的逐渐扩展与咨询业的发展有关，在一些国家，“财务分析师”已经成为专门职业，他们为各类报表使用人提供专业咨询。

二、财务分析的目标

财务分析是连接财务报表和使用者的桥梁和纽带，其实质是对财务会计报告所提供的会计信息进行进一步加工、利用的过程。财务分析的目标分为总体目标和具体目标。

（一）财务分析的总体目标

财务分析的目标是指财务分析者通过对企业财务状况和经营成果进行分析研究想要达到的或应该达到的预期效果。一般情况下，企业财务分析的总体目标可以概括为以下三个方面：

1. 了解过去，掌握企业生产经营的规律性

企业的生产经营活动随着生产的发展、业务量的大小而遵循一定的规律。例如，商业企业，日常现金收支量大，商品周转频繁，而设备制造企业，每笔业务资金需求量大，资金周转慢，需要的营运资金多，等等。在不同的行业，由于其生产和销售的不同特点，对资金的占用、需求遵循着不同的规律。财务分析就是要通过对有关数据进行分析从而掌握资金运动的规律，做到心中有数。一个营业额为 1 亿元的服装公司，它的存货、流动资产、固定资产之间的合理比例应该是多少？结构不合理可能产生的问题是什么？即使在同一行业，也由于产品品种、经营规模和管理特点的不同，而对资金的需求和运用有着不同的特点和规律。财务分析就是要掌握和认识企业生产经营中资金运动的变化规律，为企业的财务管理和生产经营服务。因此，各财务分析主体进行分析时，都要了解企业的历史资料。企业当年的财务报表只能反映当年的指标数值，从这些孤立的数值来看，并不能带给我们有价值的信息。只有将这些指标与历史数值相比较，才能了解指标值变化的真实情况。例如，对一个企业利润总额的评价，可以通过对企业当期和历史数据的收集，分析企业不同时期利润的变动趋势。如果企业近几期的利润呈持续增长状态，说明企业生产稳定，市场前景良好，企业正处于良性循环中。

2. 评价现状，了解企业经营管理现状和存在的问题

各财务分析主体还要掌握企业目前的财务状况，如企业现在所拥有的资产价值是多少，各项资产的投资比例是否合理，对外债务是否过多，可使用的现金数额、存货数额以及负债与权益的比例关系是否恰当。通过对企业现实财务数据的分析，可展示企业目前财务状况的真相，发现经营管理问题，找出差距，以评价企业财务现状，并估计企业未来发展的潜在能量。

3. 预测未来，为企业开展竞争和制定发展战略服务

各财务分析主体通过对企业过去、现实的财务状况和经营成果进行深入细致的分析研究，科学地预测未来的发展趋势，并据以制定经营管理策略和发展战略。例如，预测

企业未来资产收益能力和流动能力，预测企业未来经营管理效率等。科学地预测企业未来的发展趋势，可以为分析主体作出正确决策、获得最大经济利益提供财务信息支持。

财务分析的核心目标是要了解企业当前的财务状况和经营成果，但仅根据当期的财务数据，并不能发现什么问题，也不能断定指标数值的好坏。只有将其与历史数据相比较，有了评价标准才能发现指标数值的变动情况，才能对企业状况有一个比较清晰的认识。而财务分析的最终目标是预测企业未来发展前景，这一分析目标同样要依赖于企业的历史资料，只有通过对企业当期和过去资料进行深入细致的分析，才能科学地预测未来的发展趋势，为财务分析主体对企业未来发展作出正确决策提供财务信息支持。

（二）财务分析的具体目标

财务分析对于所有的会计信息使用者都具有现实意义。一般情况下，与企业有着经济利益的方方面面都会成为企业财务会计报告的用户，他们站在各自的立场上，对目标企业的财务状况、现金流量和经营成果进行分析与评价，从而为自己的决策服务。

不同的分析者有着不同的利益侧重点，进行财务分析的具体目标也是各不相同的。

1. 企业经营管理者的目标

企业经营管理者进行财务分析的目标是综合的、多方面的。为了满足不同利益主体的需要，协调各方面的利益关系，企业经营管理者不仅要关心企业的盈利结果，还要对盈利过程进行分析。

具体来说，企业经营管理者财务分析的目标是：通过财务分析，将错综复杂的会计数字转化为简单明了的财务信息，以增强财务会计资料对经营者的有用性；通过财务分析，使经营者扼要地观察企业目标完成得如何，企业目前财务状况怎样，并进一步了解影响企业经营目标完成的好坏以及财务状况优劣的具体原因，以便经营者采取措施，改进工作；通过财务分析，为经营者预测未来的发展前景、作出正确的经营决策，提供可靠的财务信息。

2. 企业投资者的目标

企业投资者包括企业所有者和潜在投资者，他们投资的目标都是取得盈利，分享企业的利润。因此，考察企业的盈利能力是企业投资者进行财务分析的根本目标。不过，企业投资者仅关心盈利能力是不够的，企业在经营过程中往往还伴随着经营风险，这就意味着企业投资者也面临着投资风险。因此，企业投资者还要对企业经营方式、投资风险和收益的稳定性进行财务分析。另外，企业投资者对企业的财务结构、股利分配率的高低和财务规划也十分关心，这些信息有助于他们预测企业未来的发展前景，作出新的投资决策。例如，潜在投资者是否向企业投资，企业所有者是否保持现有投资和追加新的投资等。

当然，对于一般投资者和拥有企业控制权的投资者来说，他们进行财务分析的目标也有所差别。一般投资者更关心企业提高股息、红利的发放，对企业的长远发展不感兴趣；而拥有企业控制权的投资者拥有企业更多的股份，希望企业能够不断壮大，从而获得更多的利益，因此他们考虑得较多的是增强企业的竞争实力，扩大市场占有率，降低财务风险和纳税支出，追求长期利益的持续、稳定的增长。

企业投资者对企业财务分析的重视程度远远超过债权人和其他财务分析主体，他们分析企业财务时，一般不进行原因的查找与分析，而特别注重现在的经营成果、股利分配政策和未来的发展前景。

3. 企业债权人的目标

对于短期债权人来说，财务分析的目标在于了解借款企业短期财务状况、短期偿债能力及存货周转情况等，以便决定是否收回贷款或停止贷款。短期债权人对企业财务状况（偿债能力）的关心超过对企业经营效益（盈利能力）的关心。

长期债权人一般重视借款企业未来较长期间的偿债能力，所以需要的财务信息较详细，分析的范围也较广泛。因此，对于长期债权人来说，财务分析的目标在于根据借款企业现在的经营情况和财务状况，预测其未来较长期间的偿债能力、经营前景以及企业在竞争中的应变能力，以便作出对借款企业是否长期贷款的决策。长期债权人进行财务分析的重点是预测企业未来的发展前景。

4. 注册会计师和审计人员的目标

注册会计师和审计人员进行财务分析主要是通过研究不同财务数据以及财务数据与非财务数据之间的内在关系，对财务信息作出评价，通过分析来了解被审计单位及其环境，发现审计线索，实施实质性程序和审计临近结束时对财务报表进行总体复核。注册会计师和审计人员对会计报表进行分析的目的主要是判断企业财务状况和经营成果的真实性与合理性，并将分析的结果作为全面分析评价企业会计报表是否可靠的依据。

5. 政府机构和其他与企业有利益关系的人士的目标

除了上述人员关注企业的财务报表以外，其他相关部门也会出于各自的需要关注企业的财务报表，这些部门主要包括财政部门、税务部门、企业主管部门和国有资产管理部门、律师等。例如，财政部门可以通过了解企业的财务状况，掌握企业资金的流向，制定相应的财政政策来规范企业的发展；税务部门可以采用财务分析的特定方法，了解企业报税所得是否合理，计税方法是否正确，应纳税额是否及时上交；企业主管部门可以通过对企业的财务进行分析，监督所辖企业各项计划（预算）指标的执行情况，以便作出综合平衡；国有资产管理部门主要通过企业会计报表的分析，掌握国有资产的运用效率与投资报酬率，从投资者角度研究分析企业的财务状况与经营成果；律师可以用财务分析方法作为深入追查各类经济案件的有效手段。另外，企业的供应商和客户一方面要求企业按时、按质、按量地完成双方的交易行为，另一方面关心企业能否及时清算各种款项，因此，他们需要分析企业的存货周转情况、支付能力和偿债能力等，了解企业短期的财务状况，并根据企业利润表中反映的企业交易完成情况来判断企业的信用额度，从而确定是否与企业进行交易。

小思考

财务分析对不同的会计信息使用人具有哪些现实意义？

任务三
财务分析的内容、基础与基本价值观念

任务描述

了解财务分析的基本内容，掌握财务分析的基础，了解财务分析的价值观念。

基本知识与技能

一、财务分析的内容

根据信息使用者的不同，财务分析的内容主要分为外部分析内容、内部分析内容。具体来说，财务分析的内容有：

（一）财务状况分析

企业的资产、负债和所有者权益从不同方面反映企业的生产规模、资金周转情况和企业经营的稳定程度。分析企业的财务状况主要是分析其资本结构、资金使用效率和资产使用效率等。其中，资金使用效率分析和资产使用效率分析构成该企业营运能力分析，它们是财务状况分析的重点。财务状况分析的常用指标有：流动资产周转率、存货周转率、企业应收账款周转率等。

（二）获利能力分析

企业的获利能力是企业资金运动的直接目的与动力源泉，一般是指企业从销售收入中获取利润的能力。

获利能力可以反映出企业经营业绩的好坏，因此，企业的经营人员、投资者和债权人对此都非常重视和关心。获利能力分析的常用指标有：主营业务利润率、营业利润率、销售毛利率、销售净利率等。

（三）偿债能力分析

偿债能力是指借款人偿还债务的能力，可分为长期偿债能力和短期偿债能力。长期偿债能力是指企业保证及时偿付一年或超过一年的一个营业周期以上到期债务的可靠程度，其指标有：固定支出保障倍数、利息保障倍数、全部资本化比率、负债与股东权益比率等。短期偿债能力是指企业支付一年或者超过一年的一个营业周期内到期债务的能力，其指标有：现金比率、营运资金、速动比率、流动比率等。

（四）现金流量分析

现金流量分析是指通过现金流量比率分析对企业偿债能力、获利能力以及财务需求能力进行财务评价。现金流量分析的常用指标有：销售现金比率、现金债务比率、现金再投资比率和现金满足内部需要率等。

（五）投资报酬分析

投资报酬是指企业投入资本后所获得的回报。投资报酬分析的常用指标有：资本金报酬率和股东权益报酬率、总资产报酬率和净资产报酬率等。

（六）增长能力分析

企业的成长性是指企业通过自身生产经营活动，不断扩大和积累而形成的发展潜能，它是投资者在选购股票进行长期投资时最为关注的问题。增长能力分析的常用指标有：利润增长率、销售增长率、现金增长率、净资产增长率和股利增长率等。

二、财务分析的基础

（一）财务信息

进行财务分析离不开财务信息，财务分析的基础就是各种各样的财务信息。

1. 财务信息的作用

财务信息是财务分析的基础和不可分割的组成部分。它对于保证财务分析工作的顺利进行、提高财务分析的质量与效果都有着重要的作用。具体来说，财务信息的作用包括以下几点：

（1）财务信息是财务分析的根本依据。

（2）搜集和整理财务信息是财务分析的重要步骤和方法之一。

（3）财务信息的数量和质量决定着财务分析的质量与效果。

2. 财务信息的分类

（1）按信息来源可分为内部信息和外部信息。内部信息是指从企业内部可取得的财务信息，包括会计信息、统计与业务信息、计划及预算信息等。外部信息是指从企业外部取得的信息，包括国家经济政策与法规信息、综合部门发布的信息、政府监管部门的信息、中介机构的信息、报纸杂志的信息、企业交换的信息、国外有关信息等。

扫一扫

财务信息资料来源

（2）按取得时间的确定性程度可分为定期信息和不定期信息。定期信息是指企业经常需要、可定期取得的信息，包括会计信息、统计信息、综合经济部门的信息、中介机构的信息。不定期信息是指根据临时需要搜集的信息，包括宏观经济政策信息、企业不定期交换的信息、国外经济信息、主要报纸杂志信息。

（3）按信息实际发生与否可分为实际信息和标准信息。实际信息是指反映各项经济指标实际完成情况的信息。标准信息是指用于作为评价标准而搜集与整理的信息。

学思之窗

北京证券交易所起航，高水平开放的突破

2021年9月3日，北京证券交易所有限责任公司注册成立；9月5日起，北京证券交易所上市、交易和会员管理三大基本业务规则向市场公开征求意见……自宣布设立北京证券交易所以来，各项规则出台制定及系统准备工作密集展开。作为服务中小企业创新发展的专业化平台，北京证券交易所为中小企业上市带来利好，也将推动完善中国特色多层次资本市场体系。

1. 以新三板精选层为基础组建

据中国证监会消息，北京证券交易所以新三板精选层为基础组建。

新三板是资本市场服务中小企业的重要探索，自2013年正式运营以来，逐步建立了"基础层、创新层、精选层"层层递进的市场结构，可以为不同阶段、不同类型的中小企业提供全口径服务。

"其中，精选层经过一年来的实践，已经初步具备服务中小企业的公开市场功能。"在中国证监会日前召开的新闻发布会上，有关负责人介绍，精选层自2020年7月27日开市以来，公开发行、连续竞价等各项市场化的制度安排初步经受住了市场检验，融资和交易功能有效发挥，定价和成交效率明显提升，吸引了一批"小而美"的优质中小企业，平均市盈率超过33倍，平均市值超过25亿元，市场表现良好，具备变更设立为北京证券交易所的制度基础、企业基础和市场基础。

本次组建北京证券交易所，将精选层现有挂牌公司全部转为北京证券交易所上市公司，新增上市公司由符合条件的创新层挂牌公司产生。新三板基础层、创新层仍作为依据《中华人民共和国证券法》设立的全国性证券交易场所，基础层、创新层挂牌公司仍为非上市公众公司，同时持续完善市场服务功能。

2. 探索契合中小企业的制度安排

建设一个为创新型中小企业量身打造的交易所，北京证券交易所相关基础制度安排备受关注。

据介绍，北京证券交易所将整体平移精选层各项基础制度，探索建立适合创新型中小企业特点的发行上市制度和信息披露制度安排。

融资准入方面。突出创新型中小企业经营特点，总体平移精选层发行条件以及有关盈利能力、成长性、市场认可度、研发能力等方面的上市条件，提升包容性和精准性。完善公开发行、定向发行融资机制，丰富市场融资工具，提供直接定价、询价、竞价等多种定价方式，进一步贴合中小企业多元化需求。

交易制度方面。坚持精选层较为灵活的交易制度，实行连续竞价交易，新股上市首日不设涨跌幅限制，自次日起涨跌幅限制为30%，增加市场弹性。坚持合适的投资者适当性管理制度，促进买卖力量均衡，防范市场投机炒作。

此外，在持续监管方面，严格遵循上市公司监管法律框架；退出安排方面，维持“有进有出”“能进能出”的市场生态，构建多元化的退市指标体系；市场连接方面，坚持转板机制，培育成熟的北京证券交易所上市公司可以选择到沪深交易所继续发展。

3. 促进形成多层次资本市场体系

北京证券交易所与沪深交易所的关系如何把握？中国证监会明确，处理好与沪深交易所错位发展和互联互通的关系，促进形成各有侧重、相互补充的中国特色多层次资本市场体系。

据了解，北京证券交易所将以中小企业能够以合理价格取得融资、买卖双方的正常交易需求能够得到满足为目标，不断提升市场功能、完善市场生态，实现持续健康发展。

在市场功能上，北京证券交易所聚焦创新型中小企业，服务对象“更早、更小、更新”，通过构建新三板基础层、创新层到北京证券交易所层层递进的市场结构，不断扩大资本市场覆盖面，提高直接融资比重；在制度安排上，北京证券交易所着力构建契合中小企业特点的基础制度，坚持上市公司从符合条件的创新层企业中产生；在市场运行上，北京证券交易所坚持以合格投资者为主，投资者结构和风险偏好与沪深交易所有较大差异，与创新型中小企业的风险特征相匹配，将形成长期投资、理性投资的投资文化，预计整体市场运行相对平稳。

“北京证券交易所主要服务创新型中小企业，构建适合中小企业特点的差异化制度安排，在融资额、交易量和估值水平方面，预计将呈现与沪深交易所不同的特点。”中国证监会有关负责人说。

资料来源：李婕．为创新型中小企业量身打造，与沪深交易所错位发展、互联互通——北京证券交易所起航（锐财经）．（2021-09-07）．http://finance.people.com.cn/2021/09/07.

（二）财务报告

财务报告是指企业对外提供的反映企业某一特定日期财务状况和某一会计期间经营成果、现金流量的书面文件。上市公司财务报告主要包括审计报告、会计报表和会计报表附注三个部分。

1. 审计报告

审计报告是注册会计师根据独立审计准则的要求，在实施了必要的审计程序后出具的，用于对被审计单位年度会计报表发表审计意见的书面文件。注册会计师根据审计结果和被审计单位对有关问题的处理情况，形成不同的审计意见，出具四种基本类型审计意见的审计报告：（1）无保留意见的审计报告；（2）保留意见的审计报告；（3）否定意见的审计报告；（4）无法表示意见的审计报告。

在这四种意见中，第一种属于有利意见或肯定意见，是标准审计报告，注册会计师会使用“在所有重大方面”“公允反映”等术语。后三种属于不利意见，是非标准审计报告：保留意见的审计报告会出现“除……的影响外”等术语，否定意见的审计报告会出现“由于上述问题造成的重大影响”“由于受到前段所述事项的重大影响”等术语，无法表示意见的审计报告会出现“由于审计范围受到限制可能产生的影响非常重大和广泛”“我们无法对上述财务报表发表审计意见”等术语。

2. 会计报表

会计报表是财务报告的主要组成部分。它是根据企业会计账簿记录和有关资料，按照规定的报表格式，总括反映一定期间的经济活动及其结果的报告文件。按现行会计准则规定，会计报表应包括资产负债表、利润表、现金流量表、所有者权益（或股东权益）变动表和附注。

3. 会计报表附注

会计报表附注是对在资产负债表、利润表、现金流量表和所有者权益变动表等报表中列示项目的文字描述或明细资料，以及对未能在这些报表中列示项目的说明等，主要包括下列内容：

（1）企业的基本情况。包括：企业注册地、组织形式和总部地址，企业的业务性质和主要经营活动，母公司以及集团最终母公司的名称，财务报告的批准报出者和批准报出日。

（2）会计报表的编制基础。

（3）遵循企业会计准则的声明。

（4）重要会计政策和会计估计。包括：财务报表项目的计量基础和会计政策的确定依据，下一会计期间内很可能导致资产、负债账面价值发生重大调整的会计估计的确定依据等。

（5）会计政策和会计估计变更以及差错更正的说明。

（6）报表重要项目的说明。

（7）或有和承诺事项、资产负债表日后非调整事项、关联方关系及其交易等需要说明的事项。

除此之外，企业在附注中还会披露在资产负债表日后、财务报告批准报出日前提议或宣布发放的股利总额和每股股利金额（或向投资者分配的利润总额）。

（三）政策与市场信息

扫一扫

新收入准则下我国上市公司财务报告的变化

政策与市场信息是指除内部信息之外的企业所有的外部信息。在进行企业财务分析过程中，无论是投资者、经营者还是债权人，只靠企业内部信息是远远不够的，尤其是在我国实行社会主义市场经济的今天，财务分析更不能离开政策与市场信息。

1. 政策与市场信息的重要性

企业的投资者为保证其投资的收益性和安全性，不仅要分析企业的盈利能力、支付能力，而且必须掌握市场上的无风险收益率水平、其他企业的投资收益水平；不仅要看企业目前的生产经营状况，而且应根据国家的产业政策信息，预测企业未来的发展前景；不仅要了解企业的名义产出和盈利水平，而且要依据通货膨胀率分析确定企业的实际产出和盈利水平等。这些都离不开政策与市场信息。

企业的经营者要不断提高企业经济效益，保证企业经营状况和财务状况不断改善，必须面向市场、进入市场。不掌握国家政策与市场信息，要在市场竞争中立于不败之地是不可能的。例如，企业可根据市场利率信息确定企业的负债结构，根据市场需求信息确定产品的品种和产量，根据国家的产业政策与技术政策确定企业的发展目标等。

企业的债权人在对企业进行财务分析时，不仅要根据企业会计报表信息分析其流动性和偿债能力，还要研究企业在市场上的信誉状况、企业的发展前景，以及国家信贷政策的变动情况。只有这样，才能保证债权人的收益性与安全性。

2. 宏观经济政策

宏观经济政策主要是指财政政策、金融政策、货币政策等。这些政策对于企业财务分析是至关重要的。宏观财政政策主要通过税收、支出和一些特别会计制度来直接影响企业的绩效，若财政政策改变，就会影响产品的价格，影响流通和企业的收益，也会影响企业的资金结构。宏观金融政策主要通过利率和信贷规模来体现。当利率提高时，就意味着企业承担的资金成本增加，直接影响企业的业绩；而利率的降低则有助于企业更好地降低资金成本，提高效益。在经济供过于求的膨胀情况下，宏观政策会收缩货币发行量，提高利率，使得企业获得资金的可能性减少，资金成本就会增加，而企业扩大生产受到资金的制约，所以产品供过于求的局面会适当缓解；当经济较为低迷疲软时，金融当局就会降低利率，增加货币投放，降低贷款条件，增加贷款范围，以此来刺激公司发展生产，提高效益，活跃社会经济。了解这些宏观经济政策对企业的影响，一方面，可以从宏观经济政策的调整预见到企业的未来；另一方面，可以更深入理解企业在相应宏观经济政策下的财务表现。

宏观经济政策分析所需的有效资料一般包括政府的重点经济政策与措施、一般生产统计资料、金融物价统计资料、贸易统计资料、每年国民收入统计与景气动向、突发性非经济因素等。这些资料的来源主要有：第一，从电视、广播、报纸、杂志等了解世界经济动态与国内经济大事；第二，政府部门与经济管理部门及省、市、区公布的各种经济政策、计划、统计资料和经济报告，以及各种统计年鉴等，如《中国统计年鉴》《中国经济年鉴》《经济白皮书》等；第三，各主管公司、行业管理部门搜集和编制的统计资料；第四，部门与企业内部的原始记录；第五，各预测、情报和咨询机构公布的数据资料；第六，国家和省、市、区领导人报告或讲话中的统计数字和信息等。

3. 产业政策与技术政策

产业政策是政府为优化资源配置、实现经济发展目标，以产业和企业为对象实施的以产业结构转换和生产集中为核心内容的一系列政策的总和，它规定了哪些产业是基础产业，哪些产业是支柱产业，并相应地对产业组织、产业技术和产业布局作出规划。例如，中国家电产业的产业政策就从初期的高关税、许可证配给等产业扶持政策转向现阶段市场需求拉动和宏观调控政策，目前中国家电产业的发展模式主要受市场机制左右。不过，中国视家电产业为民族工业，政府政策仍扮演着家电产业发展中举足轻重的关键角色。很长时间以来，中国家电的产业政策方向是：力推国内家电企业走向国际舞台，使家电产业从产品输出向资本乃至品牌输出转变。中国几个主要家电厂商如海尔、春兰、格力等加速海外市场扩张及投资，并致力于自行研发技术或国际技术合作正是这种产业政策下的产物。

技术政策是政府利用经济、法律和行政干预等手段，根据国民经济增长和技术进步要求，对原有的产业技术及技术体系进行改革创新，或对未来产业及其新技术、新体系进行规划而采取的一系列政策措施，以引导和促进技术进步与经济、社会、生态的协调发展。例如，根据《中国保护臭氧层国家方针》制定的冰箱禁氟令于 2006 年 9 月出台，从 2007 年 1 月 1 日起全面执行，届时含氟的冰箱、冰柜禁止销售。2006 年 7 月 1 日起实施的欧盟环保令要求，投放欧盟市场的电子电器设备中含铅、汞、镉等 6 种有害物质含量不得超过规定限量，欧盟市场将禁止含有特定有害物质的产品出售及使用，众多电子生产企业应对不足，出口大受影响。类似的产业技术政策对企业的生产、销售都会产生深远的影响。

4. 微观经济环境

微观经济环境与企业的财务状况紧密相关，主要包括企业所处的市场环境、采购环境、生产环境和人员环境等。

（1）市场环境。市场环境是指企业所处市场的竞争程度，它决定企业产品的市场占有率和销售价格。按照竞争程度不同，市场可以划分为完全垄断市场、完全竞争市场、寡头垄断市场和不完全竞争市场四种情况。在完全垄断市场中，企业是市场价格的制定者，产品易销，价格波动不大，企业利润稳中有升，企业可以利用较多的负债筹集资金。在完全竞争市场中，企业是市场价格的接受者，价格容易出现上下波动，企业利润也会随之波动，企业效益的好坏主要取决于企业成本控制的成效，企业不宜过多地采用负债方式筹集资金。在寡头垄断市场中，寡头垄断者的价格联盟与合作可以使企业有较高的营业利润和毛利率。在不完全竞争市场中，企业要使自己的产品创出特色，创出名牌，要在研究和开发上投入较多的资金，需要企业扩大筹集资金的渠道，以满足创新产品的需要。

（2）采购环境。采购环境是指企业在市场上采购物资时涉及的采购数量、采购价格等相关条件。企业若处于稳定的采购环境中，则可以少储备物资，不过多地占用资金；企业若处于波动的采购环境中，则需要设置物资的保险储备，需要增加资金的占用量。企业若处于价格上涨的环境中，则可以提前进货，防止物价进一步上涨，只要资金占用成本低于价格上涨幅度，即可多储备，在存货上多占用资金；企业若处于价格下降的环境中，可以随用随购，减少存货库存量，甚至可以在保证生产需要的情况下推迟采购、节约资金。采购环境对企业物资供应的稳定性和采购价格有影响，从而对企业存货资金的占用产生影响。

（3）生产环境。生产环境是指由人力资源、物质资源、技术资源等构成的生产条件和企业产品的生命周期。如果企业生产是技术密集型，就需要比较多的固定资产，而只需要少数的工人，那么在固定资产上占用的资金多，而工资费用少，企业必须筹集到足够的长期资金，以满足固定资产投资的需要；如果企业生产是劳动密集型，就需要比较多的工资费用，而长期资金占用则较少，企业资产集中于现金、存货、应收账款、存货等项流动资产，资产流动性强；如果企业生产是资源开发型，就需要投入大量资金用于勘探、开采，则资金回收期长。

产品的生命周期可以分为导入期、成长期、成熟期、衰退期四个阶段，在不同阶段企业的收入、成本、资金周转速度都有很大差异，财务分析必须根据实际情况评价财务状况。产品生命周期长的企业，其利用长期资金就要多一些；产品生命周期短的企业，其利用短期资金就要多一些。

（4）人员环境。人员环境是指与企业有经济关系的各利益集团对企业产生影响所形成的条件。与企业有经济关系的利益集团包括股东、债权人、职工、顾客和政府。股东是企业的所有者，他们要求其投入企业的资本保值增值，所以股东尤其是大股东对企业的筹资、投资、利润分配都有重大的影响；债权人是企业的债主，他们要求企业到期偿还债务并支付利息，如果企业不守信用，到期不能偿还债务并支付利息，企业以后筹资将非常困难；职工是为企业生产产品和提供服务的劳动者，他们认真工作的态度和合理化建议等都会对企业的成本、收益产生重大影响，对职工采取激励措施有利于企业理财；顾客是企业成败的关键，如果没有顾客，企业产品的价值就无法实现，资金也不能顺畅地流动，所以要为顾客提供优质的产品和服务，还要确定合理的信用条件；政府是宏观经济的调控者，也是社会公共利益的监督者，政府支持什么、反对什么，都会对企业的资金和盈利产生影响。

（四）财务信息标准

1. 经验标准

经验标准是在财务比率分析中经常采用的一种标准。之所以称为经验标准，是因为这个标准的形成经过了大量实践经验的检验。

2. 历史标准

历史标准是指以企业过去某一时间的实际业绩为标准。应用历史标准比较可靠，具有较高的可比性。但历史标准比较保守，适用范围较窄。

3. 行业标准

行业标准是财务分析中广泛采用的标准，它是按行业制定的，反映行业财务状况和经营状况的基本水平。

运用行业标准有三个限制条件：

（1）同行业内的两个公司并不一定是可比的。

（2）一些大的公司往往跨行业经营，公司的不同经营业务可能有着不同的盈利水平和风险程度，这时用行业统一标准进行评价显然是不合适的。

（3）应用行业标准受企业采用的会计方法的限制。

4. 预算标准

预算标准是指企业根据自身经营条件或经营状况，结合企业目标等因素所制定的目标标准。

小思考

财务分析的基础是什么？

三、财务分析的基本价值观念

扫一扫

数据与资料收集的主要方面与难度

（一）风险-收益平衡观念

风险是指事物本身的不确定性。企业的市场经营与管理等各项活动都是在一定的市场经济条件下进行的，难免会受到各种各样难以预料或难以控制的因素的影响，造成企业经营活动结果的可变性，或者使其实际经营成果与预计受益相背离。就人的本性而言，没有哪个企业的经营管理者愿意毫无意图地去冒险，人们总是希望以较低的风险去获取较高的收益。然而，低风险高收益的行业势必吸引众多投资者蜂拥而入，导致竞争加剧、风险加大；而高风险低收益的行业又会因一些投资者的陆续退出而逐步集中，从而减少竞争与经营风险。因此，从总体趋势来看，风险与收益是成正相关关系的。

风险-收益平衡应用在财务分析中，要求分析者在用收益指标评价企业盈利能力时，一定不要忘记企业所面临的风险水平。

（二）资金时间价值观念

有一则流传很广泛的案例，说的是一家著名生产企业的老板，有一天在检查工作时，一位员工拿出一枚硬币对他说："老板，这是您十几年前送给我的一枚硬币，直到现在我还细心地保存着呢。"也许员工是想以此表达他对老板的忠心，然而，第二天老板便将这位员工辞退了。用老板的话来讲，这位员工缺乏资金时间价值观念——一枚硬币虽然少，但如果将其充分利用，十几年后，它的价值应远远超过当初的一枚硬币了。

资金时间价值就是指资金经过一段时间的投资和再投资所增加的价值。它要求从事经济活动的人们注重对资金及其他经济资源的充分利用。闲置资金是不可能产生增值的，只有充分利用、合理投资，才能获得经济效益，即产生价值的增值。

（三）现金为王观念

一个企业如果没有现金，就意味着破产。企业的一切都要以现金为基础。有了现金，就可以大胆投资。此外，现金还是衡量企业实力的标准，有些企业可以用某些手段操控利润，但现金就是现金，没有人能够操控。由此可见，现金对企业来说多么重要，可以说"现金为王"。

需要分析者注意的是，利润与现金是不同的。公司处于盈利状态并不能保证其现金流量能够应付债务的还本付息。现金流是企业所收到的并可用于再投资的现金，而按权责发生制核算的会计利润是企业赚得的收益而不是手头可用的现金。财务分析中，衡量企业价值的大小使用的是现金流而不是会计利润。

（四）成本效益观念

市场经济条件下，追求经济效益的最大化始终是企业管理不变的目标。而在资源有限的条件下，要想达到经济效益最大化，就必须尽可能做到收益最大而成本最低。所谓成本效益观念，是指企业在进行投资及相关经营决策时，必须坚持综合效益大于成本的价值观念。

成本效益观念并非必须通过降低成本支出来达到增加企业收益的效果。有时，适当地增加成本投入也有可能提高企业的综合效益。例如，进行员工技能培训就短期而言，虽然需要一笔不菲的成本开支，然而员工技术水平提高之后，在以后较长的一段时间内，生产效率、产品质量等便会有更大的保证与提高，废品率或返修率有可能相应下降，决策失误的可能性减少，企业的市场竞争力会因此而逐步提高，从而总体上增加企业经济效益。这种为未来的长期利益而适当增加成本开支的行为显然也体现了成本效益观念。

将成本效益观念应用于财务分析时，分析者要注意高收益是否以牺牲企业长远利益为代价，低收益是不是企业战略选择的暂时现象，从而辩证地看待成本与效益的关系。

（五）普遍联系观念

在阅读和分析财务报表时，还必须确立普遍联系的观念，实现财务报表内部相关方面以及财务报表与其他有关方面信息的有机结合，以全面分析和评价企业的财务与经营绩效。

1. 基本财务报表与财务报表附注相结合

基本财务报表与财务报表附注相结合，既可以观察报表项目的数量及其变化情况，又能在一定程度上把握项目变化的原因。比如期间费用和净利润变化了，是由于经营状况变化造成的，还是由于会计政策或会计估计变更造成的。财务报表附注信息对其变化的原因进行合理的解释，是正确使用这些财务数据的前提。

2. 财务分析与非财务分析相结合

企业财务与经营成果的变化原因并不都是财务方面的，而更多的是非财务性的。例如，利润水平下降，可能是负债筹资过多而引起利息负担过重造成的，也可能是产品质量降低而引起销售量下降造成的，或者是管理弱化而引起成本费用上升造成的。因此，若要知道效益下降的原因，就必须将财务分析与非财务分析相结合。

3. 短期分析与长期分析相结合

在我国，企业报表提供的数字一般都是短期的，至多只有两期的数字，据此所能观察的情况也只能是短期的，如当年的财务与经营情况。对于财务分析者来说，财务和经营上的长期趋势也许对于进行评价和决策更为有用。因此，报表的阅读和分析最好是将若干期（如5年或10年）的财务报表汇总并列在一起，这样可以更好地观察企业财务和经营的演变趋势。

4. 定量分析与定性分析相结合

财务报表所披露的信息都是定量的，但由于企业生产经营环境的复杂性，时常使定量标准不能全面反映企业的财务状况，必须结合定性标准，才能很好地反映企业的真实状况，获得对决策有用的信息。定性分析是对企业财务活动进行“质”的方面的分析，这些方面很难用数字来衡量，但是会对企业财务状况和经营成果产生重要影响。例如，企业经营者的基本素质、经营发展战略、企业文化、在岗员工素质、技术装备更新水平、综合社会贡献、发展创新能力等，还有复杂多变的外部环境和宏观经济环境，所有这些都影响企业现在和未来的经济活动，但却不能被量化。因此，财务分析人员应将定量分析与定性分析有机结合，灵活运用，以便修正定量分析结果产生的误差，使财务分析结论更加趋于实际情况。

5. 企业内部分析与外部分析相结合

企业的经营活动是在一定的环境中进行的，在企业周围存在一些客观的环境因素，这些环境因素都会影响企业的生存和发展。每个企业都受到这些环境因素的作用。财务分析人员必须关心处在不同经营环境下的企业会采取什么样的不同的财务政策，从而对财务状况产生什么样的影响。

任务四
财务分析的局限性

任务描述

了解财务分析工作的局限性，灵活运用各种财务分析信息。

基本知识与技能

由于受到分析资料来源的局限，财务分析与评价的结果不会绝对准确。财务分析存在以下几个方面的局限性：

一、财务数据重结果、轻过程

财务报表通常只能说明企业的理财结果、经营效果，而不能详尽说明企业理财的过程及经济效益的实现过程。以资产负债表为例，它所反映的仅是即将结转到下个会计期间的责任。它是一种未履行责任的报告，即未使用的经济资源、未偿还的债务，并不能明确反映企业管理当局在企业生产经营过程中是如何筹措资金的，对筹措的资金又是如何具体加以运用的，是否及时偿还了债务。再比如，通过利润表人们只能了解到企业所取得的收入是多少，至于收入是如何具体取得的却很难了解到。这些都给企业的财务分析带来了很大的局限性。解决的最佳途径是尽可能地扩大信息来源，以弥补财务报告所提供信息的不足。

二、财务数据的可比性

财务分析就是将财务报表所提供的数据资料进行比较的过程。因此，财务报表数据资料是否具有可比性，对财务分析结果会产生重大影响，如果将不可比的资料硬性进行比较，就很难得出正确的分析结果。影响财务报表资料及财务分析可比性的因素，主要有计算方法、计价标准、时间跨度和经营规模等，一旦这些条件发生变动而企业在分析时又未予以考虑，则必然对分析的结果产生不利的影响。解决问题的办法是：结合不同时期的实际情况和不同类型的企业，得出客观的评价结论。

小思考

如何做到财务数据的可比化?

三、财务数据的可靠性

财务分析是通过运用一定的分析方法达到客观、真实地揭示企业经营管理及其财务状况的目的，从而为改善经营管理提供可靠的决策信息。而财务报表所提供的数据资料是否真实可靠，不仅受制于企业的主观因素即人的因素，而且与会计方法的合理性密切相关。如果会计方法不当，或者过多地掺杂各种人为的因素，那么财务报表所提供资料的真实性、可靠性就缺乏必要的保证。比如，未来预期收益、智力投资使员工知识增长等，难以在分析数据中反映出来。解决的办法是，尽可能地将潜在的业绩估计在内，作出恰当的判断和评价。

四、财务报表本身的局限性

财务报表是会计的产物，会计有特定的假设前提，并要执行统一的规范。我们只能在规定意义上使用报表数据，不能认为报表揭示了企业的全部实际情况。财务报表的局限性表现在以下几方面：

（1）以历史成本报告资产，不代表其现行成本或变现价值。

（2）假设币值不变，不按通货膨胀率或物价水平调整。通货膨胀时期，有些资料会受到物价变动的影响，由于假设币值不变，将不同时点的货币资料简单相加，使其不能真实地反映企业的财务状况和经营成果，有时难以对报表使用者的经济决策有实质性的参考价值。

(3) 稳健原则要求预计损失而不预计收益，有可能夸大费用，少计收益和资产。

(4) 按年度、半年度分期报告，是短期的陈报，不能提供反映长期潜力的信息。

因此，由于报表本身的原因，提供的资料是有限的，对报表使用者来说，可能不少要用的信息在财务报告中找不到。

总之，财务分析对于了解企业的财务状况和经营业绩，评价企业的偿债能力、盈利能力和营运能力，帮助制定经济决策有着显著作用，但由于种种因素的影响，财务分析及其分析方法，也存在一定的局限性。如何正视财务分析局限性的存在，在决策中扬长避短，是一个不容忽视的现实问题。

项目小结

本项目重点介绍了财务分析的内涵，即财务分析是以会计核算和报表资料及其他相关资料为依据，采用一系列专门的分析技术和方法，对企业等经济组织过去和现在有关筹资活动、投资活动、经营活动的偿债能力、盈利能力和营运能力状况进行分析与评价，为企业的投资者、债权人、经营者及其他关心企业的组织或个人了解企业过去、评价企业现状、预测企业未来，作出正确决策，提供准确的信息或依据的应用经济学科。财务分析是对信息资料的再加工和利用，这些信息资料不仅包括企业财务报告，还包括国家的宏观经济政策、产业政策与技术政策、微观经济环境等企业经营的外围环境。同时，财务分析受到分析资料来源的影响，具有一定的局限性。

项目训练

一、单项选择题

1. 财务分析开始于（　　）。

A. 投资者　　B. 银行家

C. 财务分析师　　D. 企业经理

2. 财务分析的对象是（　　）。

A. 财务报表　　B. 财务报告

C. 财务活动　　D. 财务效率

3. 企业投资者进行财务分析的根本目的是关心企业的（　　）。

A. 盈利能力　　B. 营运能力

C. 偿债能力　　D. 增长能力

4. 从企业债权者角度看，财务分析的最直接目的是看企业的（　　）。

A. 盈利能力　　B. 营运能力

C. 偿债能力　　D. 增长能力

5. 财务分析体系的基本构架是（　　）。

A. 盈利能力分析、偿债能力分析、营运能力分析

B. 分析概论、会计分析、财务分析

C. 资产负债表分析、利润表分析、现金流量表分析

D. 水平分析、垂直分析、比率分析

二、多项选择题

1. 现代财务分析的应用领域包括（　　）。

A. 筹资分析　　B. 投资分析

C. 经营分析　　D. 资本市场

E. 绩效评价

2. 财务分析的主体包括（　　）。

A. 企业所有者或潜在投资者　　B. 企业债权人

C. 企业经营管理者　　D. 企业供应商和客户

E. 政府机构

3. 财务分析的作用在于（　　）。

A. 评价企业过去　　B. 反映企业现状

C. 评估企业未来　　D. 进行全面分析

E. 进行专题分析

4. 财务分析的内容包括（　　）。

A. 财务分析理论　　B. 财务分析程序与方法

C. 会计分析　　D. 财务分析信息基础

E. 增长能力分析

5. 根据分析的内容与范围的不同，财务分析可以分为（　　）。

A. 内部分析　　B. 外部分析

C. 综合分析　　D. 全面分析

E. 专题分析

三、判断题

1. 财务分析的基础是会计报表，会计报表的基础是会计技术。（　　）

2. 比率能够综合反映与比率计算相关的某一报表的联系，但给人们不保险的最终印象。（　　）

3. 财务分析是在企业经济分析的基础上形成的一门综合性、边缘性学科。（　　）

4. 财务分析与财务管理的相同点在于二者都将财务问题作为研究的对象。（　　）

5. 前景分析就是预测分析。（　　）

四、简答题

1. 债权人与投资者进行财务分析的侧重点有何不同？

2. 如何理解财务分析要有普遍联系的观念？

3. 如何理解资金的时间价值？

4. 目前，我国制约企业财务报告编制的法规有哪些？

5. 如何理解风险与收益之间的关系？

6. 财务分析需要收集哪些信息？如何收集？

7. 简述财务分析的基本内涵。

8. 不同的财务分析主体进行财务分析的目标是什么？

项目实训

实训目标：掌握财务分析的局限性。

实训资料：江苏雅百特科技股份有限公司（简称“雅百特”）始建于 2009 年，公司于 2015 年借壳江苏中联电气股份有限公司在深圳证券交易所成功上市，其财务报告显示：公司自上市以来发展极其迅速，利润成倍增长。然而，事实却并非如此。2017 年 12 月 14 日，中国证监会出具了对雅百特的行政处罚决定书，认为雅百特于 2015 年至 2016 年 9 月通过虚构巨额跨境订单、虚构建材进出口业务等手段，累计虚增营业收入约 5.8 亿元，虚增利润近 2.6 亿元，财务造假行为嚣张。

造假手段：

（1）虚构海外工程项目。雅百特利用我国跨境项目审核和控制的疏漏，谎称公司于 2015 年承接了巴基斯坦木尔坦城市的快速公交项目，实现当年营业收入 2.01 亿元。为了让跨境交易显得更加真实，其通过伪造巴基斯坦信函以及工程建设合同来取得审计师的信任；其次，雅百特还特地向海关报关出口了一批建材，称这批建材将会用于巴基斯坦木尔坦的快速公交车站的建设，但经查，这些建材并未实际运往巴基斯坦，而是将报关出口的建材运至香港，再由其控制的关联公司将货物运回内地。

（2）虚假采购。根据证监会的调查，雅百特通过注册大量空壳公司来充当上下游，进行频繁的关联方交易，虚假采购，伪造资金循环，虚增营业收入。具体手段为：先将其自有资金以虚假采购的方式转入其控制的关联企业，然后再以销售回款的名义转回的方式虚构销售收入，其工程款大多来源于雅百特本身控制的关联公司，为了隐蔽资金循环，其还通过 100 多个银行账户进行资金划转和走账，运用银行票据和第三方支付划转，企图利用资金划转渠道的复杂性来瞒天过海。

财务分析都是根据财务报表进行分析的，这样做的前提是财务报表必须非常准确。2018 年 7 月 6 日，深圳证券交易所发布消息称，已正式启动对雅百特的强制退市机制，公司股票存在被暂停及终止上市的风险。

资料来源：浅谈雅百特财务造假案及审计启示．（2019－09－04）．http://www.scicat.cn/1/jmlw/20190904/2841077.html.

实训要求：

（1）请以本例为依据，分析财务报表数据的局限性。

（2）行业数据对分析公司的财务数据有何意义？

项目二

财务分析的基本程序与方法

学习目标

知识目标

掌握财务分析基本程序

了解财务战略分析的内容与作用

理解报表分析的目的

掌握因素分析法的基本原理

能力目标

能够运用财务分析基本程序与方法分析财务状况及财务成果

素质目标

锻炼独立思考的能力，对数据进行理性思考与分析

了解并掌握信息，培养探索实践精神

引导案例

美国西南航空公司赢得优势的关键因素

20 世纪 70 年代末期美国政府解除对航空行业的管制的直接影响就是行业的进入壁垒被大大降低，大量资本涌入航空业，新生的竞争者也大幅增加；而由于航空业是典型的规模经济行业，每个企业出于对自己的成本的考虑，都会自觉地进行产能（营运能力）扩张，以获得规模效应和学习效应。而大量企业的这种行为的直接结果就是整个行业的产能过剩，供求不平衡，均衡价格下跌；同时，由于行业内竞争十分激烈，系统处于不平衡的状态，任何一个企业的不理性行为都会引起过度激烈的行业竞争（如价格战等损坏整个行业利益的行为）。在这样的环境下，实行成本领先的独特战略的美国西南航空公司就体现出了相对于行业内竞争者来说十分独特的竞争优势。

美国西南航空公司在建立初期就采取了与众不同的“点对点短途航班”的商业模式，而这种商业模式的选择正是美国西南航空公司成功的先决条件，也是其基本前提。其他诸多因素都只是这种廉价的商业模式的直接结果或附带要求（如控制成本、激励员工等）。

美国西南航空公司在地域范围的选择上与其本身所执行的战略的要求十分吻合，这也是其成功的重要因素之一。美国西南航空公司选择了人口比较密集、经济比较发达的城市，在这样的城市里其所面对的主要顾客——商务人员的比例大；同时，高的客流量可以大大降低其为单位旅客提供服务的单位成本，获得显著的规模效应。

在成本控制方面，美国西南航空公司的许多做法是独特的、值得称道的。

（1）选择单一的标准机型。公司的飞机全是耗油少的波音737，所以全公司只需要一个维修厂、一个航材库、一种维修人员培训、单一机型空勤培训学校，可以有效降低库存成本、培训成本等；同时可以实施大批量的采购，获得较高的采购折扣率，从而降低飞机的采购价格，控制原始成本。

（2）选择点对点直航，即选定两个旅客来往频繁的城市，确定往返航班。这不仅降低了管理成本，同时决定了快速离港和飞机上限量供应等低成本运作具有可行性。同时，美国西南航空公司的飞机选择中等城市和二流机场降落，也有效降低了运营成本。

（3）减少顾客订票等的中间环节。该公司通过电话或网络订票，以信用卡方式支付，不通过旅行社售票，避免代理环节的费用开支，同时也不提供送票上门服务。

（4）保持地勤人员少而精。飞机降落以后，需要当地机场的地勤人员提供飞机检修保养、加油、物资补给和清洁等工作。美国西南航空公司一般只需要4个地勤人员提供所有这些服务，人手不够时，驾驶员也会帮助做地勤工作。

（5）高的轮转效率。美国西南航空公司有最短的航班轮转时间，每架飞机每天11次起落，航班轮转时间仅为15分钟，是世界航空界的最短纪录，其他航空公司需要1小时。这减少了飞机在机场的滞留时间，有效地控制了公司应付给机场的租金，同时也提高了运营效率，从财务数据上的体现就是每架飞机每天的飞行小时数领先于其他的传统航空公司。

（6）在顾客认可和接受的条件下，削减一些服务项目。针对短程特点，美国西南航空公司只提供软饮料和花生米，而不是像其他公司一样提供昂贵的配餐。而这些对于商务人员来说是足够的，因为他们只需要简单的机上服务，只要飞机准时、可靠就可以了。

（7）有效的激励体系以及低的人工成本。高层管理者对员工非常重视，乘务员帮助检票，驾驶员帮助地勤，员工的互助行为，源于美国西南航空公司的人力资源管理制度的有效激励：灵活的工会合同，员工待遇优厚，较高的员工期权的拥有率。激励机制促成了美国西南航空公司减少了内耗并提高了员工效率，从而反过来降低了经营过程中的人工成本。

这一套完整的体系使得美国西南航空公司的低价竞争战略得以实现。“低价策略”是基于公司的资源建立的独特的战略，与该企业本身不可分割，从而防止了其他企业的模仿，并使这一策略能够持久有效。

资料来源：刘玉梅．财务分析［M］．大连：大连出版社，2008.

任务一
财务分析的基本程序

任务描述

了解有效财务分析的基本程序和应采取的步骤。

基本知识与技能

有效的财务分析必须包括以下五个相互关联的步骤：

（1）确定企业所处特定产业（或行业）的经济特征；

（2）确定企业为增强竞争优势而采取的战略；

（3）正确理解和净化企业的财务报表；

（4）运用财务比率和相关指标评估企业的盈利能力与风险；

（5）为管理决策作出相关的评价。

一、确定企业所处特定产业（或行业）的经济特征

财务报表与企业财务特性之间关系的确定不能离开产业经济特征的分析，换句话说，同样的财务报表放在不同产业的企业中，它所体现的经济意义和财务特性很可能完全不同。例如，零售业、钢铁业、房地产业就有着差别很大的财务比率；又如，高科技产业与传统的产业不仅在产业经济特征上有很大的差别，而且决定其竞争地位的因素也各不相同。在进行财务分析时，产业经济特征是一个非常重要的分析基础，只有了解和确定一个企业所处特定产业的经济特征，才有可能真正理解财务报表的经济意义，并发挥财务分析在管理决策中的作用。缺乏对所处产业经济特征的把握，那就意味着企业财务分析人员把自己孤立在一个小圈子里面，不知道企业所处的环境、产业发展前景及其竞争地位。

在实际工作中，有许多认定产业（甚至企业）经济特征的模式，其中最常用的是五个层面的经济属性模式，这五个层面包括需求、供应、生产、营销和财务。需求属性反映了顾客对产品或服务价格的敏感性，产业成长率、对商业周期的敏感程度、季节性影响都是评估需求的重要因素。供应属性是指产品或服务在提供方面的特征。在某些产业中，许多供应商提供的产品或服务是非常相似的，而在另外一些产业中，则只有非常有

限的几家供应商。人们通常用产业进入的难易程度来判断供应属性。就生产属性而言，某些企业纯粹是劳动密集型的，而有些企业是资本密集型的，在分析生产属性时，制造过程的复杂程度也是一个重要的判断标准。产业的营销属性涉及产品和服务的消费者、分销渠道，有些产业的营销特别复杂和困难，而另一些产业的营销则容易得多。对财务属性的认定重点是要明确与企业资产结构和产品特征相配的负债水平和类型，对那些成熟、盈利的公司来说，其对外举债一般都比新办的公司少。此外，某些产业由于产品寿命短（如个人计算机制造业）或长期发展前景令人怀疑（如传统的钢铁制造业）、风险高，一般不能承受高水平的对外负债。

确定企业所处产业的经济特征是有效财务分析的第一步。通过产业经济特征的确定，一方面为理解财务报表数据的经济意义提供了一个“航标”，另一方面又缩短了财务比率和相关指标与管理决策之间的距离，从而使得财务分析的信息对管理决策变得更加有意义。

二、确定企业为增强竞争优势而采取的战略

财务分析与企业战略有着密切的联系，如果说产业经济特征是财务分析人员理解财务报表数据经济意义的“航标”，那么企业战略就是财务分析人员在财务分析中为管理决策作出相关评价的具体指南。离开企业战略，财务分析同样会迷失方向，财务分析就不可能真正帮助管理决策作出科学的评价。因此，在有效的财务分析模式中，紧接着产业经济特征分析之后的就是要确定企业战略。

企业之所以要确定其战略，并将其与竞争者区分开来，完全是出于竞争的需要。尽管一个产业的经济特征一定程度上限制了企业在制定与同行业的其他竞争者进行竞争的战略的弹性，但是许多企业仍然通过制定符合其特定要求的、难以被仿制的战略以创造可持续的竞争优势。影响企业战略的主要因素包括地区和产业多元化、产品和服务特征等，有效的财务分析应当是建立在对企业战略的理解基础之上的。也就是说，应当理解不同的企业是如何对制约发展的因素作出积极反应，以及怎样维护已制定的战略的。为了理解一个企业的战略，财务分析人员不仅要认真地阅读其战略计划，还要考察其实施计划的各种具体的行动。此外，对竞争企业之间战略的比较也是必不可少的。

典型案例

燕京啤酒的经营战略

情境与背景：燕京啤酒主营啤酒、露酒、矿泉水、啤酒原料、饲料、酵母、塑料箱的制造和销售业务，其中啤酒的生产及销售业务占公司主营业务的90%以上。燕京啤酒目前拥有控股子公司48个，遍布全国18个省（直辖市），销售区域辐射全国，形成了高档啤酒以原浆白啤酒和纯生为代表、中档啤酒以鲜啤为代表、普通啤酒以清爽为代表丰

富且清晰的产品线。

面对行业竞争加剧、消费动力不足、市场营销成本和劳动力成本上升等多种不利因素影响，燕京啤酒创新思维，持续优化产品、市场和品牌结构，保持了持续、健康、稳定发展。

燕京啤酒准确把握消费升级和市场变化新趋势，加强自主创新，坚持绿色、健康理念，产品质量不断提升，产品优势持续加强，通过卓越的产品质量和不断优化的产品风味，为消费者提供绿色、健康的高品质产品，赢得消费者的信赖，适应并引导了消费。

通过扩建中高档产品生产线、加大听装与鲜啤在全国推广力度等举措，燕京啤酒使产品结构持续优化，产品市场竞争力持续巩固加强。2016 年，燕京啤酒的鲜啤、易拉罐产品占比明显提升，原浆白啤等新产品推广顺利，其中：易拉罐啤酒销量 61.3 万千升，比上年同期增长 14.58%；燕京鲜啤销量 137 万千升，比上年同期增长 3.79%；12 度燕京原浆白啤荣获 2016 年“青酌奖”前十名。

在渠道建设方面，燕京啤酒不断加强渠道建设，在优化传统营销渠道基础上，加大电商等新型销售渠道建设，实现消费便利化，增强了市场掌控力。在区域整合方面，燕京啤酒在巩固核心市场优势地位的基础上，不断拓展中西部等新兴市场。2016 年，燕京啤酒在北京、广西等基地市场占有率继续保持绝对优势，在四川等新兴市场保持稳定发展。在北京市场，燕京啤酒充分把握京津冀协同发展战略机遇，结构质量持续优化，根据地市场地位继续稳固；在广西市场，面对严峻的竞争局势及我国西南地区遭遇持续暴雨和洪涝灾害带来的不利影响，燕京啤酒持续推进“大西南”发展战略，市场竞争力稳步发展；在四川市场，燕京啤酒进行营销管理创新，2016 年市场地位得以有效提升，销量与效益保持稳定。

燕京啤酒继续推行“1+3”品牌战略，通过加强燕京主品牌推广及区域品牌向燕京主品牌的切换，品牌影响力持续提升。燕京啤酒既利用央视等传统媒体积极开展品牌宣传，又依靠微信、微博等新媒体平台开展推介活动，同时积极推进电商营销，使燕京品牌进一步传播与强化，品牌价值得到有效提升。燕京啤酒多年来坚持体育营销，借助足球、乒乓球等系列赛事平台宣传推广燕京品牌；燕京啤酒举办的“燕京啤酒种子计划”荣获 2016 年 CSR 中国教育奖-社会责任践行先锋奖。据“2016 年（第十三届）中国 500 最具价值品牌”榜单，“燕京”品牌价值为 882.75 亿元，同比增长 10%，位居中国最具价值品牌排行榜第 42 位和亚洲品牌 500 强第 142 位。

燕京啤酒成为首批通过国家工信部两化融合管理体系评定的 200 家企业之一。燕京啤酒通过完善采购管理平台、优化对标管理平台、健全信息系统平台，强化了生产管理、财务管理、销售管理、采购管理、库存管理、人力资源管理等适应公司业务与长期战略的内部运营体系，燕京啤酒的管控能力进一步提升。燕京啤酒通过进一步梳理优化岗位配置，规范选拔聘任流程，创建博士后工作站等举措广泛搭建员工技能提升平台，优化人力资源管理流程，使人才培养机制不断完善，员工团队素质不断提升。

燕京啤酒响应国家加强环境保护与治理的号召，积极实施国家新环境发展规划，企业烟气治理和资源管控能力明显提升，实现企业绿色生产、清洁生产，可持续发展能力持续增强。2016 年，燕京啤酒在环保方面投入 9 247 万元，经过历年持续投入，报告期内节能减排成果为 3 427 万元。

问题：如何理解燕京啤酒公司的经营战略？

资料来源：企业经营战略的财务透视——基于燕京啤酒与青岛啤酒的案例研究．（2020-02-09）．https://www.doc88.com/p-78539959546210.html.

三、正确理解和净化企业的财务报表

尽管财务报表是用于管理决策的，但是财务报表编制的目的与财务分析的目的毕竟有很大的差别。财务分析人员在利用财务报表时，对财务报表本身也有一个理解和净化的过程。所谓理解，是指要了解财务报表的局限，如企业管理当局所作的“盈利管理”导致财务报表的不可靠、不公允；所谓净化，是指财务分析人员对财务报表中的关键项目（如利润额）所作的调整，以增强其可靠性和公允性。

财务分析人员在净化财务报表的过程中，应当注意以下主要方面：

（1）不重复发生项目或非常项目。这些项目对盈利的影响是暂时性的，在评估企业真正的经营业绩之前应重点考虑剔除。

（2）研究与开发等支出。研究与开发、广告、人力资源培训等支出的人为安排直接影响企业在不同会计期间的盈利，在进行财务分析时，对这些支出的人为安排保持一定的警惕是十分必要的。同样，在评估一个企业的持续的经营业绩时，对这些人为的安排进行调整或许是需要的。

（3）盈利管理行为。许许多多的实证研究表明，在企业中存在大量的盈利管理行为。例如，在会计方法的选择上提前确认收入和延迟确认费用；又如，在对固定资产折旧和工程完工进度等进行财务管理时，会计方法的应用和会计估计的变动、会计方法运用时点的选择和交易事项发生时点的控制过程中刻意去迎合管理当局的要求等盈利管理行为都可能导致企业财务报表的偏差和不准确。在进行财务分析时，对它们进行调整是必不可少的。所有这些调整对财务分析人员来说都是对财务报表的净化。

令人遗憾的是，并不是所有的企业都提供了财务分析人员在对财务报表关键项目进行调整时需要的资料。在这种情况下，财务分析人员清醒地认识到财务报表的局限性，并在解释财务报表的数据时充分考虑这一因素具有特别重要的意义。

四、运用财务比率和相关指标评估企业的盈利能力与风险

在财务分析中，人们比较熟悉财务比率和相关指标的计算，如流动比率、资产负债率、权益回报率等财务比率，以及共同比报表、有关的增长率和完成百分比等。但是，对于如何科学地运用这些比率和指标评估企业的盈利能力与风险，学界和业界仍然没有统一的认识。还没有一套标准的财务比率和指标可供比较和判断。例如，一般认为流动比率等于 2 是正常的，但美国 20 世纪 60 年代的一项实证研究表明：正常而持续经营的企业的平均流动比率超过 3，而破产企业的流动比率则在 2 与 2.5 之间。很明显，财务比

率较难确定标准，只有将它们与产业特征、企业战略，甚至商业周期等联系起来才会有意义。因此，财务分析不仅仅是财务会计数据的分析。在财务分析中，最重要的工作应当是将某一企业的财务数据放在产业经济、证券等资本市场大环境中进行多方对比，深入分析，将财务数据与企业的战略联系起来考察现有的优势和劣势，并科学地评估企业的盈利能力和风险。

五、为管理决策作出相关的评价

财务分析的主要目的是为管理决策作出相关的评价。管理决策是一个范围很广的概念，就财务分析而言，这里的管理决策主要包括两个类别：一是投资决策，二是信贷决策。其实这两种决策都涉及企业估价问题，而要对企业的价值进行评定，又必须回到盈利能力和风险的评估上，盈利能力和风险一个也不能少。

一般来说，流动比率和资产负债率对评估企业的偿债能力有重要作用。但是美国的实证研究表明，在评估企业的偿债能力和破产风险过程中，资产收益率最有用，其次是现金流量与总负债的比率，最后才是营运资本与总负债的比率、资产负债率和流动比率。因此，必须以实际的资料为依据，进一步研究财务比率和相关指标与某一特定管理决策的相关性问题。

为了发挥财务分析在管理决策，特别是在企业估价中的作用，必须运用以上五个相互关联的步骤，这五个步骤构成了一个有效的财务分析模型。它不仅给分析人员提供了管理决策评价的合理的假设（产业经济特征、企业战略和净化了的财务报表），还为财务分析本身如何为管理决策服务提供了一个合乎逻辑的理性指南。

小思考

会计分析与财务分析的关系是什么？

任务二

财务分析的基本方法

任务描述

掌握财务分析的四种基本方法：比较分析法、趋势分析法、比率分析法、因素分析法。

基本知识与技能

一、比较分析法

比较分析法是会计报表分析最常用，也是最基本的方法。它是通过主要项目或指标数值变化的对比，计算差异额，分析和判断企业财务状况及经营成果的一种方法。比较分析法在会计报表分析中的作用主要表现在：通过比较分析，可以发现差距，找出产生差异的原因，进一步判定企业的财务状况和经营成果；通过比较分析，可以确定企业生产经营活动的收益性和资金投向的安全性。按比较对象的不同，比较分析法可以分为绝对数比较分析法、绝对数增减变动比较分析法、百分比增减变动比较分析法等。

（一）绝对数比较分析法

绝对数比较分析法是将各有关会计报表项目的数额与比较对象进行比较。绝对数比较分析一般通过编制比较财务报表进行，包括比较资产负债表和比较利润表。

比较资产负债表是将两期或两期以上的资产负债表项目予以并列，以直接观察资产、负债及所有者权益每一项目增减变化的绝对数。

比较利润表是将两期或两期以上的利润表各有关项目的绝对数予以并列，直接分析利润表内每一项目的增减变化情况。

（二）绝对数增减变动比较分析法

从上述绝对数字对资产负债表、利润表和现金流量表的比较中，会计报表的使用者很难获得各项目增减变动的明确概念，为了使比较进一步明晰化，可以在比较会计报表内，增添绝对数字“增减金额”一栏，以便计算比较对象各有关项目之间的差额，借以帮助会计报表使用者获得比较明确的增减变动数字。

（三）百分比增减变动比较分析法

通过计算增减变动百分比，并列示于比较会计报表中，可以反映其不同年度增减变动的相关性，使会计报表使用者更能一目了然，便于更好地了解有关财务情况。

使用比较分析法时，要注意对比指标之间的可比性，这是用好比较分析法的必要条件，否则就不能正确地说明问题，甚至得出错误的结论。所谓对比指标之间的可比性，是指相互比较的指标必须在指标内容、计价基础、计算口径、时间长度等方面保持高度的一致性。如果是企业之间进行同类指标比较，还要注意企业之间的可比性。

此外，计算相关指标的变动百分比虽然能在一定程度上反映企业相关财务指标的增长率，但也有局限性，这主要是因为变动百分比的计算受基数的影响，具体表现在以下几个方面：

（1）如果基数的金额为负数，将出现变动百分比的符号与绝对增减金额的符号相反的结果。

（2）如果基数的金额为零，不管实际金额是多少，变动百分比永远为无穷大。

（3）如果基数的金额太小，则绝对金额较小的变动可能会引起较大的变动百分比，容易引起误解。

解决变动百分比上述问题的办法是：如果基数的金额为负数，则取按公式计算出的变动百分比的相反数；如果基数的金额为零或太小，则放弃使用变动百分比分析法，仅分析其绝对金额变动情况。

二、趋势分析法

趋势分析法是根据企业连续几年或几个时期的分析资料，运用指数或完成率的计算，确定分析期各有关项目的变动情况和趋势的一种财务分析方法。趋势分析法既可用于对会计报表的整体分析，即研究一定时期报表各项目的变动趋势，也可用于对某些主要指标的发展趋势进行分析。

趋势分析法的一般步骤是：

（1）计算趋势比率或指数。指数的计算通常有两种方法，一是定基指数，二是环比指数。定基指数就是指各个时期的指数都是以某一固定时期为基期来计算的，环比指数则是指各个时期的指数是以前一期为基期来计算的。趋势分析法通常采用定基指数。

（2）根据指数计算结果，评价与判断企业各项指标的变动趋势及其合理性。

（3）预测未来的发展趋势。根据企业以前各期的变动情况，研究其变动趋势或规律，从而预测企业未来发展变动情况。

三、比率分析法

比率分析法是在同一张财务报表的不同项目或不同类别之间，或在不同财务报表的有关项目之间，用两项相关数值的比率反映它们之间的相互关系，揭示企业财务状况和经营成果的一种分析方法。比率分析法以其简单、明了、可比性强等优点在财务分析实践中被广泛采用。

比率分析法常常涉及标准财务比率的应用。在进行会计报表分析时，如果计算出来的财务比率与本企业的历史资料比较，只能看出自身的变化，无法知道在激烈竞争中企业所处的地位，或者与同行业或其行业的个别企业进行比较，只能看出与对方的区别，而对方并不一定最好，与之不同也未必不好，那么，这时最好采用标准财务比率，这可以作为评价一个企业财务比率优劣的参照物。以标准财务比率作为基础进行比较分析，更容易发现企业的异常情况，以便于揭示企业存在的问题。标准财务比率，是指特定国家、特定时期、特定行业的平均财务比率，如标准的流动比率、标准的资产负债率、标准的总资产周转率等。

标准财务比率的确定方法通常有两种。一是统计方法，即以大量历史数据的统计结果作为标准。这种方法假设大多数是正常的，社会平均水平是反映标准状态的，脱离了平均水平，就是脱离了正常的状态。二是工业程序法，即以实际观察和科学计算为基础，推算出一种理想状态作为评价标准。这种方法假设各变量之间有其内在的比例关系，并且这种关系是可以被认识的。在实际操作中，经常综合使用上述两种方法，互相补充，互相验证。目前，标准财务比率的确定主要采用统计方法，工业程序法处于次要地位。

在运用财务比率时，要注意两点。一是计算财务比率所依据的会计报表资料不一定反映企业真实情况。尽管会计报表是按新会计准则设计的，它们合乎规范，但不一定反映企业的客观实际。例如：报表数据未按通货膨胀或物价水平调整；非流动资产的余额是按历史成本减折旧或摊销计算的，不代表现行成本或变现价值；无形资产和开办费的摊销等是主观估计的，未必正确；财产盘盈或坏账损失等非常或偶然的事项，可能会歪曲本期的净收益。二是不同企业对同一会计事项的处理可能选择不同的会计处理方法和程序，使它们的财务比率可比口径有误差。鉴于上述两方面的原因，只能在限定意义上使用财务比率，不可将其绝对化，这也是在运用财务比率进行报表分析时所必须注意的问题。各种不同的比率说明不同的关系，但比率本身并不说明问题，它只能同一定的标准进行比较才能说明问题。由于报表使用者不同，分析比率的着眼点、用途、目的不同，因而比较的标准也有所不同，这样根据分析结果做出的解释也会有所不同。另外，由于每一个比率只涉及企业生产经营过程中的一种关系，而企业生产经营活动本身是错综复杂的，因而不能孤立地、简单地根据某一个或某几个比率的分析下结论，而是应该把它们有机结合起来，把比率分析和比较分析等结合起来，以得出正确的结论。

四、因素分析法

因素分析法是依据分析指标与其影响因素之间的关系，按照一定的程序和方法，确定各因素对分析指标差异影响程度的一种技术方法。因素分析法根据其分析特点可分为连环替代法和差额计算法两种，下面介绍比较简单实用的差额计算法的运用步骤。

（一）确定分析指标与其影响因素之间的关系

确定分析指标与其影响因素之间的关系的方法，通常是指标分解法，即将经济指标在计算公式的基础上进行分解或扩展，从而得出各影响因素与分析指标之间的关系式。如对于产品总成本，可以将其影响因素分解为：

总成本＝产品产量×单位成本

（二）列出关系式

根据分析指标的报告期数值与基期数值列出两个关系式或指标体系，确定分析对象。

如对于产品总成本而言，两个指标体系是：

基期总成本＝基期产品产量×基期单位成本

报告期总成本＝报告期产品产量×报告期单位成本

所以分析对象为：

分析对象＝报告期总成本－基期总成本

（三）计算影响程度

利用各影响因素的报告期数值与基期数值的差额，在其他因素不变的假定条件下，计算各因素对分析指标的影响程度。如产品总成本的两个影响因素的影响程度分别为：

产品产量变动的影响＝（报告期产品产量－基期产品产量）×基期单位成本

单位成本变动的影响＝（报告期单位成本－基期单位成本）×报告期产品产量

（四）检验分析结果

将各因素对分析指标的影响额相加，其代数和应等于分析对象。如果两者相等，则说明分析结果可能是正确的；如果两者不相等，则说明分析结果一定是错误的。

【例 2－1】某企业有关成本的资料见表 2－1。

表 2－1　企业成本分析资料表

项目	2022 年	2021 年
产品产量（件）	1 200	1 000
单位成本（元/件）	11	12
产品总成本（元）	13 200	12 000

要求：确定各因素变动对产品总成本的影响程度。

解：

分析对象＝13 200－12 000＝1 200（元）

产品产量变动的影响＝（1 200－1 000）×12＝2 400（元）

单位成本变动的影响＝（11－12）×1 200＝－1 200（元）

各因素影响之和＝2 400＋（－1 200）＝1 200（元）

上述计算结果说明：企业总成本报告期比基期增加了 1 200 元，是由于产品产量和单位成本两因素共同变动引起的，其中，由于产品产量上升而使总成本上升 2 400 元，由于单位成本降低而使总成本减少 1 200 元。

在企业经济活动中，一些综合性经济指标往往是由于受多种影响因素的影响而变动的。在分析这些综合性经济指标时，就可以从影响因素入手，分析各种因素对经济指标变动的影响程度，并在此基础上查明指标变动的原因。这对财务分析者作出正确的经营决策及改进管理都极为有用。

任务三

不同行业财务分析比较

任务描述

了解财务分析中的行业比较的重要性，掌握同行业比较的方法。

基本知识与技能

任何一家企业的发展状况必然要受其所处的经济环境的影响和约束，不会长期严重脱离其行业的整体发展水平，因此，在进行财务分析时，进行行业分析和同业比较可以显示出企业的行业地位和发展前景，增加对报表真实性判断的准确性，提高投资者决策的科学性，同时可以提供一个比较的标准。

一、企业基本面分析中的行业分析

（一）对企业所处行业的划分

在对企业进行财务分析之前，可以阅读企业财务报告的会计报表附注，以获取对企业的基本情况的了解，其中重要的一点就是关注企业主营业务的行业范围，为行业分析和同业比较打下基础。

在美国，财务分析中的行业分类一般都以《标准行业分类》为准，我国的证监会也公布了《上市公司行业分类指引》，依据上市公司的主营业务对企业进行行业分类。在对行业进行划分的时候，划分得越细致，分析的结果就越准确，因为一个行业中的各个子行业的财务状况可能会有较大的差异，如同为汽车行业，农用车、商用车、家用车、机械车辆的利润率就会存在差异。另外，要关注企业主营业务的变化，对不同时期的企业确定其相应的行业。由于越来越多的企业实行多元化经营，涉及多个行业，因此这给行业分类造成了困难。为解决这一问题，美国证券交易委员会要求公司提供关于其经营项目的报告并且向公众公开。因此，对于跨行业经营的企业，要注意分析其营业收入的主要来源，确定其所属行业。主营业务涉及多个行业且份额都较大的企业，则将其归于不同的行业，在行业分析和同业比较中区别对待。对于没有明显主营业务之分的企业，则将其归于综合类，以保持同业比较的一致性。

（二）对企业所处行业的综合分析

1. 对行业生命周期的分析

一个行业总有其生命周期，一般行业的生命周期分为成长阶段、发展阶段、成熟阶段和衰退阶段。对行业生命周期的划分可以运用一些行业统计数据，如进入成本、竞争程度等。成长阶段的进入成本和竞争程度都较低，而成熟阶段的进入成本和竞争程度相对较高，发展阶段则处于两者之间。一般来说，如果行业进入衰退阶段，除非出现新产品或者进行行业结构调整，否则整个行业的企业都会面临困境。对于有不同投资动机的投资者来说，处在行业生命周期不同阶段的企业具有不同的投资意义。对关注现金流量的投资者和银行信贷者而言，处于成熟阶段的行业一般都具有较为稳定的现金流，而对于一些更关注收益和进行战略投资的投资者来说，成长阶段和发展阶段的企业可能更具有吸引力。同时，对企业所处行业生命周期的分析有助于了解该行业的发展前景以判断企业的发展前景。如果企业所属行业处于发展阶段，则其财务状况有进一步改善的空间；如果处于衰退阶段，即使目前尚好，也存在财务风险。

2. 行业的竞争程度

行业竞争可以分为现有同业竞争和潜在竞争（来自准备进入本行业的企业的竞争），对于处于成熟阶段的行业来说，潜在竞争的可能性相对要小些，因为这个时期的行业竞争激烈，进入成本较高。而在分析成长阶段和发展阶段的行业竞争程度时，就要充分考虑来自潜在对手的竞争。一般来说，对于竞争激烈的一些行业，各个企业的各项财务指标趋于一致，一家企业也很难长期处于领先地位。而对于处于成长阶段的行业，由于竞争程度不强，企业有可能由于技术领先等原因而在财务上领先于同业水平。对于一些进行经营业务行业结构调整的企业来说，分析其即将进入的行业的竞争程度以及进入成本是分析其结构调整是否成功的一个关键因素。

3. 相关法律和政策环境

相关法律和政策环境对一个行业的发展有着重要的影响，同时也影响企业的生存环境，并可直接或间接地体现在企业的财务报告中。如果是处于法律和政策限制的行业，必然会对企业的发展有极大的消极影响；而如果是国家鼓励发展的行业，则可能享受诸如税收等多方面的支持。

（三）对企业的行业地位的分析

一个企业无论其处于何种行业，分析其行业地位对了解其竞争力、发展状况，进而分析其财务状况有着重要的意义。一个企业的行业地位主要体现在：

1. 市场占有率

一个企业的竞争力最终要体现在市场上，而市场占有率则是一个强有力的指标，一系列表现优异的财务指标必须有一定的市场占有率作为支撑。

2. 技术领先度

在技术上的领先度尤其是在行业核心技术上的领先度决定了企业的行业地位。无论是对于传统的工业企业还是新兴的高科技产业，技术上的领先和创新是其价值增长的主要驱动因素。

3. 生产规模

一般而言，处于行业领先地位的企业规模较大，但是生产规模大并不必然导致行业领先。生产规模的扩大可能会产生积极的规模效应，但是同时也要注意其有可能产生的管理上的失控以及费用的增加等问题。

4. 管理团队的优异度

一个良好的管理团队可能对企业的发展起着不可替代的加速作用，意味着企业生产效率的提高、对成本费用的有利控制甚至有可能为完全释放其管理效率而进行一系列的兼并。决定企业的行业地位还有一系列重要因素，诸如企业的品牌等都对企业的发展起着重要作用。通过对企业的行业地位进行分析，可以进一步分析企业的竞争力和风险所在，对具体财务分析有着一定的指导作用。如果企业的行业领先主要体现在市场占有率上，那么其销售收入以及销售增长率应该领先于行业平均水平；如果企业在技术上领先，那么在成本的控制以及销售收入上应该有所体现，而优秀的管理团队则应该带来费用的节约、财务工作的成功以及企业价值的增加。

二、财务分析中的同业比较

行业因素在具体的财务数据和财务指标分析中是一个必须考虑的因素，对财务数据和指标进行同业比较是财务分析必须进行的一种横向分析，同时在进行企业趋势分析时也必须考虑到整个行业的发展方向。

（一）确定同业比较标准，选定一定数量的同业企业

通常的行业标准获取有算术平均法、中位数法和综合报表法等方法。一般采取算术平均法，也就是将行业内全部公司的财务数据求算术平均值作为行业标准，一般建有专门的数据库，为保证其可靠性，还要求依据其总资产或销售量进行划分。因此，在具体分析时，可以采用算术平均法求出行业平均值，并且计算出最高值和最低值作为比较。同时，要选择一定数量的具有代表性的同业企业作为比较对象。在选择时，除了选择相似度较高的企业，一般要选择一到两家处于行业领先地位的企业来确定被分析对象的行业差距，以评价企业的财务状况和财务潜力。

（二）进行同业比较，关注严重偏离同业平均水平的财务数据和财务指标

1. 静态分析

（1）分析资产负债表、利润及利润分配表、现金流量表的主要项目与同行业平均水平、最高水平和最低水平的差异，关注异常的项目。

对一些受行业影响比较大的报表项目进行同业比较，可以使财务分析更能体现其行业特点。比如，有些行业（如家电行业）由于竞争激烈或者销售渠道的原因，存在大量的应收账款，而一些能源或者钢铁行业由于供求关系的紧张而多采用现金交易。在企业因规模差异等原因存在不可比的情况下，与同业企业进行结构性分析也可以看出企业的

资产配置是否合理、利润是否可靠、现金流动是否真实。比如，在进行静态分析的时候，对企业资产的结构性分析可以结合行业因素考虑，因为行业的特点一般会决定企业的流动资产和固定资产结构以及其内部结构，对资本结构也有一定的影响。

（2）进行财务比率分析。对企业的流动性、盈利能力、经营效率、偿债能力与同行业平均水平、最高水平和最低水平比较。

在进行比率分析的时候，如果不进行同业比较的话，对企业的判断会产生一定的误差。比如由于行业的具体经营情况，汽车行业的流动性普遍较低，假如单纯分析企业的流动比率，即使该企业在整个行业的流动性处于行业领先地位，也可能得出企业流动性不佳的结论。另外，要注意的是财务比率的局限性使其在同业比较中受到一定的限制，因此，在同业比较之前，应对同业企业的会计政策和处理程序如存货估价方法、折旧方法等进行调整，并剔除一些非常项目。

2. 趋势分析

（1）报表项目的趋势分析中的同业比较。在进行趋势分析的时候，也要考虑行业因素的影响作用。假如一家企业所处行业正处在衰退阶段，那么，逆整个行业的固定资产变化趋势而动，扩大生产规模，增加固定资产投资，就存在风险。

（2）财务比率趋势分析中的同业比较。财务比率的变化趋势一般应大致与行业保持一致，尤其要关注与行业整体趋势长期严重不符的财务比率的变化。如果全行业的毛利率处于下降通道中，企业的毛利率反而有一个大的上扬，那么就要特别关注。

（三）对出现异常和异动的财务数据和财务指标进行分析

扫一扫

财务分析人员应具备什么能力

进行上述分析后，在对异常和异动的财务数据和财务指标分析其原因时，要充分考虑是不是企业所处整个行业的特点所致。如果企业的财务数据和财务指标偏离行业水平，那么必须结合其所处行业地位分析是不是因为其处于行业垄断地位或者具有一些差异化的竞争优势（劣势）。总之，在进行财务分析时，除了运用大量财务指标外，还应该运用行业分析和同业比较的方法，对企业相关的非财务信息进行分析，只有这样才能够准确了解企业的真实情况。

学思之窗

民无信不立

《论语·颜渊》：“自古皆有死，民无信不立。”此为孔子对子贡问政之答。民信之与足食足兵为孔子治邦强国之政。然可去兵去食，不可使民无信；民信则为本。此也与孔子的杀身成仁、孟子的舍生取义有相通之处。后朱熹有云：“民无食必死，然死者人之所必不免。无信则虽生而无以自立，不若死之为安。故宁死而不失信于民，使民亦宁死不失信于我也。”

对于“诚信”的含义，中国的古至先贤曾有自己的诠释：《礼记·乐记》中曾有记载“著诚去伪，礼之经也”；老子曰“信言不美，美言不信”，儒家学说则把“仁、义、礼、智、信”作为“立人”五德。自古以来，我们的祖先就有“人无信而不立”的说法，从商鞅辕门立木到曾子杀猪教子，“言必行，行必果”作为衡量个人品行优劣的道德标准之一，已经成为中华民族的传统美德，并对民族文化、民族精神的塑造起了不可或缺的作用。诚信，可诠释为：诚实、诚恳、信用、信任。它包括两层含义：一是要以信用取信于人；二是对他人要给予信任。只有忠诚老实，诚恳待人，才会取得信任；只有讲信用，才会有信誉。

是否诚实守信，不仅反映了一个人的思想品质和道德觉悟，反映了一个团体的信用程度，也影响一个人的前途和发展。一个表里不一、言而无信的人，可能蒙混乃至得势一时，但绝不会长久，到头来还是让虚伪害了自己。历史证明：不讲信誉的人是没有前途的人，不讲信誉的民族是堕落的民族，不讲信誉的社会是混乱的社会，不讲信誉的国家是没有希望的国家。

资料来源：古人论信，为人做事之根本．（2019－08－06）．https://page.om.qq.com/page/Oq03HurymVxckLsgIh5zApGA0.

项目小结

扫一扫

财务共享服务中心与大数据财务分析

本项目首先介绍了财务分析的基本程序，重点阐述了财务分析常用的方法：比较分析法、趋势分析法、比率分析法、因素分析法等。比较分析法是通过主要项目或指标数值变化的对比，计算差异额，分析和判断企业财务状况及经营成果的一种方法。趋势分析法是根据企业连续几年或几个时期的分析资料，运用指数或完成率的计算，确定分析期各有关项目的变动情况和趋势的一种财务分析方法。比率分析法是在同一张财务报表的不同项目或不同类别之间，或在不同财务报表的有关项目之间，用两项相关数值的比率反映它们之间的相互关系，揭示企业财务状况和经营成果的一种分析方法。因素分析法是依据分析指标与其影响因素之间的关系，按照一定的程序和方法，确定各因素对分析指标差异影响程度的一种技术方法。

项目训练

一、单项选择题

1. 进行会计分析的第一步是（　　）。

A. 分析会计政策变化　　B. 分析会计估计变化

C. 阅读会计报告　　D. 修正会计报表信息

2. 对于连环替代法中各因素的替代顺序，传统的排列方法是（　　）。

A. 主要因素在前，次要因素在后

B. 影响大的因素在前，影响小的因素在后

C. 不能明确责任的在前，可以明确责任的在后

D. 数量指标在前，质量指标在后

3. 会计分析的关键在于（　　）。

A. 揭示会计信息的质量状况　　B. 评价企业会计工作

C. 找出会计核算错误　　D. 分析会计人员素质

4. 为了评价判断企业所处的地位与水平，在分析时通常采用的标准是（　　）。

A. 经验标准　　B. 行业标准

C. 历史标准　　D. 预算标准

5. 将财务报表中的某一关键项目的数字作为基数（100%），计算该项目各组成部分占总体的比例是（　　）。

A. 结构分析法　　B. 因素分析法

C. 比较分析法　　D. 比率分析法

二、多项选择题

1. 财务分析从分析的方法和目的角度看，可分为（　　）。

A. 动态分析　　B. 专题分析

C. 全面分析　　D. 静态分析

E. 现状分析

2. 财务分析实施阶段包括的步骤有（　　）。

A. 确立财务分析标准　　B. 报表整体分析

C. 财务指标分析　　D. 基本因素分析

E. 价值评估

3. 行业竞争程度和盈利能力的影响因素包括（　　）。

A. 市场占有率　　B. 现有企业间的竞争

C. 替代产品或服务的威胁　　D. 新加入企业的竞争威胁

E. 市场议价能力

4. 下列分析技术中，用于动态分析的有（　　）。

A. 结构分析　　B. 水平分析

C. 趋势分析　　D. 比率分析

E. 专题分析

5. 企业的债权人进行财务分析的主要目的有（　　）。

A. 看其对企业的借款或其他债权能否及时、足额收回，即企业偿债能力的大小

B. 看债权人的收益状况与风险程度是否相适应

C. 将偿债能力分析与盈利能力分析相结合

D. 看企业的盈利能力状况

三、判断题

1. 运用财务比率时应注意，计算财务比率所依据的会计报表资料不一定反映企业真

实情况。（ ）

2. 比率分析法能综合反映比率与计算它的会计报表之间的联系。（ ）

3. 差额分析法是连环替代法的一种简化形式，连环替代法和差额分析法得出的结论是一致的。（ ）

4. 不同企业对同一会计事项处理可能选择不同的会计处理方法和程序，使它们的财务比率可比口径有误差。（ ）

5. 财务分析中经常使用的比较标准有以下几种：公认标准、行业标准、目标标准。（ ）

四、简答题

1. 财务分析的基本步骤有哪些？
2. 简要说明几个基本的财务分析方法。
3. 会计分析在财务分析中的地位与作用有哪些？
4. 比率分析的作用与不足有哪些？
5. 运用因素分析法应注意哪些问题？
6. 如何认识审计报告？
7. 注册会计师在审计报告中对所审计的会计报告可提出哪几种意见？

项目实训

实训目标：对公司财务报告有直观的认识。

实训资料：查找一家上市公司的财务报告。

实训要求：

（1）查找财务信息，阅读一家上市公司的财务报告，了解财务报告的基本内容。

（2）关注财务报告中的报表附注的信息。

项目三

财务能力分析

学习目标

知识目标

熟悉各项短期偿债能力分析指标的含义

掌握各项长期偿债能力分析指标的含义

理解各项营运能力分析指标的计算方法

掌握各项盈利能力分析指标的计算方法

熟悉各项发展能力分析指标的计算方法

能力目标

能够运用财务指标进行短期偿债能力分析

能够运用财务指标进行长期偿债能力分析

能够进行企业动态营运能力的评价

能够进行企业盈利能力的评价

能够进行企业发展能力的评价

素质目标

锻炼学生分析问题、解决问题的能力

培养全局意识和长远的眼光进行财务分析

引导案例

华夏幸福债务违约案

创立于1998年的华夏幸福基业股份有限公司，其总部坐落于河北廊坊，借壳ST国祥于2012年成功上市，目前已成长为具有较高知名度的中国产业新城运营商。截至2020年年底，公司拥有21 450名职工，公司资产总规模为4 887.62亿元。2021年以来，华夏幸福公司面临多次债务违约事件。截至2021年5月，公司违约总金额为572.20亿元。2021年2月，华夏幸福公司首次对外公布债务逾期情况，称债务逾期涉及的本息额为52.55亿元，债务形式包括银行贷款、信托贷款等，未涉及债券、债务融资工具等产品。之后数月，公司又多次宣布债务逾期，累计债务违约涉及本息不断上升。根据官方披露，违约的主要原因是受宏观经济环境、行业环境、信用环境以及疫情影响，公司现金流压力大，已经造成实质性违约。

2013年，华夏幸福的资产规模为740.94亿元，而2020年为4 887.62亿元，由此可见华夏幸福扩张之迅速。

2013年以来，华夏幸福实施PPP（Public-Private Partnership，政府和社会资本合作）模式来开发产业新城，积极响应国家提出的新型城镇化政策和京津冀协同发展战略，从而得到充足的市场红利和政策红利，实现公司盈利的大幅增长。华夏幸福实施的PPP模式为公司带来了丰厚的回报，这增强了公司高管对企业经营模式的信心，从而使华夏幸福更倾向使用自有资金和外来融资来推动企业快速扩张。

企业的快速扩张为企业本身埋下财务隐患，导致企业营运能力的下降和偿债能力的减弱。在2013年至2020年，华夏幸福的总资产周转比率出现明显下滑，由2013年的0.36下降为2020年的0.21，这说明企业营运能力有所弱化。同时，华夏幸福的总资产报酬率由2013年的6.29下降为2020年的3.30，这反映企业盈利能力的弱化。考虑到前期公司的快速扩张，公司的负债规模在快速上升，而企业盈利能力的弱化反映了企业偿债能力的下降，提高了企业发生债券违约的可能性，这是企业面临的财务隐患。

资料来源：牛子硕．华夏幸福债务违约案例研究［J］．广西质量监督导报，2021（5）：81-82.

任务一

偿债能力分析

任务描述

熟悉和掌握各项短期偿债能力分析指标、长期偿债能力分析指标的内涵，能够运用财务指标进行短期偿债能力和长期偿债能力的分析。

基本知识与技能

企业的偿债能力是指在一定期间清偿各种到期债务的能力。对于多数企业来说，资金来源除了所有者权益外，还有相当一部分来自对外负债。由于任何一笔债务都负有支付利息和到期偿还本金的责任，因此企业支付利息和到期偿还本金的能力就是偿债能力。偿债能力的强弱是衡量经营绩效的重要指标，不仅关系到企业自身的生存和发展，也与债权人、投资者的利益密切相关。对企业自身而言，通过测定自身的偿债能力，有利于科学、合理地进行筹资决策和投资决策；从企业外部来看，债权人将根据企业偿债能力的强弱确定贷款和其他信用决策。企业的偿债能力按其债务到期时间的长短可分为短期偿债能力和长期偿债能力。

一、短期偿债能力分析

（一）短期偿债能力的含义

短期偿债能力，是指企业用流动资产偿还流动负债的现金保障程度。短期偿债能力是企业财务状况的重要指标。对企业管理者来说，企业短期偿债能力的强弱意味着企业盈利能力的高低和投资者机会的多少；对企业债权人来说，企业短期偿债能力的强弱意味着本金和利息能否按期收回；对企业供应商和消费者来说，企业短期偿债能力的强弱意味着企业履行合同能力的强弱。

在分析企业的短期偿债能力时，了解流动资产与流动负债之间的相互关系十分关键，因为一般偿还流动负债需要动用现金，而现金主要产生于流动资产。短期偿债能力的强弱并不完全取决于企业盈利的多寡，因为在权责发生制下，企业可能有很高的盈利，但却并不一定有很强的短期偿债能力，因为它可能缺乏可立刻动用的现金。

（二）衡量短期偿债能力的指标

短期偿债能力的衡量主要是看企业是否拥有足够的现金以偿付其流动负债，应付当前业务的需要，因而短期偿债能力指标主要反映企业流动资产与流动负债的比率关系。在具体的财务分析中，短期偿债能力的分析与评价主要是根据财务报表，尤其是资产负债表，并结合其他相关资料，将短期债务与可得到的用于偿还这些债务的短期资金来源进行比较，并通过计算来判断企业目前的偿付能力及在困难时保持偿付的能力。只有当企业拥有较强的短期偿债能力时，才能获得较好的内外部环境，从而降低成本，增加盈利。但是，反映企业偿债能力的指标并不总是越高越好，应该有一个合理的界限，需要针对具体的企业进行具体分析。短期偿债能力比率指标中，常用的有营运资金、流动比率、速动比率、现金比率等。

1. 营运资金

营运资金（working capital），是指流动资产超过流动负债的数额，即企业流动资产与流动负债之差。

（1）营运资金指标的计算。营运资金指标的计算公式为：

营运资金＝流动资产－流动负债

该指标是表现企业短期偿债能力的绝对数指标，营运资金越多，说明企业短期偿债能力越有保障。

【例 3-1】BDF 科技股份有限公司 2022 年财务报表的相关数据见表 3-1、表 3-2。

表 3-1 BDF 科技股份有限公司资产负债表

编制单位：BDF 科技　　　　2022 年 12 月 31 日　　　　单位：元

项目	年末数	年初数	项目	年末数	年初数
流动资产：			流动负债：		
货币资金	60 326 378.25	127 582 970.56	短期借款	5 000 000.00	17 174 470.00
交易性金融资产			交易性金融负债		
衍生金融资产			衍生金融负债		
应收票据	68 044 437.23	66 283 659.01	应付票据	58 450 500.00	58 605 547.97
应收账款	179 096 890.48	125 496 681.55	应付账款	110 427 024.19	117 006 745.65
预付账款	4 932 267.31	5 921 433.15	预收账款	2 571 449.40	1 793 704.31
应收利息	123 750.00		应付职工薪酬	14 364.00	2 219 191.25
应收股利			应交税费	7 971 529.42	2 558 496.08
其他应收款	2 293 436.50	3 974 924.92	应付利息	35 389.00	75 318.50
存货	56 917 997.69	112 902 546.77	应付利润		
一年内到期的非流动资产			其他应付款	7 197 084.30	2 411 751.50
其他流动资产			一年内到期的非流动负债	30 000 000.00	
流动资产合计	371 735 157.46	442 162 215.96	其他流动负债		
非流动资产：			流动负债合计	221 667 340.31	201 845 225.26
债权投资			非流动负债：		
其他债权投资			长期借款		30 000 000.00
长期应收款			应付债券		
长期股权投资	3 510 949 710.86	42 327 472.93	长期应付款		
其他权益工具投资			专项应付款		
投资性房地产	3 493 182.42	3 588 207.84	预计负债		
固定资产	202 505 301.34	199 859 501.75	递延收益		
在建工程	30 935 055.79	22 389 372.98	递延所得税负债		
工程物资			其他非流动负债	2 450 000.00	2 800 000.00
固定资产清理			非流动负债合计	2 450 000.00	32 800 000.00
生产性生物资产			负债合计	224 117 340.31	234 645 225.26
油气资产			所有者权益（或股东权益）：		
无形资产	10 085 713.06	11 751 614.01	实收资本（或股本）	716 286 314.00	217 198 800.00
开发支出	11 537 987.93	9 356 961.35	资本公积	3 028 030 438.86	141 355 034.93
商誉			减：库存股		
长期待摊费用			其他综合收益		
递延所得税资产	604 415.86	946 534.70	盈余公积	28 016 665.41	24 159 306.79
其他非流动资产			未分配利润	145 395 766.14	115 023 514.54

续表

项目	年末数	年初数	项目	年末数	年初数
非流动资产合计	3 770 111 367.26	290 219 665.56	所有者权益（或股东权益）合计	3 917 729 184.41	497 736 656.26
资产合计	4 141 846 524.72	732 381 881.52	负债和所有者权益（或股东权益）合计	4 141 846 524.72	732 381 881.52

表 3-2 BDF 科技股份有限公司利润表

编制单位：BDF 科技　　2022 年度　　单位：元

项目	本期金额	上期金额
一、营业收入	560 673 787.61	574 357 804.07
减：营业成本	458 127 379.68	468 116 230.41
税金及附加	4 792 854.99	3 530 410.15
销售费用	18 265 353.17	17 746 650.13
管理费用	44 581 266.71	47 187 593.68
财务费用	1 075 747.58	3 464 199.58
加：公允价值变动收益（损失以"—"号填列）		
投资收益（损失以"—"号填列）		29 363.51
其中：对联营企业和合营企业的投资收益		29 363.51
资产减值损失（损失以"—"号填列）	—13 582.79	—1 514 550.18
资产处置收益（损失以"—"号填列）		—13 793.42
二、营业利润（亏损以"—"号填列）	33 817 602.69	32 813 740.03
加：营业外收入	9 530 008.64	8 796 398.17
减：营业外支出	44 554.11	48 506
三、利润总额（亏损总额以"—"号填列）	43 303 057.22	41 561 632.20
减：所得税费用	4 729 471.00	4 988 263.82
四、净利润（净亏损以"—"号填列）	38 573 586.22	36 573 368.38
五、其他综合收益的税后净额		
（一）不能重分类进损益的其他综合收益		
（二）将重分类进损益的其他综合收益		
六、综合收益总额		
七、每股收益		
（一）基本每股收益	0.054	0.051
（二）稀释每股收益	0.054	0.051

资料来源：施金影．财务分析［M］．北京：中国人民大学出版社，2014．

根据表 3-1 的数据，计算可得该公司两年的年末营运资金：

2022 年年末营运资金=371 735 157.46—221 667 340.31=150 067 817.15（元）

2021 年年末营运资金=442 162 215.96—201 845 225.26=240 316 990.7（元）

以上计算结果说明，公司连续两年均有一定数额的营运资金，反映其短期偿债能力较强。不过，2022 年年末公司的营运资金比 2021 年年末下降了 90 249 173.55（=150 067 817.15—240 316 990.7）元，表明公司的短期偿债能力有所减弱。对此，尚须结合公司的生产经营规模、流动资产结构及其有关指标等因素的变化，进行深入考察及合理评价。

（2）营运资金指标的分析。首先，营运资金为正时，流动资产大于流动负债，说明企业不能偿债的风险较小；反之，营运资金为负时，流动资产小于流动负债，说明企业不能偿债的风险加大。

其次，营运资金并非总是越多越好。债权人希望营运资金越多越好，这样就可以减少贷款风险。但是，过高的营运资金意味着流动资产过多而流动负债较少，可能导致大量资金闲置，丧失产生更多经济利益的机会。同时也说明，企业可能缺乏投资机会，因而其发展潜力可能受到限制。因此，企业应该保持适当的营运资金，以平衡财务风险和发展机会。

当然，营运资金究竟保持多少才算适当并没有统一的标准，加上营运资金是一个绝对数指标，对于不同规模、不同类型的企业，该指标也缺乏可比性，即使计算出两个公司的营运资金，也不能比较出两个公司偿债能力的高低，因而在企业规模和企业类型差异较大时，就不能使用营运资金来评价企业的短期偿债能力。

2. 流动比率

流动比率（current ratio），是指企业的流动资产与流动负债的比率。它表明企业每单位流动负债有多少流动资产作为偿还的保证，反映企业动用可以在短期内产生或转换为现金的流动资产偿还到期流动负债的能力。由于其原理的易理解性、计算的简单性及数据的易得性，流动比率逐渐成为短期偿债能力的重要比率指标。

（1）流动比率指标的计算。流动比率的计算公式为：

$$流动比率=\frac{流动资产}{流动负债}$$

流动比率越高，说明企业偿还流动负债的能力越强，短期债权人利益的安全程度也就越高。

【例 3-2】 沿用前述 BDF 科技股份有限公司的数据（见表 3-1），则该公司：

$$2022\text{ 年年末流动比率}=\frac{371\ 735\ 157.46}{221\ 667\ 340.31}=1.677$$

$$2021\text{ 年年末流动比率}=\frac{442\ 162\ 215.96}{201\ 845\ 225.26}=2.191$$

以上计算结果说明，BDF 科技股份有限公司 2021 年年末的每 1 元流动负债有 2.191 元流动资产作保障，而 2022 年年末的每 1 元流动负债有 1.677 元流动资产作保障，反映公司具有较强的短期偿债能力。从变化情况看，2022 年年末的流动比率与 2021 年年末相比有所下降，表明流动资产减少的幅度大于流动负债减少的幅度。

（2）流动比率指标的分析。一般认为，合理的流动比率应被确认为 2∶1，但到 20 世纪 80 年代中期以后，美国许多制造业企业的流动比率开始低于 2，趋于 1.5，这说明许多企业的流动性在降低，但这并非说明其短期偿债能力在降低。

流动比率越高，企业偿还短期债务的流动资产保障程度通常越强，但并不等于说企业已有足够的现金用来偿债，因为流动比率高也可能是由于存货积压、应收账款增多且收账期延长，以及预付账款等的增加所致。

从短期债权人角度看，自然希望流动比率越高越好，但从企业经营者的角度看，在其他情况正常的条件下，过高的流动比率通常意味着企业闲置资产的持有量过多，这必然造成企业流动资产的周转率下降，导致机会成本的增加和获利能力的降低。同时，流动比率过高也意味着更多的长期资金将被占用于流动资产环节，这必然加大企业的资本成本。

在分析一个企业的流动比率时，很有必要将其与该行业的平均流动比率进行对比，因为在某些行业，流动比率低于 2 被认为是正常的，但在另一些行业则要求流动比率大于 2。一般而言，营业周期越短，流动比率应越低；营业周期越长，流动比率应越高。

将同一企业不同时期的流动比率相比较，以及与行业平均水平相比较，有助于确定流动比率的高低，尽管这种比较并不能反映为什么高或为什么低，但可以从流动资产和流动负债的逐项分析中找出原因，特别是从应收账款和存货的详细资料分析中找出原因。

在分析流动比率时，应当剔除一些虚假因素的影响。如在分析流动比率时，应注意分析企业会计分析期前后一段时间的流动资产和流动负债的数额变动，若变动幅度很大，应了解企业是否在流动比率不理想时，通过年终将欠款偿还，到下年初再如数借回，或者有意把本应年终进货，但却推迟到下年初再购进等办法来修饰流动比率。

3. 速动比率

扫一扫

格力电器的偿债能力

速动比率（quick ratio），也称为酸性测试比率（acid-test ratio），是指企业的速动资产与流动负债的比率。速动资产是企业流动资产中流动性（变现能力）较强的那部分资产，主要包括货币资金、交易性金融资产和应收款项。流动资产中的存货因变现速度较慢，所以不包括在速动资产中，至于预付款项等，因其不能产生或转换为现金，所以也不计入速动资产。速动比率衡量企业流动资产中可立即用于偿还流动负债的能力，是流动比率的一个重要辅助指标。

（1）速动比率指标的计算。速动比率的计算公式为：

$$速动比率=\frac{速动资产}{流动负债}$$

式中，速动资产的计算公式为：

$$速动资产=流动资产-存货-预付款项等$$

速动比率越高，表明企业偿还流动负债的能力越强。

【例 3-3】 沿用前述 BDF 科技股份有限公司的数据（见表 3-1），则该公司：

$$2022\text{ 年年末速动比率}=\frac{371\ 735\ 157.46-56\ 917\ 997.69-4\ 932\ 267.31}{221\ 667\ 340.31}=1.398$$

$$2021\text{ 年年末速动比率}=\frac{442\ 162\ 215.96-112\ 902\ 546.77-5\ 921\ 433.15}{201\ 845\ 225.26}=1.602$$

以上计算结果说明，BDF 科技股份有限公司 2021 年、2022 年年末的速动比率分别为 1.602、1.398。这表明该公司的速动比率在 2022 年有一定幅度的降低，但均超过了公认标准1，并且该公司的主营产品生产周期相对较长，所以认为公司的速动比率较高，公司具有较强的短期偿债能力。

（2）速动比率指标的分析。一般认为，如果每1元的流动负债有1元的速动资产来偿还，即速动比率为1∶1，则表明企业既有良好的债务偿还能力，又有较为合理的流动资产结构。速动比率没有统一的标准，各行业的速动比率会有很大差别。例如，采用大量现金销售的商店，几乎没有应收账款，速动比率大大低于1则是很正常的；相反，一些应收账款较多的企业，速动比率可能要大于1。

在运用速动比率指标进行财务分析时，还应结合行业特性，因为不同行业的速动比率会有一些甚至很大的差距；同时，企业的结算方式与营销政策也会影响速动比率指标；有价证券和应收账款的质量高低对短期流动性与变现力有影响，从而导致不同企业的速动比率指标也有所不同。

小思考

为什么有些企业速动比率小于1，仍说明企业的短期偿债能力较强?

4. 现金比率

现金比率（cash ratio），是指企业的现金类资产与流动负债的比率。现金类资产是指企业所拥有的现金及现金等价物，现金是指货币资金（包括库存现金、银行存款和其他货币资金），现金等价物是指企业拥有的持有期限短、流动性强、易于转换为已知金额的现金和价值变动风险很小的投资。现金比率反映企业的即刻变现能力。

（1）现金比率指标的计算。现金比率的计算公式为：

$$\text{现金比率}=\frac{\text{现金}+\text{交易性金融资产}}{\text{流动负债}}$$

现金比率应当维持在什么水平，也应当根据企业行业特点和生产经营活动的规模来确定。现金比率过低，很可能使企业陷入无力偿还或不能及时采购原材料、及时支付职工工资的财务困境；现金比率过高，也可能导致企业机会成本增加，失去若干可以获利的机会。一般认为，现金比率保持在0.3左右较为适宜。

【例3-4】沿用前述BDF科技股份有限公司数据（见表3-1），则该公司：

$$2022\text{年年末现金比率}=\frac{60\ 326\ 378.25}{221\ 667\ 340.31}=0.272$$

$$2021\text{年年末现金比率}=\frac{127\ 582\ 970.56}{201\ 845\ 225.26}=0.632$$

以上计算结果说明，BDF科技股份有限公司2021年、2022年年末的现金比率分别为0.632、0.272。这表明该公司的现金比率在2021年维持在一个较高的水平，2022年与2021年相比下降幅度较大，说明该公司意识到自身停留现金过多，正在进行调整，以减少企业成本，提高企业效率。结合流动比率、速动比率的计算结果，我们可以判断该公司的短期偿债能力较强。

(2) 现金比率指标的分析。在评价企业的流动性时，分析者很少重视这个指标，因为如果要求企业有足够的货币资金、交易性金融资产以偿还流动负债是不现实的，如果企业的流动性不得不依赖货币资金和交易性金融资产，那么它的偿债能力显然是削弱了。除非企业处于财务困境，否则分析者很少重视现金比率指标。但在某些企业，如对应收账款和存货周转速度很慢的和高度投资的企业来说，现金比率很重要。

在企业的流动资产中，现金及交易性金融资产的变现能力最强，一般可以百分之百地保证相等数额短期负债的偿还。但企业的现金比率不能过高，现金比率过高说明该企业的现金没有发挥出最大效益，没有将现金置于企业的经营过程中运用；现金比率也不能过低，过低表明企业不能支付即付款项。当然，在给企业现金比率的高低下结论之前，应首先对企业的经营状况有一个细致的了解，并了解企业管理者对现金的运用是否有计划等。

(三) 短期偿债能力的比较分析

1. 同业比较分析

同业比较包括同业先进水平、同业平均水平和竞争对手比较三类，其原理是一样的，只是比较标准不同。同业比较分析有两个重要前提：一是如何确定同类企业，二是如何确定行业标准。短期偿债能力的同业比较程序如下：

(1) 计算反映短期偿债能力的核心指标——流动比率，将实际指标值与行业标准值进行比较，并得出比较结论。

(2) 分解流动资产，目的是考察流动比率的质量。

(3) 如果存货的变现能力差，可进一步计算速动比率，考查企业速动比率的水平和质量，与行业标准值进行比较，并得出结论。

(4) 如果速动比率低于同行业水平，说明应收账款周转速度慢，可进一步计算现金比率，并与行业标准值比较，综合评价企业短期偿债能力。

2. 历史比较分析

短期偿债能力的历史比较分析采用的比较标准是过去某一时点的短期偿债能力的实际指标值。比较标准可以是企业历史最高水平，也可以是企业正常经营条件下的实际值。在分析时，经常与上年实际指标值进行比较。采用历史比较分析的优点有：比较基础可靠，历史指标是企业曾经达到的水平，通过比较，可以观察企业偿债能力的变动趋势；具有较强的可比性，便于找出问题。历史比较分析也有其缺点：历史指标只能代表过去的实际水平，不能代表合理水平，因此历史比较分析主要是通过比较，揭示差异，分析原因，推断趋势；经营环境的变动也会减弱历史比较的可比性。

3. 预算比较分析

预算比较分析是指企业指标的本期实际值与预算值所进行的比较分析。预算比较分析采用的比较标准是反映企业偿债能力的预算标准。预算标准是企业根据自身经营条件和经营状况制定的目标。可见，历史比较倾向于与过去的比较，而预算比较则倾向于与未来目标的比较，并且这种比较分析对评价企业自身偿债能力是很有益的。预算标准根据企业自身经营条件、经营状况和经营目标制定，符合企业的实际情况；同时，预算标准在制定时，全面考虑了历史水平和行业标准，具有较强的可比性。

（四）影响短期偿债能力的表外因素

在进行财务分析时，除了从财务报表中取得资料外，还需要分析财务报表资料中没有反映出来的因素，以作出正确的判断。这些因素包括：

（1）可动用的银行贷款指标。银行已同意、企业尚未办理贷款手续的银行贷款限额，可以随时增加企业的现金，提高支付能力。

（2）准备很快变现的长期资产。由于某种原因，企业可能将一些长期资产出售转变为现金，这将增加企业资产的流动性。企业出售长期资产，应根据近期利益和长期利益的辩证关系，正确决定出售长期资产问题。所以在分析该因素时，应结合具体情况具体分析以正确评价企业偿债能力。

（3）偿债能力的声誉。具有良好偿债能力声誉的企业，在短期偿债方面出现困难时，通常有能力筹得资金，提高偿债能力，这个增强变现能力的因素取决于企业自身的信用声誉和当时的环境。

（4）担保责任引起的负债。企业可能以它自己的一些流动资产为他人提供担保，如为他人向金融机构借款提供担保、为他人购物提供担保或为他人履行有关经济责任提供担保等。这种担保有可能成为企业的负债，增加偿债负担。担保信息一般在会计报表附注中披露。

二、长期偿债能力分析

（一）长期偿债能力的含义

长期偿债能力是指企业偿付长期债务的现金保障程度，它反映了企业资本结构的合理性及偿还长期负债本金和利息的能力。对企业进行长期偿债能力分析，主要考虑两个方面：一是企业的资本结构，包括企业长期负债的规模和结构、企业资产与负债及所有者权益各组成因素之间的比例关系等；二是企业的获利能力，从长远观点看，企业获取的利润与长期偿债能力之间有紧密的联系。

（二）衡量长期偿债能力的指标

评价企业长期偿债能力的指标主要有资产负债率、产权比率、有形净值债务率、利息保障倍数等。

1. 资产负债率

资产负债率（asset-liability ratio），是指企业的负债总额与资产总额的比率，也称负债比率。资产负债率表明由债权人资金形成的资产占企业总资产的比重，可以衡量企业在清算时债权人权益的保障程度。

（1）资产负债率指标的计算。资产负债率的计算公式为：

$$\text{资产负债率}=\frac{\text{负债总额}}{\text{资产总额}}$$

【例 3-5】 沿用前述 BDF 科技股份有限公司的数据（见表 3-1），则该公司：

$$2022\text{年年末资产负债率}=\frac{224\ 117\ 340.31}{4\ 141\ 846\ 524.72}=0.054\ 1$$

$$2021\text{年年末资产负债率}=\frac{234\ 645\ 225.26}{732\ 381\ 881.52}=0.320\ 4$$

以上计算结果说明，BDF 科技股份有限公司 2021 年、2022 年年末的资产负债率都不高，均低于 0.5，表明该公司的长期偿债能力很强，有利于保障债权人的利益，增强其对公司出借资金的信心；同时，资产负债率较低也表明该公司对负债资金的利用程度不高，财务杠杆的作用发挥不充分。对此，公司可综合考虑收益、成本及风险等因素，适度增加负债资金，进一步优化债务结构，提高盈利水平。

（2）资产负债率指标的分析。从债权人角度来看，资产负债率越低，表明企业长期偿债能力越强，债权人越有安全感。因为债权人关心的是贷给企业的款项的安全程度，即到期能否收回贷款的本金和利息。资产负债率低，说明债权人提供的资本与企业资本总额相比，只占较小的比例，企业风险将主要由股东承担，这对债权人有利。因此，债权人总是希望资产负债率越低越好，资产负债率越低，贷款本金和利息的收回越有保障，贷款的风险就越小。

从股东角度来看，企业通过举债获得的资金与投资者投入的资金在生产经营中发挥同样的作用。当借入资金的利息率低于企业全部资金利润率时，资产负债率越高越好。

从企业经营管理者角度来看，资产负债率高，说明经营管理者对企业前途充满信心，企业活力充沛。但资产负债率过高，有可能超出债权人的心理承受能力，债权人不敢再贷款给企业，企业可能借不到生产经营所需资金；而资产负债率过低，说明企业经营管理者对企业前途信心不足，利用债权人资本进行生产经营活动的能力较差，有可能使企业经营不振、畏缩不前。因此，企业经营管理者应当审时度势，全面考虑企业的现状和发展，全面分析企业举债经营可能增加的利润和还本付息的风险，合理确定企业的负债规模和负债比率。

2. 产权比率

产权比率（equity ratio），也称为债务股权比率，是指企业的负债总额与所有者权益总额的比率，是衡量长期偿债能力的重要指标。

（1）产权比率指标的计算。产权比率的计算公式为：

$$\begin{aligned}\text{产权比率}&=\frac{\text{负债总额}}{\text{所有者权益总额}}\\&=\frac{\text{负债总额}}{\text{资产总额}-\text{负债总额}}\end{aligned}$$

【例 3-6】 沿用前述 BDF 科技股份有限公司的数据（见表 3-1），则该公司：

$$2022\text{年年末产权比率}=\frac{224\ 117\ 340.31}{3\ 917\ 729\ 184.41}=0.057\ 2$$

$$2021\text{年年末产权比率}=\frac{234\ 645\ 225.26}{497\ 736\ 656.26}=0.471\ 4$$

以上计算结果说明，BDF 科技股份有限公司 2021 年、2022 年年末的产权比率均不高，同前述资产负债率指标一样，表明公司的长期偿债能力很强，对债权人利益的保障程度较高。与此同时，产权比率不高也表明公司的资本结构不甚合理，可采取灵活有效的调整措施，优化资本结构。

（2）产权比率指标的分析。产权比率揭示负债资金与权益资金的比例关系，反映由债权人提供的资本与股东提供的资本的相对关系，因而能够说明债权人受到投资人权益的保证程度，也可以说明企业基本财务结构或资本结构的稳定程度。一般而言，若产权比率指标高，则说明企业的基本财务结构与资本结构具有高风险、高收益的特性；若产权比率指标低，则说明企业拥有低风险、低收益的基本财务结构和资本结构。

在进行指标分析时，还应结合企业周期变化及物价变动等因素进行具体分析。例如，在经济萎缩或企业处于低迷时期，降低产权比率有利于减轻利息负担，减少风险损失；在经济繁荣或企业处于成长时期，提高产权比率能够发挥举债经营的积极作用，有利于增加额外收益，获得风险利益。又如，在通货膨胀情况下，企业多举债有利于把风险损失转嫁或转移出去；相反，在通货紧缩情况下，企业少负担较为有利。

应当指出，产权比率指标往往随着企业的经营性质和现金流量的变化而变化。例如，现金流量较为稳定的电子企业，其产权比率通常比现金流量极不稳定的机械制造企业的产权比率要高。此外，将一家企业的产权比率进行横向及纵向比较，一般能反映出该企业的信用价值与筹资风险及其变化趋势。

3. *有形净值债务率*

有形净值债务率（debt to tangible assets ratio），是指企业负债总额与有形净值的比例关系。有形净值是所有者权益（股东权益）减去无形资产净值后的净值。

（1）有形净值债务率指标的计算。有形净值债务率的计算公式为：

$$有形净值债务率=\frac{负债总额}{所有者权益总额-无形资产净值}$$

有形净值债务率指标与产权比率的区别在于分母中减去了无形资产净值，因为企业无形资产的价值不容易客观认定，而且无形资产大多没有清算价值。也就是说，一旦企业破产清算，企业的无形资产很可能一文不值，不能用来偿还债务。因此，有形净值债务率指标实质上是产权比率的延伸，可以更为谨慎、更为保守地反映在企业清算时债权人投入的资本受到股东权益保障的程度。

【例 3-7】沿用前述 BDF 科技股份有限公司的数据（见表 3-1），则该公司：

$$2022年年末有形净值债务率=\frac{224\ 117\ 340.31}{3\ 917\ 729\ 184.41-10\ 085\ 713.06}=0.057$$

$$2021年年末有形净值债务率=\frac{234\ 645\ 225.26}{497\ 736\ 656.26-11\ 751\ 614.01}=0.483$$

以上计算结果说明，BDF 科技股份有限公司 2021 年、2022 年年末的有形净值债务率均不高，与产权比率的计算结果接近，这表明公司无形资产所占比重较小，对权益资金偿还债务的影响不大，公司长期偿债能力很强，对债权人利益的保障程度较高。

(2) 有形净值债务率指标的分析。有形净值债务率揭示了负债总额与有形资产净值之间的关系，能够衡量债权人在企业处于破产清算时能够获得多少有形财产保障。从长期偿债能力来讲，有形净值债务率越低越好。该指标分析与产权比率分析相同，负债总额与有形资产净值应维持 1∶1 的比例。在使用产权比率时，必须结合有形净值债务率指标，作进一步分析。

4. 利息保障倍数

债权人提供给企业的资金，除了需要安全收回本金外，另一个目标就是获得利息收益。利息保障倍数（interest coverage ratio），是指企业生产经营所获得的利润与利息费用的比率，用来衡量企业偿还借款利息的能力，即息税前正常营业利润为利息支出总额的多少倍。

(1) 利息保障倍数指标的计算。利息保障倍数的计算公式为：

$$利息保障倍数=\frac{息税前利润}{利息费用}$$

式中，息税前利润的计算公式为：

$$息税前利润=利润总额+利息费用$$

企业对外公开发布的利润表中，一般没有将利息费用单独列出。在无法找到利息费用真实资料的情况下，也可以用利润表中的财务费用来估计。

【例 3-8】 沿用前述 BDF 科技股份有限公司的数据（见表 3-1），则该公司：

$$2022\ 年度利息保障倍数=\frac{43\ 303\ 057.22+1\ 075\ 747.58}{1\ 075\ 747.58}=41.25$$

$$2021\ 年度利息保障倍数=\frac{41\ 561\ 632.20+3\ 464\ 199.58}{3\ 464\ 199.58}=13.00$$

以上计算结果说明，该公司 2021 年、2022 年的所得能够较好地保障债务利息的偿还，2022 年度的保障能力更强。

(2) 利息保障倍数指标的分析。利息保障倍数反映企业经营收益为所需要支付的债务利息的多少倍，这一指标不仅反映了企业获利能力的大小，而且反映了获利能力对偿还债务利息的保证程度。这一倍数越大，说明企业越有能力支付债务利息。一般企业的利息保障倍数至少应该大于 1。

为考察偿付利息能力的稳定性，一般应计算 5 年的利息保障倍数，因为企业在坏年景时与在好年景时一样都需要偿付利息，所以应该选择这 5 年中最低的利息保障倍数作为最基本的偿付能力指标。经常有周期性的企业，在获利高的年度，可能有一个非常高的利息保障倍数，但在利润低的年度则可能无力偿付利息。

（三）长期偿债能力分析应注意的问题

当资产负债率在 0.5 与 1 之间变化时，属于“黄灯区”，表明企业负债较重，企业资产的大部分或全部是负债形成的。这类企业的经营和财务风险较大，对投资者和债权人都不利。当处于“黄灯区”时，企业应改善其财务状况，以避免资不抵债情况的发生。当资产负债率超过临界点，即大于 1 时，企业便进入“红灯区”。当处于“红灯区”时，企业应对经营理财活动中存在的问题进行分析，找出亏损源，采取积极的对策。

适度的资产负债率水平或适度的负债经营规模应综合考虑若干因素来确定。所需考虑的因素至少有以下几个方面：

（1）经济周期。从经济发展的不同阶段看，资产负债率与经济景气呈正相关关系。经济景气时，企业面临的经济环境与市场条件比较有利，产品销路好，举债可以增加企业的发展能力；经济不景气时，产品销量下降，银根紧缩，举债容易增加风险和债务危机。

（2）行业性质。由于各行业的具体情况不同，因此其负债能力也有差别。企业负债率的差别主要有以下原因：

一是资产流动性。一般而言，资产流动性较强的行业，其周转能力和变现能力较强，可容许的资产负债率的适度规模也较大。如零售行业的资产负债率约为 0.6，而制造业企业的资产负债率则一般约为 0.5。

二是资金密集度。属于资金密集型的行业，由于其资金利润率相对高，因此较之劳动密集型的行业，适度的负债规模较大。

三是行业成熟度。一般而言，属于发展速度快的新兴行业，资产负债率可以高一些，而已经进入成熟期或衰退期的行业，则应逐步降低资产负债率。

（3）资金市场。直接融资市场比较发达时，企业的资产负债率可能较低；间接融资市场比较发达时，企业的资产负债率可能较高些。如日本企业资产负债率高的主要原因之一就是其资本市场发展较为缓慢，企业主要依靠银行间接融资所致。

（4）企业介入直接资本市场的程度。一般情况下，上市公司直接介入资本市场，因此其资产负债率也低于非上市公司。

（5）企业经济效益水平。获利能力越强、财务状况越好、变现能力越强的企业，就越有能力承担财务上的风险，可容许的适度负债水平也可以高些。

（6）文化传统和理财风险态度。在一个崇尚稳健和保守的文化环境中，一般不会过多地举债而增加财务风险。此外，经济学将人对风险的态度分为三种类型，即风险偏好、风险中性和风险厌恶。负债的规模无疑与企业经营者的风险态度有关，实际上也就是与举债者的心理素质有关。对企业来说，其应当根据自身的实际情况，研究确定自身容许的适度的负债规模，以防范财务风险和财务危机。

根据以上分析，降低资产负债率和优化资本结构的主要措施如下：

（1）通过深化经济体制改革，建立健全市场经济体制，强化企业的预算约束，减弱企业资金扩张和过度负债的欲望和冲动，使企业能够自主经营、自负盈亏，使企业真正确立起负债经营的风险意识。

（2）通过深化企业产权体制改革，完善企业法人治理结构，在企业内部建立起负债经营的自我约束体制，通过自我约束，有效地控制负债规模。

（3）大力发展和逐步完善直接资本市场，使更多的有发展前景的企业能够通过发行股票等直接融资方式解决发展中的资金问题，这是解决企业负债水平偏高的最根本途径。

学思之窗

加强风险意识，树立底线思维

加强风险意识。现代社会是一个充满风险的社会，此次新型冠状病毒肺炎疫情的全球“大流行”，正是不确定性的一个缩影。为防止再次出现这种不安全的情势，预防风险是首要的。预防原则的主旨不是去消除非常可能出现的损害事件，或者事后弥补已经造成的损害，而是专注于消除危害的可能根源。比如为了从源头上切断动物源性传染病，应禁止对野生动物的交易与食用；为了防范微生物泄露、传播风险的发生，应加强生物安全管控；为了防止传染病的大流行，应加强对疫情的检测、预警与应对等。大学生个人应该做到个人层面的风险识别与安全防护。比如疫情期间积极响应学校的号召，居家少出门，做好个人防护等。

树立底线思维。所谓底线思维，是指从可能出现的最坏情况出发，调动一切积极因素使事物朝着预期目标发展的一种思维方法。习近平总书记指出，既要看到有利的一面，又要看到不利的一面。形势有利时，善于看到潜伏着的不利因素，做好应对不利因素的准备；形势不利时，善于把握蕴藏着的转机，坚定扭转不利局面的信心。在应对风险时，大学生应树立底线思维，在生活中、工作中守住底线，成为合格的大学生。

典型案例

万科企业的偿债能力

情境与背景：万科企业股份有限公司（简称“万科企业”）是一家专注于房地产以及物业相关项目的企业，成立于1984年5月，总部位于中国深圳市盐田区。1993年，万科企业将开发家庭住房确定为企业重要核心业务，逐渐将企业核心业务扩大到高端房屋开发、物业服务以及租赁公寓等。2006年，万科企业将业务渐渐地覆盖到了中国广东省珠江三角洲区域、以上海为中心的长三角城市和以京津冀为核心的环渤海经济圈，扩大到在这三大经济圈中重点的20多个城市。截至2009年，万科企业连续成为全球最大房屋住宅企业。2019年，万科企业跻身《财富》世界500强，位列榜单第254位。万科企业2015—2019年主要指标数据见表3-3。

表3-3 万科企业2015—2019年主要指标数据

	2015年	2016年	2017年	2018年	2019年
流动比率	1.30	1.24	1.20	1.15	1.13
速动比率（%）	0.43	0.44	0.50	0.49	0.43
现金比率（%）	12.66	15.01	20.55	16.74	13.06

续表

	2015 年	2016 年	2017 年	2018 年	2019 年
资产负债率（%）	77.70	80.54	83.98	84.59	84.36
产权比率（%）	332.98	413.79	505.36	527.48	539.34
流动资产（亿元）	5 470.24	7 212.95	10 175.53	12 950.72	14 389.89
流动负债（亿元）	4 200.62	5 799.98	8 473.55	11 219.14	12 726.10
货币资金（亿元）	531.80	870.32	1 741.21	1 884.17	1 661.95
存货（亿元）	3 681.22	4 673.61	5 980.88	7 503.03	8 970.19
资产总额（亿元）	6 112.96	8 306.74	11 653.47	15 285.79	17 299.29
负债总额（亿元）	4 749.86	6 689.98	9 786.73	12 929.59	14 593.50
股东权益（亿元）	1 363.10	1 616.77	1 866.74	2 356.21	2 705.79

问题：

你如何评价万科企业 2015—2019 年的偿债能力？

资料来源：https://zhuanlan.zhihu.com/p/377691607.

任务二 营运能力分析

任务描述

理解各项营运能力分析指标的内涵和计算方法，能够运用财务指标进行企业营运能力的评价。

基本知识与技能

一、营运能力分析的意义

营运能力是指企业充分利用现有资源创造价值财富的能力，可用于衡量企业资产管理和运营的效率，其实质是以尽可能少的资产占用、尽可能短的时间周转，生产尽可能多的产品，创造尽可能多的收入。

企业营运能力分析就是要通过对反映资产营运效率与效益的指标进行计算与分析，评价企业的营运能力，为企业提高经济效益指明方向。营运能力分析能够用来评价一个企业的经营水平、管理水平，乃至预测它的发展前景，对各个利益主体来说关系重大。

（一）有利于评价企业资产利用效率，改善经营业绩

通过对企业资产营运能力的分析，可以了解并评价资产利用效率，从而发现闲置资产和利用不充分的资产，处理闲置资产以节约资金，或提高资产利用效率以改善经营业绩。

（二）有利于确定合理的资产存量规模

随着企业生产规模的不断变化，资本存量也处于经常变化之中。对营运能力的分析可以帮助企业了解经营活动对资产的需要情况，以便根据企业生产经营的变化调整资产存量，使资产的增减变动与生产经营规模变动相适应，为下一期资产增减提供依据。

（三）有利于促进企业各项资产的合理配置

各项资产在经营中的作用各不同，对企业的财务状况和经营成果的影响程度也不同。在企业资产存量一定的情况下，如果其配置不合理，营运效率就会降低。通过对企业资产营运能力的分析，可以了解资产配置中存在的问题，不断优化资产配置，以改善企业财务状况。

（四）有利于提高企业资产的使用效率

通过对资产营运能力的分析，能够了解资产利用过程中存在的问题，通过挖掘资产利用能力，提高企业资产的利用效率，以最少的资产占用获得最大的经济效益。

二、营运能力分析指标

（一）流动资产营运能力分析指标

流动资产营运能力主要通过流动资产周转率、应收账款周转率、存货周转率、营业周期等指标进行分析。

1. 流动资产周转率

流动资产周转率（current assets turnover ratio），是指企业一定时期主营业务收入净额与平均流动资产总额的比率。流动资产周转率是评价企业流动资产利用效率的主要指标，包括流动资产周转次数和流动资产周转天数两种形式。其计算公式为：

$$\text{流动资产周转率（周转次数）}=\frac{\text{主营业务收入净额}}{\text{平均流动资产总额}}$$

$$\text{流动资产周转天数}=\frac{\text{全部流动资产平均余额}\times\text{计算期天数}}{\text{计算期主营业务收入净额}}$$

$$=\frac{\text{计算期天数}}{\text{流动资产周转率（周转次数）}}$$

公式中的计算期通常为年，计算期天数为 360 天；主营业务收入净额是指企业当期销售商品、提供劳务等主要经营活动所取得的收入减去销售折扣与折让后的数额。企业营业收入中哪些属于主营业务收入，哪些不属于主营业务收入，是由企业按照重要性要求确定的。主营业务收入净额的数据可以从企业利润表中获得，如果利润表中只有营业收入，流动资产周转率可以按营业收入计算。

公式中的平均流动资产总额，也称流动资产平均余额，是指企业全部流动资产总额的年初数与年末数的平均值，即：

$$平均流动资产总额=\frac{全部流动资产总额年初数+全部流动资产总额年末数}{2}$$

全部流动资产总额的数据可以从企业资产负债表中获得。

流动资产周转率反映了企业全部流动资产的周转速度，一定时期内流动资产的周转次数越多，周转天数越少，说明流动资产利用效率越高。

【例3-9】 继续沿用BDF科技股份有限公司的例子，为了计算的要求，现将公司2020—2022年资产负债表、利润表相关数据予以简化，见表3-4、表3-5。

表3-4 BDF科技股份有限公司2020—2022年资产负债表相关数据 单位：万元

项目	2020年年末	2021年年末	2022年年末
流动资产合计	42 576.35	44 216.22	37 173.51
其中：应收账款	11 694.59	12 549.67	17 909.69
存货	16 147.41	11 290.25	5 691.80
固定资产合计	18 874.97	19 985.95	20 250.53
其中：固定资产净值	18 874.97	19 985.95	20 250.53
资产总计	70 606.98	73 238.19	414 184.65

表3-5 BDF科技股份有限公司2020—2022年利润表相关数据 单位：万元

项目	2020年度	2021年度	2022年度
营业收入	53 662.22	57 435.78	56 067.38
营业成本	43 040.09	46 811.62	45 812.74
净利润	3 518.54	3 657.34	3 857.36

则该公司：

$$2022年度流动资产周转率（周转次数）=\frac{56\ 067.38}{(44\ 216.22+37\ 173.51)\div 2}=1.38（次）$$

$$2022年度流动资产周转天数=\frac{360}{1.38}=261（天）$$

$$2021年度流动资产周转率（周转次数）=\frac{57\ 435.78}{(42\ 576.35+44\ 216.22)\div 2}=1.32（次）$$

$$2021年度流动资产周转天数=\frac{360}{1.32}=273（天）$$

以上计算结果表明，BDF科技股份有限公司2021年、2022年流动资产周转率分别为1.32和1.38，可以看出2022年与2021年相比，流动资产周转率有所提高，说明公司流动资产的管理效率在改善。

在实际分析时，企业流动资产周转率究竟合不合适，应结合企业历年的流动资产周转率水平和行业资料进行综合判断；另外，仅仅依靠流动资产周转率来发现企业流动资产经营过程中存在的问题也不现实，需要进一步分析流动资产具体构成项目的周转情况，才能较为准确地发现企业流动资产在经营中存在的问题。

2. 应收账款周转率

应收账款周转率（accounts receivable turnover ratio），是指企业一定时期主营业务收入净额与应收账款平均余额的比率。应收账款周转率反映了企业应收账款的流动速度，即企业本年度内应收账款转为现金的平均次数，它是对流动资产周转率指标的补充说明。应收账款周转率有周转次数和周转天数两种表现形式，其计算公式为：

$$应收账款周转率（周转次数）=\frac{主营业务收入净额}{应收账款平均余额}$$

$$应收账款周转天数=\frac{应收账款平均余额\times 360}{主营业务收入净额}$$

$$=\frac{360}{应收账款周转率（周转次数）}$$

式中，应收账款平均余额的计算公式为：

$$应收账款平均余额=\frac{应收账款余额年初数+应收账款余额年末数}{2}$$

应收账款周转率计算公式的分子应指赊销净额，不包括现销额，因为应收款项都是由赊销引起的。但赊销收入作为企业的商业秘密并不对外公布，因此，外部分析者难以取得赊销收入的资料，所以一般用主营业务收入净额代替。

应收账款周转率越高，表明企业在一定时期内应收账款的周转次数越多，周转天数越少，应收账款收回速度越快，资产的流动性越强，企业短期偿债能力越强，企业对资产的使用效率越高。

【例 3-10】 继续沿用 BDF 科技股份有限公司的数据（见表 3-4、表 3-5），则该公司：

$$2022 年度应收账款周转率（周转次数）=\frac{56\,067.38}{(12\,549.67+17\,909.69)\div 2}$$

$$=3.68（次）$$

$$2022 年度应收账款周转天数=\frac{360}{3.68}=98（天）$$

$$2021 年度应收账款周转率（周转次数）=\frac{57\,435.78}{(11\,694.59+12\,549.67)\div 2}$$

$$=4.74（次）$$

$$2021 年度应收账款周转天数=\frac{360}{4.74}=76（天）$$

以上计算结果显示，BDF 科技股份有限公司 2021 年、2022 年应收账款周转率分别为 4.74、3.68，2022 年与 2021 年相比，应收账款周转率有所降低，表明该公司在营业收入未能增长的情况下，应收账款却增长较快，对公司资产周转率产生了不利的影响，下一步应注意对应收账款的管理。

在计算与分析应收账款周转率时，需要注意以下几点：

(1) 要注意结合企业经营特点进行分析，因为季节性经营的企业使用该指标时，有时不能反映其实际情况。

(2) 要注意企业结算方式及其影响，尤其是在企业大量使用分期付款结算或大量使用现金结算方式进行销售的情况下，更需要注意该指标的恰当性和适用性。

(3) 要注意期末销售情况对该指标分析与利用的影响，特别是年末大量销售或年末销售大幅度下降的情形。

(4) 要注意结合行业特点与经验惯例加以分析。应收账款周转率能提供有关企业应收账款管理方面的信息，有利于分析企业的信用政策。在分析与判断企业应收账款的账龄时，一般经验认为，企业应收账款的平均收款期应不超过企业的信用条件所允许的付款期 10 天。因此，在使用应收账款周转天数指标时，要将其与原定给予客户的信用期限相对比，以评价客户的信用程度、原定信用条件的恰当性，以及企业应收账款的管理效率。

(5) 要注意对该指标进行横向与纵向的分析利用。信息使用者，尤其是外部使用人要将该指标与本企业前期指标、其他类似企业指标及行业平均水平相比较，以判断该指标的高低，并为分析成因提供基础。

3. 存货周转率

存货周转率（inventory turnover ratio），是指企业一定时期内主营业务成本与存货平均余额的比率。存货周转率反映了企业存货的周转速度，是对流动资产周转率指标的补充说明。存货周转率有周转次数和周转天数两种表现形式，其计算公式为：

$$存货周转率（周转次数）=\frac{主营业务成本}{存货平均余额}$$

$$存货周转天数=\frac{存货平均余额\times 360}{主营业务成本}$$

$$=\frac{360}{存货周转率}$$

式中，存货平均余额的计算公式为：

$$存货平均余额=\frac{存货余额年初数+存货余额年末数}{2}$$

式中，主营业务成本是指企业销售商品或提供劳务等经营业务的实际成本，其数据可以从企业利润表中获得；存货余额是指企业资产负债表中的存货净额与企业资产减值准备明细表中的存货跌价准备之和，即：

存货余额=存货净额+存货跌价准备

式中，存货净额是指企业期末各种存货的可变现净值，存货跌价准备是指存货可变现净值低于存货成本的部分。

【例 3-11】 继续沿用 BDF 科技股份有限公司的数据（见表 3-4、表 3-5），则该公司：

$$2022\text{年度存货周转率（周转次数）}=\frac{45\,812.74}{(11\,290.25+5\,691.8)\div 2}=5.39\text{（次）}$$

$$2022\text{年度存货周转天数}=\frac{360}{5.39}=67\text{（天）}$$

$$2021\text{年度存货周转率（周转次数）}=\frac{46\,811.62}{(16\,147.41+11\,290.25)\div 2}=3.41\text{（次）}$$

$$2021\text{年度存货周转天数}=\frac{360}{3.41}=106\text{（天）}$$

以上计算结果显示，BDF 科技股份有限公司 2021 年、2022 年存货周转率分别为 3.41、5.39，周转天数分别为 106 天、67 天。2022 年与 2021 年相比，存货周转率大幅提高，表明该公司存货周转速度加快，存货资金占用减少，意味着公司的销售能力或存货管理能力水平明显上升。

存货周转率是评价企业从取得存货、投入生产，到销售收回（包括现金销售和赊销）等环节管理状况的综合性指标，用于反映存货的周转速度，即存货的流动性及存货资金占有量的合理与否。一般情况下，存货周转天数越少，表明存货周转速度越快，资金占用于存货的时间越短，企业管理存货的效率也就越高。但是，过高的存货周转率，有时意味着存货占用水平过低或频繁发生存货缺货信号；过低的存货周转率，通常意味着存货占用过量或存货发生报废贬值信号。因此，分析企业存货周转率的高低应结合同行业的存货平均水平和企业过去的存货周转情况进行判断。

扫一扫

上海通用汽车有限公司的零库存与存货周转率

4. 营业周期

营业周期（operating cycle），是指从取得存货开始到销售存货并收回现金为止的时期，亦即企业的生产经营周期。营业周期的长短可以通过应收账款周转天数和存货周转天数近似地反映出来，其计算公式为：

营业周期＝应收账款周转天数＋存货周转天数

营业周期越短，资产的流动性相对越强，在同样时期内实现的销售次数越多，销售收入的累积额相对越大，资金周转相对越快。

【例 3-12】 继续沿用 BDF 科技股份有限公司的数据（见表 3-4、表 3-5），根据例 3-10、例 3-11 的计算结果，则该公司：

2022 年度的营业周期＝98＋67＝165（天）

2021 年度的营业周期＝76＋106＝182（天）

计算结果表明，公司的营业周期有所缩短，2022 年比 2021 年快了 17 天，说明公司资金周转速度在加快，其原因则归功于存货周转速度的迅速提高。

营业周期不仅可以用于分析和考察企业的使用效率和管理水平，而且可以用来补充说明与评价企业的流动性。事实上，营业周期的长短是决定企业流动资产需要量的重要因素。虽然该指标具有静态的表征，但是它更具有动态意义。一个营业周期很短的公司，流动资产数量往往也相对较少，其流动比率和速动比率大都相对较低，但其经营效率很高，从而从动态意义上说该公司的流动性也相对较好，且不必过分依靠流动比率和速动比率等指标所反映的那种静态流动性。换言之，营业周期能够补充提供公司流动性的信息。因此，一个相对较短的营业周期，也能反映出公司的令人满意的流动性；相反，一个相对较长的营业周期，可能成为应收账款或存货占用过度的信号，并反映出公司的流动性较差。它有利于并促使人们重新考虑和评价公司的流动性。

（二）固定资产营运能力分析指标

固定资产营运能力分析主要判断企业投入固定资产取得产出的能力，其评价指标为固定资产周转率。

固定资产周转率（fixed assets turnover ratio），是指企业一定时期主营业务收入与固定资产平均净值的比率。它是反映企业固定资产周转状况、衡量固定资产运用效率的指标，表示企业每1元固定资产所获得的营业收入，又称固定资产收入率。固定资产周转率有周转次数和周转天数两种表现形式，其计算公式为：

$$固定资产周转率（周转次数）=\frac{主营业务收入净额}{固定资产平均净值}$$

式中，固定资产平均净值的计算公式为：

$$固定资产平均净值=\frac{期初固定资产净值+期末固定资产净值}{2}$$

固定资产净值的计算公式为：

$$固定资产净值=固定资产原值-累计折旧$$

$$固定资产周转天数=\frac{360}{固定资产周转率（周转次数）}$$

【例3-13】 继续沿用BDF科技股份有限公司的数据（见表3-4、表3-5），则该公司：

$$2022年度固定资产周转率（周转次数）=\frac{56\ 067.38}{(19\ 985.95+20\ 250.53)\div 2}=2.79（次）$$

$$2022年度固定资产周转天数=\frac{360}{2.79}=129（天）$$

$$2021年度固定资产周转率（周转次数）=\frac{57\ 435.78}{(18\ 874.97+19\ 985.95)\div 2}=2.96（次）$$

$$2021年度固定资产周转天数=\frac{360}{2.96}=121（天）$$

以上计算结果显示，BDF科技股份有限公司2021年、2022年固定资产周转率分别为2.96、2.79。2022年与2021年相比，固定资产周转率有所降低，表明该公司在营业收入未能增长的情况下，固定资产有较快增长，对公司资产周转率产生了不利的影响，下一步应注意加强对固定资产的管理。

固定资产周转率指标反映企业固定资产的运用效率，该指标值越大，说明企业对固定资产的使用效率越好，表明企业固定资产利用得越充分，说明企业固定资产投资得当，固定资产结构分布合理，能够较充分地发挥固定资产的使用效率，企业的经营活动越有效；反之，则表明固定资产使用效率不高，提供的生产经营成果不多，企业固定资产的营运能力较差。

但需要注意的是，固定资产周转率是由固定资产的特点所决定的，不宜简单地追求所谓的周转速度。进行固定资产周转率分析时，需要考虑固定资产净值因计提折旧而逐年减少、因更新重置而逐年增加的影响；在不同企业之间进行分析比较时，还要考虑采用不同折旧方法对固定资产净值的影响。

（三）总资产营运能力分析指标

企业总资产营运能力主要是指投入总资产取得产出的能力。总资产周转率是衡量企业营运能力的主要指标。

小思考

总资产周转率与流动资产周转率、应收账款周转率、存货周转率和固定资产周转率指标之间的关系如何?

总资产周转率（total assets turnover ratio），是指企业一定时期主营业务收入净额与平均资产总额的比值。总资产周转率是考察企业总资产营运效率的一项重要指标，通常用周转次数表示，其计算公式为：

$$总资产周转率（周转次数）=\frac{主营业务收入净额}{平均资产总额}$$

式中：

主营业务收入净额＝主营业务收入－销售退回、折扣、折让

$$平均资产总额=\frac{总资产期初余额+总资产期末余额}{2}$$

该指标反映了企业经营期间全部资产从投入到产出周而复始的流转速度，从而反映企业全部资产的经营质量和利用效率。该指标数值越大，说明企业总资产的周转速度越快，资产的运用效率越好。与总资产周转率相关的另一个指标是周转天数，表示总资产每周转一次所需要的时间（天数）。其计算公式为：

$$总资产周转天数=\frac{计算期天数}{总资产周转率}$$

【例 3－14】 继续沿用 BDF 科技股份有限公司的数据（见表 3－4、表 3－5），则该公司：

$$2022 年度总资产周转率（周转次数）=\frac{56\ 067.38}{(73\ 238.19+414\ 184.65)\div 2}$$

$$=0.23（次）$$

$$2022\text{ 年度总资产周转天数}=\frac{360}{0.23}=1\ 565（天）$$

$$2021\text{ 年度总资产周转率（周转次数）}=\frac{57\ 435.78}{(70\ 606.98+73\ 238.19)\div 2}$$

$$=0.8（次）$$

$$2021\text{ 年度总资产周转天数}=\frac{360}{0.8}=450（天）$$

以上计算结果显示，BDF 科技股份有限公司 2021 年、2022 年总资产周转率分别为 0.8、0.23，总体上总资产周转速度较低（可能与该公司所处行业特点有关）。与 2021 年相比，2022 年总资产周转率大幅降低，表明该年公司在营业收入未能增长的情况下，资产规模却增长迅速，对公司资产周转率产生了不利的影响。

扫一扫

几个指标之间的关系

总资产周转率是一个综合性较强的指标，从对比分析的角度看，不仅能够反映企业本年度及以前年度总资产的营运效率及其变化，而且能发现企业与同类企业在资产利用上存在的差距，促进企业挖掘潜力、提高产品市场占有率、增加销售收入、提高资产利用效率。从因素分析的角度看，总资产周转率要受到流动资产周转率、应收账款周转率、存货周转率和固定资产周转率指标的影响。

任务三

盈利能力分析

任务描述

理解和掌握各项盈利能力分析指标的内涵与计算方法，能够运用财务指标进行企业盈利能力的评价。

基本知识与技能

一、盈利能力分析的意义

盈利能力是指企业在一定时期内获取利润的能力。保持最大的盈利能力是企业财务工作的目标，同时也是企业实现持续健康发展的根本保证。由于盈利能力是企业组织生产经营活动、销售活动和财务管理水平高低的综合体现，因此企业盈利能力是企业所有利益相关方共同关注的问题。

企业投资者和潜在投资者关注盈利能力，是因为他们的股息收入来自利润，而且企业盈利能力增加还能使股票价格上升，从而使股东获得资本增值。企业债权人关注盈利能力，是因为企业利润是其债权安全性的保障，是企业偿债的主要来源。由于企业盈利能力的大小是企业资产结构是否合理、营销策略是否成功、经营管理水平高低的主要表现，因此，企业管理当局为了衡量业绩、发现问题、履行和承担受托责任，同样会非常关心企业自身的盈利能力。对于政府机构来说，企业盈利水平是其税收收入的直接来源，获利的多寡直接影响财政收入的实现。因此，盈利能力对所有报表使用者都有着十分重要的影响。

二、盈利能力分析指标

盈利能力分析是通过对利润表中有关项目对比关系，以及利润表和资产负债表有关项目之间关联关系的分析，来评价企业当期的经营效率和未来获利能力的发展趋势。本书将从生产经营盈利能力、资产经营盈利能力、资本经营盈利能力、上市公司盈利能力分析几个方面进行介绍。

（一）生产经营盈利能力分析指标

企业生产经营盈利能力是指每单位收入带来利润的能力，或每单位成本带来利润的能力，具体可通过收入利润率和成本费用利润率进行分析。

1. 收入利润率

收入利润率（return on sales，ROS），是指一定时期各种利润额与收入之间的比率。反映收入利润率的指标主要有销售毛利率、营业收入利润率、总收入利润率、销售净利率等。不同的收入利润率，其内涵不同，揭示的收入与利润关系不同，分析评价中的作用也不同。分析时，应根据分析的目的与要求，确定适当的标准值进行对比，既可用企业标准值，又可用行业平均值和全国平均值等。

（1）销售毛利率。销售毛利率也称营业收入毛利率，是指销售毛利额与销售收入额的比率。其计算公式为：

$$销售毛利率=\frac{销售毛利额}{销售收入额}\times100\%$$

式中，企业的销售毛利额是指企业生产经营取得的营业收入扣除营业成本后的净额。

该指标反映单位销售收入实现毛利的多少，即企业主营业务的盈利能力和获利水平，体现了企业生产经营活动最基本的获利能力。没有足够大的销售毛利率就无法形成企业的最终利润，毛利是公司利润形成的基础。销售毛利率越高，说明抵补企业各项支出的能力越强，盈利能力越高；反之，则相反。

（2）营业收入利润率。营业收入利润率是指企业一定时期的营业利润与营业收入之间的比率。其计算公式为：

$$营业收入利润率=\frac{营业利润}{营业收入}\times100\%$$

式中，营业收入包括主营业务收入和其他业务收入，营业利润是指企业的营业收入减去营业成本、税金及附加、销售费用、管理费用、财务费用、资产减值损失，加上公允价值变动收益（减去公允价值变动损失）和投资收益（减去投资损失）、资产处置收益（减去资产处置损失）等后的金额。该指标值越大，表明企业盈利能力越强。

（3）总收入利润率。总收入利润率是指企业一定时期利润总额与企业总收入之间的比率，表明企业在一定时期的最终盈利水平。其计算公式为：

$$总收入利润率=\frac{利润总额}{总收入}\times100\%$$

式中，总收入包括营业收入、公允价值变动收益、投资收益、资产处置收益和营业外收入等。

该指标不仅反映企业生产经营活动的盈利能力，而且涉及企业投资活动及其他活动盈利能力，因此作为考核企业盈利能力的指标，总收入利润率比营业收入利润率更全面。但利润总额含有营业外收入和营业外支出因素，使指标的变化不稳定，若以此为标准衡量企业的盈利能力，则可比性较差。

（4）销售净利率。销售净利率是指企业一定期间的净利润同销售收入（营业收入）的比率，反映企业销售收入的获利水平。其计算公式为：

$$销售净利率=\frac{净利润}{销售收入（营业收入）}\times100\%$$

该指标是反映企业经营盈利能力的一个代表性指标。销售净利率越大，表明企业盈利能力越强。通过分析销售净利率的升降变动，可以促使企业在扩大销售的同时，注意改进经营管理，提高盈利水平。

【例3-15】 继续沿用BDF科技股份有限公司的数据（见表3-5），则该公司：

$$2022年销售净利率=\frac{3\ 857.36}{56\ 067.38}\times100\%=6.88\%$$

$$2021年销售净利率=\frac{3\ 657.34}{57\ 435.78}\times100\%=6.37\%$$

计算结果显示，BDF科技股份有限公司2021年、2022年销售净利率分别为6.37%、6.88%。该公司2022年销售净利率较2021年有所提高，说明企业销售收入对净利润的贡献在增加，其商品盈利能力增强。

此外，在具体分析时还需要注意以下问题：

（1）利润作为分子，容易夸大企业销售对利润的贡献。因为净利润不仅包括销售活动的贡献，也包括企业投资活动或者营业外收支活动的影响，当企业利润的来源主要依靠销售以外的其他活动取得时，该指标可能偏高，给销售业绩评价造成假象。

（2）对单个企业而言，该指标越大越好，但是不同行业、同一行业的不同企业面临的资本结构、竞争因素、经营基础也存在较大差异，所以横向比较的意义不是很大。但是，通过同一企业若干年的该指标比较分析，可以判断该指标的基本趋势，能够对企业的销售业绩作出较为准确的评价。

(3) 从公式中可以看出，企业的销售净利率与净利润成正比，与主营业务收入成反比，因此企业要想提高该指标，必须在扩大主营业务收入的同时，加强对成本费用的控制。

小思考

销售净利率指标在计算中有何局限性？分析时需要注意哪些因素？

2. 成本费用利润率

成本费用利润率（return on cost，ROC），是指一定时期内利润与成本费用之间的比率，它揭示了企业所得与所费之间的关系，体现了增加利润是以降低成本及费用为基础的，是衡量企业盈利能力的重要指标。分析评价时，可将各指标实际值与标准值进行对比，标准值可根据分析的目的与管理的要求确定。成本费用利润率表明企业每耗费 1 元成本或费用所能创造的利润额。其计算公式为：

$$成本费用利润率=\frac{利润总额}{成本费用总额}\times 100\%$$

也可用净利润来计算，指标为成本费用净利率。公式中，成本费用总额包括营业成本、税金及附加、销售费用、管理费用和财务费用、资产减值损失和营业外支出。成本费用利润率从耗费角度补充评价企业的收益状况和盈利水平，有利于促进企业加强内部管理，节约支出，提高经营效益。该比率越高，表明企业取得收益所付出的代价越小，企业成本费用控制得越好，企业的获利能力越强。

【例 3-16】 继续沿用 BDF 科技股份有限公司 2022 年利润表相关数据资料（见表 3-2，计算时以万元为单位），则该公司：

$$2022\,年成本费用利润率=\frac{4\ 334.75}{52\ 685.62}\times 100\%=8.23\%$$

$$2021\,年成本费用利润率=\frac{4\ 162.39}{54\ 155.96}\times 100\%=7.69\%$$

计算结果显示，公司 2021 年、2022 年成本费用利润率分别为 7.69%、8.23%。该公司 2022 年成本费用利润率较 2021 年有所提高，说明企业在利润增长的同时，成本费用得到了较好的控制，经营效益有一定程度的提高。

(二) 资产经营盈利能力分析指标

资产经营盈利能力是指企业运营资产产生利润的能力。反映资产经营盈利能力的指标有总资产报酬率、总资产净利率。

1. 总资产报酬率

总资产报酬率（return on total assets，ROA），是指企业在一定时期内获取的报酬总额与平均资产总额的比率，它是反映企业资产综合利用效果的指标，也是企业衡量债权人和所有者权益总额所取得盈利的重要指标。其计算公式为：

$$总资产报酬率=\frac{利润总额+利息支出}{平均资产总额}\times 100\%$$

式中，平均资产总额是指资产总额的期初、期末数的平均值。分子中包括利息支出是因为，既然采用全部资产，没有从利润中扣除自己资本的等价报酬——红利，那么，同样也不能扣除介入资本的等价报酬——利息，何况从企业对社会的贡献来看，利息同利润具有同样的经济意义。

总资产报酬率越高，说明企业资产的运营效率越好，也意味着企业的资产盈利能力越强，所以这个比率越高越好。评价总资产报酬率时，需要与企业前期的比率、同行业其他企业的这一比率进行比较，并进一步找出影响该指标的不利因素，以利于企业加强经营管理。

【例 3-17】 根据 BDF 科技股份有限公司相关数据资料（见表 3-1、表 3-2，数字计算以万元为单位），则该公司：

$$2022年总资产报酬率=\frac{4\ 437.88}{(73\ 238.19+414\ 184.65)\div 2}\times 100\%=1.82\%$$

$$2021年总资产报酬率=\frac{4\ 502.58}{(70\ 606.98+73\ 238.19)\div 2}\times 100\%=6.26\%$$

计算结果表明，该公司总资产报酬率 2022 年与 2021 年相比下降了 4.44 个百分点，说明 2022 年度企业资产利用效率大幅降低，投资活动盈利能力减弱。

2. 总资产净利率

总资产净利率（the net interest rate of total assets），是指企业在一定时期内获取的净利润与平均资产总额的比率，它反映企业从 1 元受托资产中得到的净利润。总资产净利率的驱动因素是销售净利率和总资产周转率。其计算公式为：

$$\begin{aligned}总资产净利率&=\frac{净利润}{平均资产总额}\times 100\%\\&=\frac{净利润}{销售收入}\times\frac{销售收入}{平均资产总额}\\&=销售净利率\times 总资产周转率\end{aligned}$$

总资产周转率说明每 1 元资产所创造的销售收入，销售净利率是 1 元销售收入创造的利润，两者共同决定了总资产净利率，即 1 元资产创造的利润。

【例 3-18】 根据 BDF 科技股份有限公司营业收入、净利润和总资产情况（见表 3-1、表 3-2），计算总资产净利率、销售净利率、总资产周转率等数据变动，见表 3-6。

表 3-6　BDF 科技股份有限公司相关数据变动表

项目	2022 年	2021 年	增减变动
销售收入（万元）	56 067.38	57 435.78	−1 368.40
净利润（万元）	3 857.36	3 657.34	200.02

续表

项目	2022 年	2021 年	增减变动
平均总资产（万元）	243 711.42	71 922.59	171 788.84
总资产净利率	1.58%	5.09%	-3.51%
销售净利率	6.88%	6.37%	0.51%
总资产周转率（次数）	0.23	0.80	-0.57

表 3-6 的数据计算结果和变动，表明该公司的总资产净利率 2022 年比 2021 年下降了 3.51 个百分点，其原因是总资产周转率降低了 0.57，企业资产利用效率不佳。

总资产净利率指标集中体现了资产与利润的对比关系，实现了资产运用与获得利润的挂钩。分析时，如果能够获得同行业的有关资料，可以将该指标与同行业其他企业的这一比率进行比较，以进一步提高分析的质量。

（三）资本经营盈利能力分析指标

资本经营盈利能力是指企业的所有者通过投入资本经营取得利润的能力，反映资本经营盈利能力的基本指标是净资产收益率。

净资产收益率（return on equity，ROE），是指企业一定时期净利润与平均净资产的比率，表明企业所有者权益的获利水平。其计算公式为：

$$\text{净资产收益率}=\frac{\text{净利润}}{\text{平均净资产}}\times 100\%$$

式中，平均净资产是指企业净资产的期初、期末数的平均值。净资产收益率是反映盈利能力最具综合性与代表性的指标，因为企业的根本目标是所有者权益或股东价值最大化，而净资产收益率既可以直接反映企业资本的增值能力，又影响企业股东价值的大小。该指标越高，企业自有资本获取收益的能力越强，运营效益越好，对企业投资人、债权人的保证程度越高。

【例 3-19】根据 BDF 科技股份有限公司合并报表资料获知：该公司 2022 年、2021 年净利润分别为 37 144.51 万元、30 656.47 万元，股东权益总额为 393 138.67 万元、353 122.74 万元。则该公司：

$$2022\text{ 年净资产收益率}=\frac{37\ 144.51}{393\ 138.67}\times 100\%=9.45\%$$

$$2021\text{ 年净资产收益率}=\frac{30\ 656.47}{353\ 122.74}\times 100\%=8.68\%$$

计算结果显示，BDF 科技股份有限公司 2021 年、2022 年净资产收益率分别为 8.68%、9.45%。该公司 2022 年净资产收益率较 2021 年有所上升，说明股东投入资本的获利能力有一定提高。

（四）上市公司盈利能力分析指标

对于股份有限公司特别是上市公司而言，其盈利能力除了可通过一般企业盈利能力的指标分析外，还应进行一些特殊指标的分析，如每股收益、每股净资产、股利支付率、市盈率、市净率等。

1. 每股收益

每股收益（earning per share，EPS），又称每股盈余、每股税后利润，是指公司某一时期税后利润与股本总数的比率。每股收益表明普通股股东每持有一股所能享有的企业利润或需承担的企业亏损，是测定股票投资价值的重要指标之一，是分析每股价值的一个基础性指标，是用来综合反映公司的盈利能力、预测公司成长潜力、作出相关投资决策的一项重要财务指标。每股收益包括基本每股收益和稀释每股收益两大类，这里主要对基本每股收益进行分析。其计算公式为：

$$每股收益=\frac{净利润-优先股股利}{发行在外的普通股平均股数}$$

该指标比值越大，表明上市公司的盈利能力越强，股东的投资效益越好，每一股所得的利润也越多；反之，则越差。但并非每股收益越高，公司股价就必须高；相反，如果公司以很高的负债比率和较大的财务风险换取较高的每股收益，在股利发放后，公司的股价不但不会上扬，甚至有下降的可能。因此，只有当公司每股收益上升，财务风险并无增长时，股票价格才会有较好的表现。

使用每股收益指标进行财务分析时应注意以下问题：

（1）每股收益没有说明公司利润发生的时间，没有考虑时间价值，也不反映或没有有效地反映股票所含的风险，而且容易导致追求短期利益行为。

（2）为评价公司的相对盈利性，可以将不同公司每股收益进行比较。但应强调的是，不同股票的每股经济含量不等，其所含有的净资产和市价不同，这在一定程度上限制了每股收益的公司间比较。

（3）可以把不同时期的每股收益进行比较，以了解公司盈利性的变化趋势，也可以将每股收益的实际值与预期值相比较，以掌握公司的管理绩效。

（4）每股收益多，往往是多分股利的前提，但不一定意味着股利多分，要看公司的股利分配政策与支付股利的能力，这集中体现在股利支付率上。

2. 每股净资产

每股净资产，是指股东权益总额减去优先股股东权益后的余额与发行在外的普通股平均股数的比值，也称为每股账面价值或每股权益。其计算公式为：

$$每股净资产=\frac{股东权益总额-优先股股东权益}{发行在外的普通股平均股数}$$

该指标表明发行在外的每股普通股所代表的账面净资产有多少，从理论上体现了股票的最低价值。把该指标与每股市价结合起来看，可以说明市场对公司的资产质量的评价。若市价高于账面净资产，则表明公司资产质量好，有发展潜力；反之，则表明公司资产质量差，没有良好的发展前景。该指标可以帮助投资者了解每股的权益，并有助于潜在的投资者进行投资分析。

3. 股利支付率

股利支付率是指普通股每股股利与普通股每股收益的比率，用来衡量普通股的每股收益中有多大比例用于支付股利，反映公司的股利分配政策和支付股利的能力。其计算公式为：

$$股利支付率=\frac{普通股每股股利}{普通股每股收益}\times 100\%$$

式中，普通股每股股利是指发放给普通股股东的股利总额与发行在外的普通股平均股数的比值。需要指出的是，尽管股利支付率反映了公司的股利分配政策，但其高低要根据公司对资金需要量的实际情况来确定，没有一个固定的衡量标准，不宜简单地以数值高低来评判好坏。一般而言，发展中的公司常常保持一个较低的股利支付率，以便留存较多的收益用于满足扩大生产经营规模的需要，这些收益的积累有利于提高公司的未来盈利能力；而规模庞大的公司为了吸引更多的投资者，则可以保持较高的股利支付率。从股东的角度分析，有些股东期望股票增值并通过买卖股票获利，他们不希望有较高的股利支付率，愿意让公司将更多的利润用于再投资，以期将来获得更大的股利收入；而有些股东愿意当期多得股利以减少风险，因而乐于公司有较高的股利支付率，甚至以此作为投资标准。

4. 市盈率

市盈率（price earning ratio，PER），是指在一个考察期（通常为12个月）内，股票每股市价和每股收益的比率，反映投资者对每股收益所愿支付的价格，亦称价格与收益比率。市盈率是衡量股票投资价值的一个动态指标，投资者通常利用该指标估量某股票的投资价值。其计算公式为：

$$市盈率=\frac{每股市价}{每股收益}$$

式中，每股市价通常采用年度平均价格，即全年各日收盘价的算术平均数。为简便起见，亦可采用报告日前一日的现实股价。

该指标比值大，说明市场对公司的未来看好，表明公司有良好的发展前景，投资者预期能得到很好的回报。在每股收益确定的情况下，市盈率越高，风险越大；反之，则越小。在某种公司股价被低估时，市盈率越低对投资者越具有吸引力。

使用市盈率指标进行财务分析时应注意以下问题：

(1) 影响市盈率变动的因素之一是股价，但是股价的变动除了公司本身的经营状况外，还受到宏观形势和经济环境等多种因素的影响。因此，要对股票市场做全面了解和分析，才能对市盈率波动的原因作出正确的评价。

(2) 每股收益很小或亏损时，市价不会降至零，相反，报亏的股票往往会因为资产重组等而使股价大涨，从而产生很高的市盈率，或者获得很高的重组收益，从而使市盈率很低，这些都没有实际意义。所以单纯地使用市盈率指标而不看具体盈利状况的话，可能会错误地估计公司的未来发展。市盈率指标分析要结合其他相关指标共同考虑。

(3) 市盈率指标不宜用于不同行业公司之间的比较，充满扩张机会的新兴行业市盈率普遍较高，而成熟行业的市盈率普遍较低，这并不说明后者的股票没有投资价值。另外，市盈率高低受净利润的影响，而净利润受可选择的会计政策影响，从而使得公司间比较受到限制。

（4）市盈率的高低通常以金融市场当时平均市盈率为依据进行评价，而不是简单的越低越好或越高越好。在健全而完善的资本市场中，低市盈率未必能吸引投资者，相反，高市盈率可能更具有吸引力，因为高市盈率表明投资者对企业充满信心，将来盈利必会提高，股票必然看涨；反之，可能意味着企业后劲不足。从理论上来说，市盈率越低的股票越具有投资价值。因此，以市盈率评价企业的盈利能力时，应注意对股票市场整体形势进行全面分析。

5. 市净率

市净率（price book ratio，PBR），是指股票每股市价与每股净资产的比率。其计算公式为：

$$市净率=\frac{每股市价}{每股净资产}$$

市净率指标反映了普通股本身价值的大小以及市场投资者对企业资产质量的评价。一般而言，该比值越高，股票价值越高。市净率指标可用于投资分析，每股净资产是股票的账面价值，它是用成本计量的，而每股市价是这些资产的现在价值，它是证券市场交易的结果。若市价高于账面价值即市净率大于1，则企业资产的质量较好，有发展潜力；反之，则资产质量较差，没有发展前景。优质股票的每股市价都大大超过每股净资产，一般市净率达到3就可以树立较好的公司形象。每股市价低于每股净资产的股票，就像售价低于成本的商品一样，属于“处理品”。当然，“处理品”也不是没有购买价值，问题在于该公司今后是否有转机，或者购入后经过资产重组能否提高获利能力。

市净率指标和市盈率指标不同，市盈率指标主要是从股票的盈利性角度考虑，而市净率指标主要是从股票账面价值的角度考虑。两者有不少相似之处，它们都不是简单的越高越好或越低越好的指标，都代表着投资者对某只股票未来发展潜力的判断。同时，与市盈率指标一样，市净率指标也必须建立在完善、健全的资本市场上，才能据以对企业作出正确、合理的分析和评价。

【例3-20】根据2021—2022年BDF科技股份有限公司合并财务报表等资料计算反映公司盈利能力各项指标，见表3-7。

表3-7 BDF科技股份有限公司2021—2022年盈利能力指标变动表

项目	2022年	2021年	增减变动
净利润（万元）	37 144.51	30 656.47	6 488.04
净资产（万元）	393 138.67	353 122.74	40 015.93
普通股股数（万股）	71 628.63	71 628.63	—
股价（元/股）	11.04	14.91	−3.87
每股收益	0.52	0.43	0.09
每股净资产	5.49	4.93	0.56
市盈率	21.23	34.67	−13.44
市净率	2.01	0.92	1.09

以上计算结果说明该公司2022年与2021年相比，每股收益有所增加，市盈率保持在适当水平，公司盈利能力较强，有良好的发展前景，市场对公司的未来看好，投资潜力较大。

小思考

对一个上市公司进行盈利能力分析时，需要注意哪些问题才能做到客观公正地进行评价？

任务四

发展能力分析

任务描述

熟悉各项发展能力分析指标的内涵与计算方法，能够运用财务指标进行企业发展能力的评价。

基本知识与技能

一、发展能力分析的意义

发展能力通常是指企业未来生产经营活动的发展趋势和发展潜能。从形成看，企业的发展能力主要是通过自身的生产经营活动不断扩大积累而形成的，主要依托于不断增长的销售收入、不断增加的资金投入和不断创造的利润等。从结果看，一个增长能力强的企业，能够不断为投资者创造财富，能够不断增加企业价值。企业能否健康发展取决于多种因素，包括外部经营环境、企业内在素质及资源条件等。

企业发展能力分析的意义在于保证企业长远发展，控制企业经营中的短期行为。在企业的财务评价体系中，加入发展能力的考核分析，对于完善现代企业制度和现代企业的理财目标，具有重要意义。

（1）考核企业发展能力可以抑制企业的短期行为，有利于完善现代企业制度。企业的短期行为集中地表现为追求眼前利益，忽视企业资产的保值增值。为了实现短期利润，有些企业不惜拼耗设备，少计费用和成本。增加了对企业发展能力的考核之后，企业不仅要考虑目前实现的利润，还要考核资产的保值增值情况，就可以从一定程度上抑制企业的短期行为，真正地增强企业的经济实力，完善现代企业制度。

扫一扫

云南白药的发展空间分析

（2）考核企业发展能力有利于完善现代企业的理财目标。现代企业的理财目标是实现企业价值最大化。为了实现企业价值最大化目标，一方面要求企业追求利润，扩大财务成果，另一方面则要求企业不断地改善财务状况，增强经营成果的稳定性。为此，不仅要分别对企业的财务状况和财务成果进行考核，更重要的是，要将财务状况和财务成果结合起来，综合考核企业的发展能力。

二、发展能力分析指标

（一）资本扩张能力分析指标

权益资本是企业的家底，是企业的净资产，它可为企业实现规模经营提供资金来源。企业实收资本的扩张既可来源于外部资金的加入，也可来源于留存收益的增长。评价企业资本扩张的指标主要有资本积累率、三年资本平均增长率等。

1. 资本积累率

资本积累率是本年所有者权益增加额同年初所有者权益余额的比率，是企业当年所有者权益总的增长率，反映企业净资产当年的变动水平，也叫做股东权益增长率。其计算公式为：

$$资本积累率=\frac{年末净资产数-年初净资产数}{年初净资产数}\times 100\%$$

该指标体现了企业资本的保全和增长情况。该指标值越高，表明企业资本积累越多，应付风险和持续发展的能力越强。该指标若为负值，则表明企业资本受到侵蚀，所有者利益受到侵害。

2. 三年资本平均增长率

资本积累率指标有一定的滞后性，仅反映当期情况。为反映企业资本保值增值的历史发展情况，了解企业的发展趋势，需要计算连续几年的资本积累情况，在实践中，使用三年资本平均增长率这一指标。其计算公式为：

$$三年资本平均增长率=\left(\sqrt[3]{\frac{本年度年末净资产总额}{三年前年末净资产总额}}-1\right)\times 100\%$$

该指标值越高，表明企业所有者权益得到的保障程度越大，企业可以长期使用的资金越充裕，抗风险和持续发展的能力越强。

利用该指标评价企业资本增长能力存在一定的局限性，因为其计算结果的高低只与两个因素有关，即与本年度年末净资产总额和三年前年末净资产总额相关，而中间两年的年末净资产总额则不影响该指标的高低。

利用这两个指标分析时应注意所有者权益各类别的增长情况。实收资本的增长一般源于外部资金的进入，表明企业具备了进一步发展的基础，但并不表明企业过去具有很强的发展和积累能力；留存收益的增长反映企业通过自身经营积累了发展后备资金，既反映了企业在过去经营中的发展能力，也反映了企业进一步发展的后劲。

【例 3-21】 以 ABC 公司为例，结合所掌握的财务报表资料，利用指标之间的相关关系，计算能反映企业发展能力的若干期指标，分析和评价企业的发展能力。

ABC 公司是一家生产纺织品的公司，已有 15 年的历史，近年来产品在国内市场的销售呈逐年增长态势。ABC 公司 2019—2022 年度相关财务数据见表 3-8。

表 3-8　ABC 公司 2019—2022 年度相关财务数据　　单位：万元

项目	2019 年	2020 年	2021 年	2022 年
净资产	26 359	32 635	61 699	69 400
净利润	3 968	4 246	7 743	8 431
主营业务利润	7 026	9 138	13 973	15 747
主营业务收入	26 145	33 359	40 938	48 201
资产	43 504	58 010	82 090	120 806

则该公司：

$$2020\text{ 年资本积累率}=\frac{32\,635-26\,359}{26\,359}\times100\%=23.81\%$$

$$2021\text{ 年资本积累率}=\frac{61\,699-32\,635}{32\,635}\times100\%=89.06\%$$

$$2022\text{ 年资本积累率}=\frac{69\,400-61\,699}{61\,699}\times100\%=12.48\%$$

$$2022\text{ 年三年资本平均增长率}=\left(\sqrt[3]{\frac{69\,400}{26\,359}}-1\right)\times100\%=38.08\%$$

以上计算结果表明：ABC 公司自 2020 年以来，连续三年的资本积累率都为正值，说明该公司 2019—2022 年的所有者权益一直在增加，但其增长率水平还应与行业平均水平进行比较。另外，该公司资本积累率呈现先升后降的趋势，这种趋势属于暂时性的还是持续性的还需要进一步深入分析。

(二) 盈利增长能力分析指标

由于一个企业的价值主要取决于其盈利及增长能力，因此企业的收益增长是反映企业增长能力的重要方面。由于收益可表现为主营业务利润、营业利润、净利润、利润总额等多种指标，因此相应的收益增长率也具有不同的表现形式。在实践中，通常使用净利润增长率、主营业务利润增长率这两项指标来分析企业的盈利增长能力。

1. 净利润增长率

净利润是企业经营业绩的结果，因此净利润的增长是企业成长性的基本表现。净利润增长率是本期净利润增长额与基期净利润之比。其计算公式为：

$$\text{净利润增长率}=\frac{\text{本期净利润}-\text{基期净利润}}{\text{基期净利润}}\times100\%$$

该指标通常越大越好。净利润增长率越大，说明企业收益增长得越多；反之，说明企业收益增长得越少。企业的发展必然体现出净利润的增长，但两者并不一定同步，净利润的增长可能滞后于企业的发展，这就使得净利润增长率无法真正反映企业的发展能力，只是近似替代。

2. 主营业务利润增长率

一个企业如果利润增长了，但销售收入并未增长，也就是说其利润的增长并不是来自其主营业务，这样的增长是不能持续的，随着时间的推移将会消失。因此，利用主营业务利润增长率这一比率可以较好地考察企业的成长性。主营业务利润增长率是本期主营业务利润增长额与基期主营业务利润之比。其计算公式为：

$$\text{主营业务利润增长率}=\frac{\text{本期主营业务利润}-\text{基期主营业务利润}}{\text{基期主营业务利润}}\times 100\%$$

该指标越大，则说明企业主营业务利润增长得越快，表明企业主营业务突出，业务扩张能力越强；相反，则说明企业主营业务利润增长得越慢，反映企业主营业务发展停滞，业务扩张能力越弱。

【例 3-22】 根据 ABC 公司 2019—2022 年度相关财务数据（见表 3-8），则该公司：

$$2020\text{ 年净利润增长率}=\frac{4\,246-3\,968}{3\,968}\times 100\%=7.01\%$$

$$2021\text{ 年净利润增长率}=\frac{7\,743-4\,246}{4\,246}\times 100\%=82.36\%$$

$$2022\text{ 年净利润增长率}=\frac{8\,431-7\,743}{7\,743}\times 100\%=8.89\%$$

$$2020\text{ 年主营业务利润增长率}=\frac{9\,138-7\,026}{7\,026}\times 100\%=30.06\%$$

$$2021\text{ 年主营业务利润增长率}=\frac{13\,973-9\,138}{9\,138}\times 100\%=52.91\%$$

$$2022\text{ 年主营业务利润增长率}=\frac{15\,747-13\,973}{13\,973}\times 100\%=12.70\%$$

以上计算结果表明：ABC 公司自 2020 年以来，连续三年的净利润增长率和主营业务利润增长率都为正值，说明该公司 2020—2022 年的收益规模一直在增加，但其增长率水平还应与行业平均水平进行比较。另外，该公司净利润增长率和主营业务利润增长率呈现先升后降的趋势，这种趋势属于暂时性的还是持续性的还需要进一步深入分析。

比较资本积累率与净利润增长率，可以看出，该公司三年的资本积累率增长率均高于当年的净利润增长率，说明该公司这三年的资本积累率增长并不是主要来自生产经营活动创造的净利润，而是来自融资活动所带来的净投资，这种现象对公司而言是有利的还是不利的，应视具体情况具体分析。如果该公司资本收益超过资本成本，则可以通过增加资本投入增加企业价值；反之，增加资本投入可能会损害股东利益。

比较净利润增长率与主营业务利润增长率，可以看出，除了 2021 年以外，ABC 公司其余两年的净利润增长率都分别比当年的主营业务利润增长率低，说明这两年的期间费用或者其他支出的增长速度超过了主营业务利润的增长速度，应当引起注意。

（三）销售增长能力分析指标

销售收入是企业获利的源泉。企业只有保持销售的稳定增长，才能不断地增加收入，提高盈利能力。盈利能力提高，利润增加，才能为企业占有市场、开发新产品、进行技术改造提供资金来源，才能促进企业进一步发展。通常衡量销售增长情况的指标是销售增长率。

1. 销售增长率

销售增长率是反映企业销售增长情况的财务指标，它是将本期的主营业务收入与上期的主营业务收入相比较，以说明企业主营业务收入的增长情况。其计算公式为：

$$销售增长率=\frac{本期主营业务收入-上期主营业务收入}{上期主营业务收入}\times 100\%$$

该指标反映的是企业某个年度的整体销售增长情况。销售增长率越高，说明企业产品销售在本年度增长得越快，销售情况越好；相反，则说明销售情况越差。

销售增长率分析还应结合主营业务收入增长的具体原因，既要弄清楚企业销售增长的来源是因为销售了更多的产品或服务，还是因为提高了产品或服务的价格，抑或是增加销售了新的产品或服务。

2. 销售增长率分析

在利用销售增长率来分析企业在销售方面的增长能力时，应该注意以下几个方面：

（1）要判断企业在销售方面是否具有良好的成长性，必须分析销售增长是否具有效益性。如果主营业务收入的增加主要依赖于资产的相应增加，也就是销售增长率低于资产增长率，说明这种销售增长不具有效益性，同时也反映企业在销售方面可持续增长能力不强。

（2）为了消除主营业务收入短期波动对销售增长率指标产生的影响，可以通过计算主营业务收入的长期变动趋势，来分析评价企业的发展能力。三年销售平均增长率指标能够表明企业主营业务收入连续三年的增长情况，反映企业销售增长的长期趋势和稳定程度。其计算公式为：

$$三年销售平均增长率=\left(\sqrt[3]{\frac{本年度年末主营业务收入总额}{三年前年末主营业务收入总额}}-1\right)\times 100\%$$

（3）可以利用某种产品销售增长率来观察企业产品的结构情况，进而也可以分析企业的成长性。其计算公式为：

$$某种产品销售增长率=\frac{某种产品本期销售收入-该产品上期销售收入}{该产品上期销售收入}\times 100\%$$

【例 3-23】 根据 ABC 公司 2019—2022 年度相关财务数据（见表 3-8），则该公司：

$$2020年销售增长率=\frac{33\ 359-26\ 145}{26\ 145}\times 100\%=27.59\%$$

$$2021年销售增长率=\frac{40\ 938-33\ 359}{33\ 359}\times 100\%=22.72\%$$

$$2022年销售增长率=\frac{48\ 201-40\ 938}{40\ 938}\times 100\%=17.74\%$$

以上计算结果表明：ABC公司自2020年以来，连续三年的销售增长率都为正值，说明该公司2020—2022年的收益规模一直在增加，但其增长率水平还应与行业平均水平进行比较。另外，该公司销售增长率一直处于下降的趋势，这种趋势属于暂时性的还是持续性的还需要进一步深入分析。

比较主营业务利润增长率和销售增长率，可以看出，2020年、2021年该公司的主营业务利润增长率都分别高于当年的销售增长率，这说明该公司2020年、2021年这两年的主营业务盈利能力较强。但是，这种势头没有得以保持，该公司2022年的主营业务利润增长率低于2022年的销售增长率，这说明其主营业务成本、主营业务税金及附加等成本的上升超过了主营业务收入的增长，主营业务的盈利能力减弱了。

（四）资产增长能力分析指标

小思考

资产增长与企业发展能力有何关系？评价资产增长的指标有哪些？

资产是企业生产经营活动的物质条件，是企业用以取得收入的资源，也是企业偿还债务的保障。企业的资产规模与其经营规模是相适应的，资产规模扩大表明企业兴旺发达。通常情况下，发展能力强的企业都能保证资产的稳定增长，因此，资产的增长可用以表明企业的发展状况和发展能力，也是实现企业价值的重要手段。评价企业资产增长的指标是总资产增长率、三年资产平均增长率和固定资产成新率。

1. 总资产增长率

总资产增长率是本期总资产增长额与总资产期初余额之比。其计算公式为：

$$总资产增长率=\frac{总资产期末余额-总资产期初余额}{总资产期初余额}\times 100\%$$

总资产增长率指标是从企业资产总量扩张方面衡量企业的发展能力，表明企业规模增长水平对企业发展后劲的影响。总资产增长率指标大于零，说明企业本年度资产增加了，生产经营规模扩大了。总资产增长率越高，说明企业本年内资产规模扩张的速度越快，获得规模效益的能力越强。但应注意资产规模扩张的质与量之间的关系以及企业的后续发展能力，避免盲目扩张。

影响企业规模变化主要有两个因素，一是企业对外举债而扩大规模，二是企业所有者权益增加而引起的企业规模的扩大，包括企业实现了盈利而增加了企业资产，还包括企业吸收了新的投资而使自己的规模扩大了。具体是什么原因引起企业规模的扩大，在评价总资产增长率指标时应予以考虑。

2. 三年资产平均增长率

为避免资产增长率受资产短期波动因素的影响，可以通过计算三年资产平均增长率来反映企业较长时期内的资产增长情况，从资产的长期增长趋势和稳定程度判断企业的发展能力。其计算公式为：

$$三年资产平均增长率=\left(\sqrt[3]{\frac{本年度年末资产总额}{三年前年末资产总额}}-1\right)\times 100\%$$

三年资产平均增长率指标消除了资产短期波动的影响，反映了企业较长时期内的资产增长情况，是反映企业发展能力的一个重要指标。该指标大于零，反映企业资产呈现增长趋势，有能力不断扩大生产规模，有较强的发展潜力。该指标值越大，说明资产增长速度越快，企业发展的趋势越强。

3. 固定资产成新率

固定资产成新率是企业当期平均固定资产净值与平均固定资产原值的比率，反映了企业所拥有的固定资产的新旧程度，体现了企业固定资产更新的快慢和持续发展的能力。其计算公式为：

$$固定资产成新率=\frac{平均固定资产净值}{平均固定资产原值}\times 100\%$$

该指标越大，表明企业的固定资产越新，技术性能越好，可以为企业服务越长的时间，对扩大再生产的准备越充足，发展的可能性越大；该指标越小，表明企业的设备越陈旧，技术性能越落后，将严重制约企业未来的发展。

应用固定资产成新率指标分析固定资产新旧程度时，应注意折旧方法的不同、生产经营周期的不同等因素对固定资产成新率的影响。如加速折旧法下的固定资产成新率小于平均年限法下的固定资产成新率，处于发展期的企业与处于衰退期的企业也会有不同的固定资产成新率。同时，应注意不同企业之间的可比性。

【例 3－24】 根据 ABC 公司 2019—2022 年度相关财务数据（见表 3－8），则该公司：

$$2020\ 年总资产增长率=\frac{58\ 010-43\ 504}{43\ 504}\times 100\%=33.34\%$$

$$2021\ 年总资产增长率=\frac{82\ 090-58\ 010}{58\ 010}\times 100\%=41.51\%$$

$$2022\ 年总资产增长率=\frac{120\ 806-82\ 090}{82\ 090}\times 100\%=47.16\%$$

$$三年资产平均增长率=\left(\sqrt[3]{\frac{120\ 806}{43\ 504}}-1\right)\times 100\%=40.56\%$$

计算结果表明：ABC 公司自 2020 年以来，连续三年的总资产增长率都为正值，说明该公司 2019—2022 年的资产规模一直在增加，但其增长率水平还应与行业平均水平进行比较。另外，该公司总资产增长率一直处于上升的趋势，这种趋势说明企业规模扩张速度在加快。

比较销售增长率和总资产增长率，可以看出，2020 年、2021 年、2022 年的销售增长率都分别低于这三年的总资产增长率，这说明该公司这三年的销售增长主要是依赖于资产的追加投入取得的，并没有取得相应的经济效益，因此，反映出该公司的销售增长不具有效益性。再结合该公司连续三年的销售增长率处于下降趋势的事实，可以判断该公司在销售方面不具备良好的成长性。

项目小结

偿债能力分析包括短期偿债能力分析和长期偿债能力分析两方面。短期偿债能力分析将短期债务与可得到的用于偿还这些债务的短期资金来源相比较，常用的评价指标有营运资金、流动比率、速动比率、现金比率等。长期偿债能力分析从长期、动态的角度对企业偿债能力进行考察与评价，常用的指标有资产负债率、产权比率、有形净值债务率、利息保障倍数等。营运能力分析主要通过对反映资产营运效率与效益的指标进行计算与分析，评价企业的营运能力，为企业提高经济效益指明方向，常用的评价指标有流动资产周转率、应收账款周转率、存货周转率、固定资产周转率、总资产周转率等。盈利能力分析主要通过利润表和资产负债表有关项目之间关联关系的分析来评价企业当期的经营效率和未来获得能力的发展趋势，常用的评价指标有收入利润率、成本费用利润率、总资产报酬率、总资产净利率等；对于上市公司，其评价指标还包括每股收益、每股净资产、市盈率等。发展能力是指企业未来生产经营活动的发展趋势和发展潜能，常用的评价指标有资本积累率、净利润增长率、销售增长率、总资产增长率等。

项目训练

一、单项选择题

1. 如果流动负债小于流动资产，则期末用现金偿付一笔短期借款会导致（　　）。

A. 流动比率提高　　　　B. 流动比率降低

C. 营运资金减少　　　　D. 营运资金增加

2. 下列业务中，能够降低企业短期偿债能力的是（　　）。

A. 企业采用分期付款方式购置一台大型机械设备

B. 企业从某银行取得 3 年期 500 万元的贷款

C. 企业向战略投资者进行定向增发

D. 企业向股东发放股票股利

3. 某公司 2021 年和 2022 年的流动资产平均余额分别为 2 100 万元和 2 800 万元，流动资产周转率分别为 7 次和 9 次，则 2022 年比 2021 年的营业收入增加了（　　）。

A. 20 000 万元　　　　B. 3 650 万元

C. 41 200 万元　　　　D. 10 500 万元

4. 反映企业的营业毛利润与营业收入之间的关系，表示营业收入扣减营业成本后，有多少钱可以用于支付各项期间费用及形成盈利的指标是（　　）。

A. 销售净利率　　　　B. 总资产报酬率

C. 销售毛利率　　　　D. 净资产收益率

5. 某企业净利润为 1 000 万元，所得税费用为 250 万元，利息支出为 300 万元，年初和年末所有者权益均为 5 500 万元，则净资产收益率为（　　）。

A. 16.7%　　　　B. 18.2%

C. 13.0%　　D. 23.9%

二、多项选择题

1. 评价短期偿债能力的主要指标有（　　）。

A. 营运资本　　B. 速动比率

C. 资产负债率　　D. 利息保障倍数

2. 下列经济业务会影响到产权比率的有（　　）。

A. 发行股票　　B. 建造固定资产

C. 可转换债券转换为普通股　　D. 偿还银行借款

E. 银行存款购买无形资产

3. 在下列各项中，属于反映企业营运能力的指标有（　　）。

A. 总资产报酬率　　B. 总资产周转率

C. 存货周转天数　　D. 应收账款账龄

4. 下列各项中，属于影响固定资产周转速度的因素有（　　）。

A. 折旧方法和折旧年限　　B. 通货膨胀

C. 营业收入　　D. 固定资产突然上升

5. 对于股份制企业，反映其获利能力的比率有（　　）。

A. 总资产净利率　　B. 销售净利率

C. 总资产周转率　　D. 固定资产利润率

三、判断题

1. 企业用现金购买无形资产不会影响流动比率。（　　）

2. 对债权人而言，企业的资产负债率越高越好。（　　）

3. 应收账款周转天数分析和应收账款账龄分析是相同的。（　　）

4. 提高总资产报酬率的途径有优化资产结构、提高利润总额。（　　）

5. 对于短期借款的债权人来说，需要分析企业过去和现在的盈利能力，以预测企业未来的获利能力，从而判断未来及时并足额收回本息的保障性。（　　）

四、简答题

1. 流动比率和速动比率的局限性表现在哪些方面？

2. 企业长期偿债能力分析常用的财务比率有哪些？应如何应用它们来评价企业的长期偿债能力？

3. 计算和分析存货周转率需要注意哪些问题？

4. 企业的盈利能力受哪些因素的影响？你如何理解成本费用对企业盈利能力的影响？

5. 衡量企业发展能力的指标有哪些？如何将之运用于企业发展能力的分析？

项目实训

一、偿债能力分析实训

实训目标： ABC公司偿债能力指标的计算和分析。

实训资料：ABC 公司 2022 年资产负债表有关数据见表 3-9。

表 3-9　ABC 公司 2022 年资产负债表（简表）

单位：万元

资产	年初数	年末数	负债及所有者权益	年初数	年末数
流动资产：			流动负债：		
货币资金	2 500	3 750	短期借款	9 162.5	15 725
应收账款净额	21 250	18 750	应付账款	5 000	10 525
存货	1 612.5	18 750	流动负债合计	14 162.5	26 250
流动资产合计	35 362.5	41 250	非流动负债：		
非流动资产：			长期借款	15 000	18 750
固定资产	41 000	41 250	所有者权益：		
			股本	11 250	11 250
			资本公积	13 500	13 625
			盈余公积	6 450	6 475
			未分配利润	6 000	6 150
			所有者权益合计	37 200	37 500
资产合计	66 362.5	82 500	负债及所有者权益合计	66 362.5	82 500

实训要求：

（1）计算 ABC 公司 2022 年下列有关指标：流动比率、速动比率、现金比率、资产负债率、产权比率、有形净值债务率、利息保障倍数。

（2）评价 ABC 公司的短期偿债能力和长期偿债能力。

二、营运能力分析实训

实训目标：XYZ 公司营运能力指标的计算与分析。

实训资料：XYZ 公司连续三年的资产负债表中有关资产项目的数额见表 3-10。

表 3-10　XYZ 公司连续三年的资产项目

单位：万元

项目	2020 年年末	2021 年年末	2022 年年末
流动资产	2 200	2 680	2 680
其中：应收账款	944	1 028	1 140
存货	1 060	928	1 070
固定资产	3 800	3 340	3 500
资产总额	8 800	8 060	8 920

已知 2022 年 XYZ 公司的主营业务收入为 10 465 万元，比 2021 年增长了 15%，其主营业务成本为 8 176 万元，比 2021 年增长了 12%。

实训要求：

（1）计算 XYZ 公司 2021 年和 2022 年的应收账款周转率、存货周转率、流动资产周转率、固定资产周转率和总资产周转率。

（2）对 XYZ 公司的资产运用效率进行评价。

三、盈利能力分析实训

实训目标：江西特种电机股份有限公司盈利能力指标的计算与分析。

实训资料：江西特种电机股份有限公司（股票代码：002176）2020年度业绩快报。

本公司及董事会全体成员保证公告内容的真实、准确、完整，对公告的虚假、误导性陈述或重大遗漏负连带责任。

特别提示：

本公告所载2020年度财务数据已经公司内部审计部门审计，未经会计师事务所审计的财务数据与经会计师事务所审计的财务数据可能存在差异，请投资者注意投资风险。

（一）2020年度主要财务数据

江西特种电机2020年度主要财务数据见表3-11。

表3-11 江西特种电机2020年度主要财务数据

单位：万元

项目	2020年（1—12月）	2019年（1—12月）	增减幅度/%
营业总收入	184 398	259 452	−28.93
营业利润	−947	−203 036	−99.53
利润总额	197	−213 523	−100.09
净利润	1 341	−206 771	−100.65
基本每股收益/元	0.01	−1.19	−100.84
净资产收益率/%	0.91	−78.71	−101.16
项目	2020年12月31日	2019年12月31日	增减幅度/%
总资产	481 842	562 067	−14.27
净资产	160 387	167 376	−4.18
股本	170 633	170 633	0.00
每股净资产/元	—	—	—

说明：（1）上述数据以公司合并报表数据填列；

（2）上述净利润、基本每股收益、净资产收益率、每股净资产等指标以归属于公司股东的数据填列，净资产收益率按全面摊薄法计算。

（二）经营业绩和财务状况的简要说明

公司报告期内经营状况和财务状况良好。报告期实现营业总收入184 398万元，比上年同期减少28.93%；实现营业利润−947万元，比上年同期减少99.53%；实现净利润1 341万元，比上年同期减少100.65%。

（三）备查文件

（1）经公司现任法定代表人、财务总监、会计机构负责人签字并盖章的比较资产负债表和利润表。

（2）内部审计部门负责人签字的内部审计报告。

实训要求：对该公司的经营业绩进行评价。

四、发展能力分析实训

实训目标： 威云公司发展能力指标的计算与分析。

实训资料： 威云公司 2020 年、2021 年、2022 年的简要报表见表 3－12。

表 3－12　威云公司近三年财务简要报表

单位：万元

	项目	2020 年	2021 年	2022 年
资产负债表	资产总额	702	1 973	2 261
	流动资产	631	838	1 071
	固定资产	64	1 110	1 073
	负债及所有者权益	702	1 973	2 261
	负债	488	706	1 052
	所有者权益	214	1 267	1 209
利润表	营业收入	501	799	1 478
	营业成本	129	156	274
	净利润	36	58	74

实训要求：

（1）请根据威云公司 2020 年、2021 年、2022 年的有关数据计算各个重要项目的增长率，并作简要分析。

（2）分析威云公司的整体发展能力。

五、财务能力分析综合实训

实训目标： 青岛啤酒股份有限公司财务能力分析。

实训资料： 表 3－13 是青岛啤酒公司 2019 年、2020 年的主要财务数据。

表 3－13　2019、2020 年青岛啤酒公司主要财务数据

单位：万元

项目	2020 年年末	2019 年年末
资产总额	4 151 419	3 731 238
负债总额	2 014 613	1 739 901
货币资金	1 846 688	1 530 198
应收账款	11 951	15 107
流动负债合计	1 550 995	1 335 378
流动比率	1.59	1.57
速动比率	1.38	1.33
存货周转率	5.12	5.86
应收账款周转率	205.19	1.68
总资产周转率	0.70	0.78
所有者权益	2 295 647	2 247 788
资产负债率	0.49	0.47
产权比率	0.73	0.67
利息保障倍数	－587.92	－463.21
主营业务收入	2 775 971	2 798 376

续表

项目	2020 年年末	2019 年年末
主营业务成本	1 654 061	1 708 044
营业收入	2 775 971	2 798 376
营业成本	1 654 061	1 708 044
营业利润	325 008	269 789
利润总额	323 955	272 691
净利润	220 132	185 210
销售净利率	0.08	0.07
成本费用率	12.98	10.53

实训要求：

（1）分别分析该公司 2019 年和 2020 年的偿债能力、营运能力、盈利能力和发展能力。

（2）该公司 2019 年到 2020 年财务能力发生了哪些变化？

（3）从上海证券交易所网站（www.sse.com.cn）下载该公司 2020 年年报，分析该公司财务能力的走势与变化，并与自己的分析结果进行比较。

项目四

资产负债表分析

学习目标

知识目标

理解资产负债表的结构和内容

理解资产负债表分析的作用

熟悉资产结构的分析方法

熟悉资产、负债及所有者权益项目分析方法

能力目标

能够进行资产负债表的规模分析

能够进行资产负债表的结构分析

能够进行资产负债表的项目分析

素质目标

培养实事求是的工作态度，对财务数据客观地进行分析

牢固树立法治观念，培养良好的职业道德和敬业精神

引导案例

康美药业的存贷双高现象

康美药业股份有限公司（简称“康美药业”），1997年成立，2001年在上海证券交易所上市（股票代码600518），主要经营中药饮片、药品医疗器械等医药产品的生产、经营、批发销售以及中药材贸易。2018年12月28日，中国证监会对康美药业信息披露违法违规问题立案调查。2019年5月21日，康美药业股票简称变更为“ST康美”。2020年5月14日，中国证监会发布行政处罚决定书，认定康美药业存在严重财务造假，虚增

利润、货币资金以及其他资产。

康美药业作为在沪市上市的企业，均连续多年财务造假，造假金额巨大，公司控股股东肆意妄为，主导公司财务造假，挪用、占用巨额上市公司资金，虚假披露巨额货币资金，严重损害了中小股民的利益，破坏了资本市场的秩序，引起了社会各界的广泛关注，成为资本市场近年来典型的反面案例，性质十分恶劣。

存贷双高是指企业货币资金和金融性负债规模均处于较高水平。发生存贷双高现象的原因有：(1) 货币资金与借款出现错配。正常的货币资金规模维持不了业务需求，只能通过举借债务来补充货币资金不足；业务活动的资金结算在期末进行，并且未到借款协议规定的债务偿还时点。(2) 企业面临特定的经营环境。收取的款项可能被要求缴存指定账户，在满足一定条件前不能自行支配和使用，经营所需资金只能通过借款解决。(3) 货币资金的特殊结构。货币资金使用受到限制，不能偿还已有债务，只能通过举借新的债务维持企业运转。(4) 特定的金融环境。在“去杠杆”的宏观背景下，有些金融机构出现惜贷和控制长期借款现象，企业的借款周期不完全由自己决定，迫使企业在借款方面有所超前，以备不时之需，有些情况下只能“借短用长”。(5) 集团资金缺乏统一管理。在资金管理上集团内企业各自为政，有的企业资金闲置，有的企业资金短缺，母公司对集团资金整合力度较弱，或者缺乏整合资金的条件，导致资产负债表（主要指合并报表）出现大额货币资金与大额金融性负债并存的现象。(6) 存在财务造假。企业金融性负债较多，为美化财务状况，虚增货币资金。

存贷双高本身不能说明企业现金资产造假，但这一现象意味着企业可能存在财务风险，应引起监管机构和投资者的高度关注，分析产生的原因，以判断存贷双高对企业可能产生的影响。根据财务报告数据，康美药业 2016 年、2017 年货币资金占资产比率接近 50%，金融性负债居高不下，短期债务占比高，2017 年差错更正前的年报显示金融性负债比率 75.65%。公司 2016 年、2017 年货币资金规模均大于金融性负债规模，2016 年货币资金金额大于负债总额。康美药业货币资金、金融性负债规模大，债务结构失衡，短期债务占比高。

康美药业 2018 年会计差错更正后，货币资金大幅度下降，难以满足偿还庞大规模债务的需要，公司存货大幅度增加，超出了正常的需要；应收款项和其他应收款的规模始终保持较高水平；公司资产存在大幅计提减值准备的可能，未来业绩承受压力大。

数据来源：靳利军，张东萌，汤小莉．康得新、康美药业财务造假行为特征与风险防范［J］．商业会计，2020 (24)：51－53.

任务一
资产负债表分析概述

任务描述

熟悉和掌握资产负债表的作用，要分清广义作用与具体作用。能熟练掌握资产负债表的结构，并能从理论上对资产负债表的结构进行理解。

基本知识与技能

一、资产负债表的作用

资产负债表主要提供有关企业财务状况方面的信息，其作用可以从两个方面来阐述：

（一）广义作用

资产负债表的广义作用包括：

（1）可以提供某一日期资产的总额及其结构，表明企业拥有或控制的资源及其分布情况，如有多少资源是流动资产、有多少资源是长期投资、有多少资源是固定资产等。

（2）可以提供某一日期的负债总额及其结构，表明企业未来需要用多少资产或劳务清偿债务以及清偿时间，如流动负债有多少、长期负债有多少、长期负债中有多少需要用当期流动资金来偿还等。

（3）可以反映所有者所拥有的权益，据以判断资本保值、增值的情况以及对负债的保障程度。

（4）可以提供进行财务分析的基本资料，如将流动资产与流动负债进行比较，计算出流动比率，将速动资产与流动负债进行比较，计算出速动比率等，可以表明企业的变现能力、偿债能力和资金周转能力，从而有助于会计报表使用者作出经济决策。

（二）具体作用

资产负债表的具体作用包括：

（1）资产负债表向人们揭示了企业拥有或控制的能用货币表现的经济资源即资产的总规模及具体的分布形态。由于不同形态的资产对企业的经营活动有不同的影响，因而通过企业资产结构的分析可以对企业的资产质量作出一定的判断。

（2）把流动资产（一年内可以或准备转化为现金的资产）、速动资产（流动资产中变现能力较强的货币资金、债权、短期投资等）与流动负债（一年内应清偿的债务责任）联系起来分析，可以评价企业的短期偿债能力。这种能力对企业的短期债权人尤为重要。

（3）通过对企业债务规模、债务结构及与所有者权益的对比，可以对企业的长期偿债能力及举债能力（潜力）作出评价。一般而言，企业的所有者权益占负债及所有者权益的比重越大，企业清偿长期债务的能力越强，企业进一步举借债务的潜力也就越大。

（4）通过对企业不同时点资产负债表的比较，可以对企业财务状况的发展趋势作出判断。可以肯定地说，企业某一特定日期（时点）的资产负债表对信息使用者的作用极其有限。只有把不同时点的资产负债表结合起来分析，才能把握企业财务状况的发展趋势。同样，将不同企业同一时点的资产负债表进行对比，还可对不同企业的相对财务状况作出评价。

（5）通过对资产负债表与利润表有关项目的比较，可以对企业各种资源的利用情况作出评价。如可以考察资产利润率、资本报酬率、存货周转率、债权周转率等。

（6）通过将资产负债表与利润表、现金流量表联系起来分析，可以对企业的财务状况和经营成果作出整体评价。

二、资产负债表的结构

（一）资产负债表结构总体要求

资产负债表结构的总体要求包括：

（1）分类别列报。资产负债表应当按照资产、负债和所有者权益三大类别分类列报。

（2）资产和负债按流动性列报。资产和负债应当按照流动性分别分为流动资产和非流动资产、流动负债和非流动负债列报。

（3）列报相关的合计、总计项目。资产负债表中的资产类至少应当列报流动资产和非流动资产的合计项目，负债类至少应当列报流动负债、非流动负债以及负债的合计项目，所有者权益类应当列报所有者权益的合计项目。

（4）资产负债表应当分别列报资产总计项目和负债及所有者权益之和的总计项目，并且这二者的金额应当相等。

（二）资产负债表列报格式

资产负债表一般有两种：报告式资产负债表和账户式资产负债表。

报告式资产负债表是上下结构，上半部列示资产，下半部列示负债及所有者权益。具体排列形式又有两种：一是按“资产＝负债＋所有者权益”的原理排列，二是按“资产－负债＝所有者权益”的原理排列。

账户式资产负债表是左右结构，左边列示资产，右边列示负债及所有者权益。在我国，资产负债表采用账户式结构。

三、资产负债表的内容

（一）资产项目

“货币资金”项目，反映企业库存现金、银行结算户存款、外埠存款、银行汇票存款、银行本票存款、信用卡存款、信用证保证金存款等的合计数。本项目应根据“库存现金”“银行存款”“其他货币资金”科目期末余额的合计数填列。

“交易性金融资产”项目，反映企业持有的以公允价值计量且其变动计入当期损益，为交易目的所持有的债券投资、股票投资、基金投资、权证投资等金融资产。本项目应根据“交易性金融资产”科目的期末余额填列。

“应收票据”项目，反映企业因销售商品、提供劳务等而收到的商业汇票，包括银行承兑汇票和商业承兑汇票。本项目应根据“应收票据”科目的期末余额，减去“坏账准备”科目中有关应收票据计提的坏账准备期末余额后的金额填列。

“应收账款”项目，反映企业因销售商品、提供劳务等经营活动应收取的款项。本项目应根据“应收账款”和“预收账款”科目所属各明细科目的期末借方余额合计数，减去“坏账准备”科目中有关应收账款计提的坏账准备期末余额后的金额填列。如“应收账款”科目所属明细科目期末有贷方余额的，应在资产负债表“预收款项”项目内填列。

“预付款项”项目，反映企业按照购货合同规定预付给供应单位的款项等。本项目应根据“预付账款”和“应付账款”科目所属各明细科目的期末借方余额合计数，减去“坏账准备”科目中有关预付款项计提的坏账准备期末余额后的金额填列。如“预付账款”科目所属各明细科目期末有贷方余额的，应在资产负债表“应付账款”项目内填列。

“应收利息”项目，反映企业应收取的债券投资等的利息。本项目应根据“应收利息”科目的期末余额，减去“坏账准备”科目中有关应收利息计提的坏账准备期末余额后的金额填列。

“应收股利”项目，反映企业应收取的现金股利和应收取其他单位分配的利润。本项目应根据“应收股利”科目的期末余额，减去“坏账准备”科目中有关应收股利计提的坏账准备期末余额后的金额填列。

“其他应收款”项目，反映企业除应收票据、应收账款、预付账款、应收股利、应收利息等经营活动以外的其他各种应收、暂付的款项。本项目应根据“其他应收款”科目的期末余额，减去“坏账准备”科目中有关其他应收款计提的坏账准备期末余额后的金额填列。

“存货”项目，反映企业期末在库、在途和在加工中的各种存货的可变现净值。本项目应根据“材料采购”“原材料”“低值易耗品”“库存商品”“周转材料”“委托加工物资”“委托代销商品”“生产成本”等科目的期末余额合计，减去“受托代销商品款”“存货跌价准备”科目期末余额后的金额填列。材料采用计划成本核算，以及库存商品采用计划成本核算或售价核算的企业，还应按加上或减去材料成本差异、商品进销差价后的金额填列。

“一年内到期的非流动资产”项目，反映企业将于一年内到期的非流动资产项目金额。本项目应根据有关科目的期末余额填列。

“其他流动资产”项目，反映企业除货币资金、交易性金融资产、应收票据、应收账款、存货等流动资产以外的其他流动资产。本项目应根据有关科目的期末余额填列。

“债权投资”项目，反映资产负债表日企业以摊余成本计量的长期债权投资的期末账面价值。本项目应根据“债权投资”科目的期末余额，减去“债券投资减值准备”科目期末余额后的金额填列。

“其他债权投资”项目，反映资产负债表日企业以公允价值计量且其变动计入其他综合收益的长期债权投资的期末账面价值。本项目应根据“其他债权投资”科目的期末余额填列。

“长期应收款”项目，反映企业融资租赁产生的应收款项、采用递延方式具有融资性质的销售商品和提供劳务等产生的长期应收款项等。本项目应根据“长期应收款”科目的期末余额填列。

“长期股权投资”项目，反映投资方对被投资单位实施控制、重大影响的权益性投资，以及对合营企业的权益性投资。本项目应根据“长期股权投资”科目的期末余额，减去“长期股权投资减值准备”科目期末余额后的金额填列。

“其他权益工具投资”项目，反映资产负债表日企业以公允价值计量且其变动计入其他综合收益的交易性权益工具投资的期末账面价值。本项目应根据“其他权益工具投资”科目的期末余额填列。

“投资性房地产”项目，反映企业持有的投资性房地产。企业采用成本模式计量投资性房地产的，本项目应根据“投资性房地产”科目的期末余额，减去“投资性房地产累计折旧（摊销）”和“投资性房地产减值准备”科目期末余额后的金额填列；企业采用公允价值模式计量投资性房地产的，本项目应根据“投资性房地产”科目的期末余额填列。

“固定资产”项目，反映企业各种固定资产原价减去累计折旧和累计减值准备后的净额。本项目应根据“固定资产”科目的期末余额，减去“累计折旧”和“固定资产减值准备”科目期末余额后的金额填列。

“在建工程”项目，反映企业期末各项未完工程的实际支出，包括交付安装的设备价值、未完建筑安装工程已经耗用的材料、工资和费用支出、预付出包工程的价款等的可收回金额。本项目应根据“在建工程”科目的期末余额，减去“在建工程减值准备”科目期末余额后的金额填列。

“工程物资”项目，反映企业尚未使用的各项工程物资的实际成本。本项目应根据“工程物资”科目的期末余额填列。

“固定资产清理”项目，反映企业因出售、毁损、报废等原因转入清理但尚未清理完毕的固定资产的净值，以及固定资产清理过程中所发生的清理费用和变价收入等各项金额的差额。本项目应根据“固定资产清理”科目的期末借方余额填列，若“固定资产清理”科目期末为贷方余额，则以“一”号填列。

“生产性生物资产”项目，反映企业持有的生产性生物资产。本项目应根据“生产性生物资产”科目的期末余额，减去“生产性生物资产累计折旧”和“生产性生物资产减值准备”科目期末余额后的金额填列。

“油气资产”项目，反映企业持有的矿区权益和油气井及相关设施的原价减去累计折耗和累计减值准备后的净额。本项目应根据“油气资产”科目的期末余额，减去“累计折耗”科目期末余额和相应减值准备后的金额填列。

“无形资产”项目，反映企业持有的无形资产，包括专利权、非专利技术、商标权、著作权、土地使用权等。本项目应根据“无形资产”科目的期末余额，减去“累计摊销”和“无形资产减值准备”科目期末余额后的金额填列。

“开发支出”项目，反映企业开发无形资产过程中能够资本化形成无形资产成本的支出部分。本项目应根据“研发支出”科目中所属的“资本化支出”明细科目期末余额填列。

“商誉”项目，反映企业合并中形成的商誉的价值。本项目应根据“商誉”科目的期末余额，减去相应减值准备后的金额填列。

“长期待摊费用”项目，反映企业已经发生但应由本期和以后各期负担的分摊期限在一年以上的各项费用。长期待摊费用中在一年内（含一年）摊销的部分，在资产负债表“一年内到期的非流动资产”项目填列。本项目应根据“长期待摊费用”科目的期末余额减去将于一年内（含一年）摊销的数额后的金额填列。

“递延所得税资产”项目，反映企业确认的可抵扣暂时性差异产生的递延所得税资产。本项目应根据“递延所得税资产”科目的期末余额填列。“其他非流动资产”项目，反映企业除长期股权投资、固定资产、在建工程、工程物资、无形资产等资产以外的其他非流动资产。本项目应根据有关科目的期末余额填列。

（二）负债项目

“短期借款”项目，反映企业向银行或其他金融机构等借入的期限在一年以下（含一年）的借款。本项目应根据“短期借款”科目的期末余额填列。

“交易性金融负债”项目，反映企业承担的以公允价值计量且其变动计入当期损益的为交易目的所持有的金融负债。本项目应根据“交易性金融负债”科目的期末余额填列。

“应付票据”项目，反映企业购买材料、商品和接受劳务供应等而开出、承兑的商业汇票，包括银行承兑汇票和商业承兑汇票。本项目应根据“应付票据”科目的期末余额填列。

“应付账款”项目，反映企业因购买材料、商品和接受劳务供应等经营活动应支付的款项。本项目应根据“应付账款”和“预付账款”科目所属各明细科目的期末贷方余额合计数填列。如果“应付账款”科目所属各明细科目期末有借方余额，则应在资产负债表“预付款项”项目内填列。

“预收款项”项目，反映企业按照购货合同规定向购买单位预收的款项。本项目应根据“预收账款”和“应收账款”科目所属各明细科目的期末贷方余额合计数填列。如果“预收账款”科目所属各明细科目期末有借方余额，则应在资产负债表“应收账款”项目内填列。

“应付职工薪酬”项目，反映企业根据有关规定应付给职工的工资、福利、社会保险费、住房公积金、工会经费、教育经费、非货币性福利、辞退福利等各种薪酬。外商投资企业按规定从净利润中提取的职工奖励及福利基金，也在本项目列示。

“应交税费”项目，反映企业按照税法规定计算应交纳的各种税费，包括增值税、消费税、所得税、资源税、土地增值税、城市维护建设税、房产税、土地使用税、车船使用税、教育费附加、矿产资源补偿费等。企业代扣代缴的个人所得税，也通过本项目列示。企业所缴纳的税金不需要预计应交数的，如印花税、耕地占用税等，不在本项目列示。本项目应根据“应交税费”科目的期末贷方余额填列，如果“应交税费”科目期末为借方余额，则应以“－”号填列。

“应付利息”项目，反映企业按照规定应当支付的利息，包括分期付息到期还本的长期借款应支付的利息、企业发行的企业债券应支付的利息等。本项目应根据“应付利息”科目的期末余额填列。

“应付股利”项目，反映企业应分配的现金股利或利润。企业分配的股票股利，不通过本项目列示。本项目应根据“应付股利”科目的期末余额填列。

“其他应付款”项目，反映企业除应付票据、应付账款、预收款项、应付职工薪酬、应付股利、应付利息、应交税费等经营活动以外的其他各项应付、暂收的款项。本项目应根据“其他应付款”科目的期末余额填列。

“一年内到期的非流动负债”项目，反映企业非流动负债中将于资产负债表日后一年内到期部分的金额，如将于一年内偿还的长期借款。本项目应根据有关科目的期末余额填列。

“其他流动负债”项目，反映企业除短期借款、交易性金融负债、应付票据、应付账款、应付职工薪酬、应交税费等流动负债以外的其他流动负债。本项目应根据有关科目的期末余额填列。

“长期借款”项目，反映企业向银行或其他金融机构借入的期限在一年以上（不含一年）的各项借款。本项目应根据“长期借款”科目的期末余额填列。

“应付债券”项目，反映企业为筹集长期资金而发行的债券本金和利息。本项目应根据“应付债券”科目的期末余额填列。

“长期应付款”项目，反映企业除长期借款和应付债券以外的其他各种长期应付款项。本项目应根据“长期应付款”科目的期末余额，减去相应的“未确认融资费用”科目期末余额后的金额填列。

“专项应付款”项目，反映企业取得政府作为企业所有者投入的具有专项或特定用途的款项。本项目应根据“专项应付款”科目的期末余额填列。

“预计负债”项目，反映企业确认的对外提供担保、未决诉讼、产品质量保证、重组义务、亏损性合同等预计负债。本项目应根据“预计负债”科目的期末余额填列。

“递延所得税负债”项目，反映企业确认的应纳税暂时性差异产生的所得税负债。本项目应根据“递延所得税负债”科目的期末余额填列。

“其他非流动负债”项目，反映企业除长期借款、应付债券等负债以外的其他非流动负债。本项目应根据有关科目的期末余额减去将于一年内（含一年）到期偿还数后的余额填列。非流动负债各项目中将于一年内（含一年）到期的非流动负债，应在“一年内到期的非流动负债”项目内单独反映。

（三）所有者权益项目

“实收资本（或股本）”项目，反映企业各投资者实际投入的资本（或股本）总额。本项目应根据“实收资本”（或“股本”）科目的期末余额填列。

“资本公积”项目，反映企业资本公积的期末余额。本项目应根据“资本公积”科目的期末余额填列。

“库存股”项目，反映企业持有尚未转让或注销的本公司股份金额。本项目应根据“库存股”科目的期末余额填列。

“其他综合收益”项目，反映企业其他综合收益的期末余额。本项目应根据“其他综合收益”科目的期末余额填列。

“盈余公积”项目，反映企业盈余公积的期末余额。本项目应根据“盈余公积”科目的期末余额填列。

“未分配利润”项目，反映企业尚未分配的利润。本项目应根据“本年利润”科目和“利润分配”科目的余额计算填列。未弥补的亏损在本项目内以“—”号填列。

小思考

在实际工作和生活中，你是如何感受到资产负债表的作用的？除了书中所列的作用，资产负债表还有哪些作用？

学思之窗

资产负债表的公允与平衡

会计中重要的等式是资产＝负债＋所有者权益，强调等式左右的平衡，左侧是拥有的资源，右侧是承担的责任和义务。从资产负债表的角度来看，要求同学们有“先天下之忧而忧，后天下之乐而乐”的政治抱负，有“苟利国家生死以，岂因祸福避趋之”的报国情怀，只有讲求奉献才能得到越来越多的净权益。通过对报表编制原理的讲解，希望激发学生的家国情怀，使他们志存高远，奋发图强。

财务报告的编制要求真实公允，反映事物的实质。公允计价是社会经济发展的必然结果，市场经济本质上是公允经济，偏离公允原则，会给国民经济带来负面影响。会计政策中依赖大量的主观判断与估计，管理者应坚持公允原则，不夸大或缩小事实，确切反映企业的能力与风险。

任务二

资产规模及结构分析

任务描述

能够熟练掌握资产规模分析的作用，并能结合企业的具体特点环境来进行分析。熟练掌握资产项目的结构，进行结构分析，分别对每个项目进行详细分析。

基本知识与技能

一、资产规模分析

分析企业的资产规模状况，需要掌握一定的分析资料与数据，不同的企业有不同的特点，并且不同的企业可比性不同。只有掌握了相关的资料与数据，才能对资产规模进行恰当分析。

需要掌握的相关资料与数据包括：

（1）公司的行业特点。因为不同的行业有不同的表现，行业与行业之间往往有很大的区别，所以在分析一家公司的时候，了解该公司所属行业的特点是做好分析的基础之一。

（2）公司的经营管理特点。通过对企业资金的使用和管理所反映出来的企业特点来了解企业的基本运作，这也是做好分析的基础之一。

（3）企业的发展战略。发展战略是企业发展的方向，也是企业发展的资源分配原则，不同的发展战略可以形成企业不同的资产状况，是必不可少的分析资料。

二、资产结构分析

资产结构，主要反映流动资产和结构性资产之间的比例关系。反映资产结构的一个重要指标是流动资产率，其计算公式为：

$$\text{流动资产率}=\frac{\text{流动资产}}{\text{资产总额}}$$

流动资产占资产总额的比例越高，说明企业的日常生产经营活动越重要。比如在企业产品市场需求旺盛或扩大经营规模的时期，企业投入当期生产经营活动的资金要比其他企业、其他时期投入的多；当企业处于蓬勃发展时期时，企业的经营管理就显得非常重要。

该指标也是进行行业划分和行业比较的重要指标。一般来讲，纺织、冶金企业该指标为30%～60%，商业批发企业可高达90%以上，商业企业的流动资产往往大于非流动资产，而化工业的情况却恰恰相反。

在同一行业中，流动资产、长期投资所占的比重反映出企业的经营特点。流动资产和负债较高的企业稳定性差，却较灵活；而那些结构性资产和负债占较大比重的企业底子较厚，但转变调整比较困难；长期投资较高的企业，风险也较高。

无形资产增减和固定资产折旧快慢反映企业的新产品开发能力和技术装备水平。无形资产多的企业，开发创新能力强；固定资产折旧比例较高的企业，技术更新换代快。

【例4-1】A公司2022年年末的资产负债表见表4-1，请分析A公司资产结构流动性。

表4-1 A公司资产负债表

编制单位：A公司　　2022年12月31日　　单位：百万元

资产	期初	期末	负债及所有者权益	期初	期末
流动资产：			流动负债：		
货币资金	715.08	670.23	短期借款	0.00	7.00
交易性金融资产	0.00	0.00	交易性金融负债	0.00	0.00
应收票据	896.51	1 063.35	应付票据	0.00	0.00
应收账款	958.04	1 012.35	应付账款	324.64	333.08
预付款项	375.61	148.63	预收款项	138.74	29.57
应收股利	0.01	0.05	应付职工薪酬	34.01	23.19
应收利息	0.00	0.00	应交税费	123.20	7.73
其他应收款	161.32	71.87	应付利息	0.00	0.00
存货	851.21	878.11	应付股利	50.22	72.09
一年内到期的非流动资产	0.00	0.00	其他应付款	112.64	110.71
其他流动资产	0.00	0.00	一年内到期的非流动负债	0.00	138.36
			其他流动负债	0.00	0.00
流动资产合计	3 957.79	3 844.59	流动负债合计	783.45	721.73
非流动资产：			非流动负债：		
债权投资	0.00	0.00	长期借款	138.36	0.00
其他债权投资	0.00	0.00	应付债券	0.00	0.00
长期应收款	74.54	68.41	长期应付款	458.22	455.70
长期股权投资	1 379.99	1 259.78	专项应付款	8.51	1.37
其他权益工具投资	0.00	0.00	递延所得税负债	0.00	0.00
固定资产	1 597.26	1 506.54	其他非流动负债	0.00	0.00

续表

资产	期初	期末	负债及所有者权益	期初	期末
在建工程	22.94	29.77	非流动负债合计	605.09	457.07
工程物资	0.00	0.00	负债合计	1 388.54	1 178.80
固定资产清理	0.00	0.00	所有者权益：		
无形资产	73.40	67.16	股本	1 196.47	1 196.47
开发支出	0.00	0.00	资本公积	2 933.72	2 933.72
商誉	0.00	0.00	减：库存股	0.00	0.00
长期待摊费用	1.14	1.24	其他综合收益	0.00	0.00
递延所得税资产	0.00	0.00	盈余公积	1 197.96	1 323.14
其他非流动资产	0.00	0.00	其中：公益金	486.46	547.95
非流动资产合计	3 149.27	2 932.91	未分配利润	390.37	145.37
			所有者权益合计	5 718.52	5 598.70
资产总计	7 107.06	6 777.50	负债及所有者权益总计	7 107.06	6 777.50

根据资料，A公司的资产结构分析见表4-2。

表4-2　A公司的资产结构分析

金额单位：百万元

项目	2021年	2022年	比重（2021年）	比重（2022年）
流动资产	3 957.79	3 844.59	55.69%	56.73%
非流动资产	3 149.27	2 932.91	44.31%	43.27%
资产	7 107.06	6 777.50	100.00%	100.00%

通过上表可以看出，A公司连续两年来流动资产比重变化不大，基本稳定，非流动资产也相应处于基本稳定的状态。但也有轻微的变化，流动资产比重略微增大，公司的经营风险也略微降低。

但该公司的此比重到底是否合适？这就需要分析者收集行业相关数据来进行深入一些的分析，因为不同行业差别比较大，例如房地产行业就与传统制造业的资产结构有很大的不同（一般来说，房地产行业的流动资产比重大）。即使是同行业，由于经营特点与发展重点不同也会造成资产结构有比较大的差异。

三、资产项目分析

（一）流动资产结构分析

流动资产一般是指公司可以或准备在一年内或者超过一年的一个营业周期内转化为货币，或被销售、被耗用的资产。在我国的资产负债表上，按照各流动资产变现能力的强弱，依次为货币资金、交易性金融资产、应收票据、应收账款、预付款项、应收股利、应收利息、其他应收款、存货、一年内到期的非流动资产等。

流动资产结构分析需要对资产负债表中流动资产的各项目进行纵向与横向比较，比较连续年份的变化、比较同年份不同项目的比重，进而发现问题，为以后的深度分析找到入手点。分析流动资产项目，可以采用图表形式，下面我们列表来对流动资产类项目的结构和内容进行分析。

【例4-2】 根据例4-1的资料，对A公司的流动资产结构进行分析。

A公司的流动资产结构分析见表4-3。

表4-3　A公司的流动资产结构分析　　金额单位：百万元

项目	2021年	2022年	比重（2021年）	比重（2022年）
货币资金	715.08	670.23	18.07%	17.43%
应收票据	896.51	1 063.35	22.65%	27.66%
应收账款	958.04	1 012.35	24.21%	26.33%
预付款项	375.61	148.63	9.49%	3.87%
应收股利	0.01	0.05	0.00%	0.00%
其他应收款	161.32	71.87	4.08%	1.87%
存货	851.21	878.11	21.51%	22.84%
流动资产合计	3 957.79	3 844.59	100.00%	100.00%

从表中我们可以看出，A公司的流动资产中，货币资金、预付款项、其他应收款项目比重减少，其他项目比重增加。两年来，公司的流动资产各项比重基本保持稳定，其原因可能是比较适应市场和企业的经营管理状况。另外，存货增加、应收账款与应收票据项目增加，这必须与公司的采购和销售状况联系起来分析，公司的其他资料显示公司的营业收入在增加，这可以说明为什么应收账款与应收票据项目增加。预收账款增加可能是公司在采购过程中与供应商之间的关系发生变化，也可能是公司所处的采购市场发生变化，这需要更多的相关资料来证明。因此，结合以上分析，还需要对货币资金、应收账款、应收票据、存货以及预付款项进行细节分析。

（二）非流动资产结构分析

非流动资产，与流动资产相对，主要包括债权投资、其他债权投资、投资性房产、长期股权投资、长期应收款、固定资产、在建工程、工程物资、无形资产等。非流动资产属于公司的投资性资产，不能在短期内变现。

分析非流动资产项目，也可以采用图表形式，下面我们列表对非流动资产类项目的结构和内容进行分析。

【例4-3】 根据例4-1的资料对A公司的非流动资产结构进行分析。

A公司的非流动资产结构分析见表4-4。

表4-4　A公司的非流动资产结构分析　　金额单位：百万元

项目	2021年	2022年	比重（2021年）	比重（2022年）
长期应收款	74.54	68.41	2.37%	2.33%
长期股权投资	1 379.99	1 259.78	43.82%	42.95%
固定资产	1 597.26	1 506.54	50.72%	51.37%
在建工程	22.94	29.77	0.73%	1.02%
无形资产	73.40	67.16	2.33%	2.29%

续表

项目	2021 年	2022 年	比重（2021 年）	比重（2022 年）
长期待摊费用	1.14	1.24	0.04%	0.04%
非流动资产合计	3 149.27	2 932.90	100.00%	100.00%

从表中我们可以看出，A 公司最近两年的非流动资产结构基本稳定。长期股权投资略有减少，这需要进行细节分析。固定资产比重虽然增加，但绝对数额在减少，说明公司最近两年没有增加固定资产投资，但还需要分析细节，有可能是增加了比较大数额同时减少了比较大数额。无形资产所占比重很小，且略有下降，是由无形资产摊销造成的，且公司没有在无形资产上进行大量投资。综合以上分析，需要对长期股权投资和固定资产投资进行细节分析。

（三）资产项目细节分析

1. 货币资金

货币资金是指公司生产经营过程中停留于货币形态的那部分资金，它具有可立即作为支付手段并被普遍接受等特性。资产负债表中反映的货币资金包括公司的库存现金、银行结算户存款、外埠存款、银行汇票存款、银行本票存款、信用证存款、信用卡存款和在途资金。货币资金的细节分析主要是对货币资金质量进行分析。货币资金质量包括公司对货币资金的运用质量以及公司货币资金的构成质量。对公司货币资金质量的分析，主要应从以下几个方面进行：

（1）分析公司日常货币资金规模是否适当。为维持公司经营活动的正常运转，公司必须保有一定的货币资金余额。从财务管理的角度来看，过低的货币资金保有量，将严重影响公司的正常经营活动，制约公司发展，并进而影响公司的商业信誉；而过高的货币资金保有量，则在浪费投资机会的同时，还会增加公司的筹资成本。因此，判断公司日常货币资金规模是否适当，就成了分析公司货币资金运用质量的一个重要方面。公司维持什么样的货币资金规模，主要应考虑下列因素。a. 公司的资产规模和业务收支规模。一般而言，公司资产总额越大，相应的货币资金规模也就应当越大；业务收支频繁且绝对额大的公司，处于货币资金形态的资产也会较多。b. 公司的行业特点。公司的行业特点也制约着货币资金规模，银行业、保险业与工业公司在相同的总资产规模条件下，不可能保持相近规模的货币资金。c. 公司对货币资金的运用能力。货币资金如果仅停留在货币形态，则只能用于支付，其对公司资产增值的直接贡献将会很小。而如果公司的管理人员能善于利用货币资金，从事其他经营活动，则公司的获利水平有可能提高。这就是说，公司过高的货币资金规模，可能意味着公司正在丧失潜在的投资机会，也可能表明公司的管理人员生财无道。

（2）分析公司在货币资金收支过程中内部控制制度的完善程度以及实际执行质量。货币资金在收支过程中的内部控制制度的完善程度以及实际执行质量，构成了对公司货币资金质量分析的另一个重要方面。国家从宏观管理的角度出发，在有关货币资金收支方面有严格的管理规定，公司必须遵守国家有关的结算政策和现金管理制度，合理调度资金。但是，从微观财务管理角度来看，公司在收支过程中的内部控制制度的完善程度以及实际执行质量，则直接关系到公司的货币资金运用质量。我们这里所说的公司货币资金收支过程中的内部控制制度，涉及公司货币资金收支的全过程。在货币资金的收入方面，由于收款主要由销售引起，因此，与货币资金收入有关的内部控制制度主要应该涉及销售过程和具体的收款过程两个方面；货币资金的支出方面，由于付款主要由采购引起，因此，与货币资金支出有关的内部控制制度主要应该涉及采购过程和具体的付款过程两个方面。同收款过程的内部控制制度一样，在上述主要环节中，公司应当尽可能地让由具有不同授权的人员或部门来完成，以保证公司内部各部门或人员在业务上的互相牵制态势。这是因为，在付款过程中，不同的内部控制制度以及对内部控制制度的执行质量，直接决定了公司接受产品（商品）或劳务的质量，并最终决定了公司的采购成本。

（3）分析公司对国家有关货币资金管理规定的遵守质量。公司对国家有关货币资金管理规定的遵守质量，形成了公司货币资金运用质量的又一个重要方面：在公司由于没有遵守国家的现金管理制度而保留了过多的货币资金的条件下，公司可能会遭受失窃、白条抵库的损失；在公司违反国家结算政策的条件下，公司有可能遭受有关部门的处罚；在公司对国家有关货币资金管理规定的遵守质量较差的条件下，公司进一步融资也将发生困难；等等。

（4）分析公司货币资金构成质量。公司资产负债表上的货币资金金额代表了资产负债表日公司的货币资金拥有量。在公司的经济业务仅仅用记账本位币来完成的条件下，资产负债表金额的时点特性以及货币资金所具有的自动与资产负债表日的货币购买力相等的特性，使得我们从资产负债表日公司的货币资金拥有量本身难以揭示出公司货币资金的质量。但是，必须强调，在货币资金金额一定的条件下，我们仍然有可能对公司的货币资金的构成质量进行分析。在公司的经济业务涉及多种货币、公司的货币资金有多种货币的条件下，由于不同货币币值有不同的未来走向，因此不同货币币值的走向决定了相应货币的"质量"。此时，对公司保有的各种货币进行汇率趋势分析，就可以确定公司持有的货币资金的未来质量。货币资金由于其形态的特殊性，在会计上，一般不存在估价问题，其价值永远等于各时点上的货币一般购买力。

【例 4-4】 A公司的财务报告附注中显示了如下信息，见表4-5。

表 4-5 A公司财务报告附注信息 单位：百万元

项目	2022年	2021年
现金	8 370.77	1 932.81
银行存款	670 143 653.39	714 828 522.15
其他货币资金	81 559.10	254 493.09
合计	670 233 583.26	715 084 948.05

2022年12月31日银行存款余额中包括A公司的存款半年期26 000万元，其中，20 000万元的到期日为2023年5月，6 000万元的到期日为2023年6月。公司2022年

第一次临时股东大会审议通过的总计8.1亿元的投资项目中，约5 000万元已经投入，剩余资金将逐步投入。

上述资料可以说明公司的货币资金减少是由投资项目投入造成的，并且预期未来将会逐渐增加货币资金投入，货币资金项目预期会逐渐减少。公司的货币资金主要是由银行存款构成，它的增减构成了货币资金的增减。

2. 应收票据

应收票据是指公司因赊销产品、提供劳务等在采用商业汇票结算方式下收到的商业汇票而形成的债权。票据的性质告诉我们，分析时应从票据的形成原因与票据的走向两方面进行：形成原因可以结合应收票据占公司资产和销售规模的比重，以及销售模式来进行分析；走向可以从贴现和兑现两方面进行分析。

应收票据会计处理的主要问题有：应收票据的入账时间、金额的确定，应收票据贴现过程中的有关计算，由于贴现所引起的或有负债的披露等。

按照会计惯例，应收票据入账时间应当是公司收取票据的时间。应收票据入账金额的确定，则有两种方法：一是按照面值确定，二是按照票据的现值来确定。一般来说，公司收到的应收票据，如果票据的存续期短于1年，则入账金额按照面值确定；如果票据的存续期长于1年，则入账金额按照现值确定。我国现行制度规定，应收票据的入账金额按照面值确定。在公司收到长于1年的计息应收票据时，应收票据的入账金额按照现值确定。在应收票据的入账金额按照现值确定的条件下，其会计处理与长期债券投资几乎一致。

应收票据贴现在应收票据到期前，公司如果急需货币资金，可以将有关商业汇票背书，向银行或其他金融机构贴现。银行或其他金融机构则在扣除一部分利息后，向公司支付货币。

贴现票据包括有追索权贴现票据和无追索权贴现票据两种。在有追索权条件下，如果出票人或付款人到期不能兑付，背书人负有连带的付款责任。目前我国票据贴现一般是有追索权的。因此，对公司来说，贴现的应收票据就是一项或有负债，即如果出票人到期不能兑付或拒付，贴现的公司便有责任向贴现的银行或其他金融机构支付有关款项。无追索权的贴现票据被贴现后，不论到期时出票人或付款人是否兑付，该票据与贴现者（贴现公司）均无关系。一般情况下，有追索权的贴现票据在贴现时所运用的贴现息要低于无追索权的贴现票据所运用的贴现息。在我国的会计实务中，在资产负债表上，应收票据反映的是公司未到期收款也未向银行贴现的应收票据面值。对于已贴现的应收票据，则视为公司的一项或有负债。为了反映公司的这种或有负债，现行制度规定，在资产负债表下的补充资料中，公司应注明“已贴现的商业承兑汇票”的金额。

3. 应收账款

应收账款的质量，是指债权转化为货币的质量。我们知道，肯定的1元钱与不肯定的1元钱间是有差别的。在这里，应收账款即为不肯定的货币，即应收账款既可转化为现实货币，又可转化为坏账，形成公司的损失。因此，在既定的债权规模下，应收账款的质量分析至关重要。对应收账款的质量分析，主要有以下几种方法：

(1) 对债权的账龄进行分析。对债权的账龄进行分析，是最传统的一种方法。这种方法通过对债权的形成时间进行分析，进而对不同账龄的债权分别判断质量；对现有债权，按欠账期长短（即账龄）进行分类分析。一般而言，未过信用期或已过信用期但拖欠期较短的债权出现坏账的可能性比已过信用期较长时间的债权发生坏账的可能性小。这种分析，对确定公司的坏账情况、制定或调整公司的信用政策十分有益。

【例 4-5】 A公司的应收账款账龄明细见表 4-6。

表 4-6 A公司应收账款账龄明细

单位：百万元

账龄	2022 年			2021 年		
	应收账款	比例	坏账准备	应收账款	比例	坏账准备
1 年以内	1 044.98	98.06	52.25	980.39	97.22	49.02
1～2 年	19.24	1.81	0.96	0.37	0.04	0.02
2～3 年	1.41	0.13	0.07	1.04	0.10	0.05
3 年以上	0.00	0.00	0.00	26.66	2.64	1.33
合计	1 065.63	100.00	53.28	1 008.46	100.00	50.42

从表中可以看出，A公司的应收账款绝大多数都处于 1 年之内，在正常的信用范围内。

(2) 对债务人的构成进行分析。在很多情况下，公司债权的质量不仅与债权的账龄有关，更与债务人的构成有关。因此，在有条件的情况下，可以通过对债务人的构成分析来对债权的质量进行分析。

对债务人的构成进行分析，可以从以下几个方面来进行：

第一，债务人的区域构成。从债务人的区域构成来看，不同地区的债权人，由于经济发展水平、法制建设条件以及特定的经济环境等方面的差异，对公司自身债务的偿还心态以及偿还能力有相当大的差异。经济发展水平较高、法制建设条件较好以及特定的经济环境较好地区的债务人，一般具有较好的债务清偿心理，因而公司对这些地区的债权的可回收性较强；经济发展水平较为落后、法制建设条件较为薄弱以及特定的经济环境较差（如正面临战争）地区的债务人，其还款能力较差。

第二，债务人的所有权性质。从债务人的所有权性质来看，不同所有制的公司对其自身债务的偿还心态以及偿还能力也有较大的差异。许多公司的实践已经证明了这一点。

第三，债权公司与债务人的关联状况。从债权公司与债务人的关联状况来看，可以把债务人分为关联方债务人与非关联方债务人。由于关联方彼此之间在债权债务方面的操纵色彩较强，因此，对关联方债务人对债权公司的债务的偿还状况应予以足够的重视。

第四，债务人的稳定程度。从债务人的稳定程度来看，稳定债务人的偿债能力一般较好把握，而临时性或不稳定的债务人的偿债能力一般较难把握。

第五，债务人的集中程度。从债务人的集中程度来看，债务人集中程度越强则发生坏账的可能就越大。

【例 4-6】 A公司的附注资料中写着：应收账款中不包括持本公司5%以上股份的主要股东单位的欠款。欠款前五名金额合计为40 232万元，占应收账款期末余额的37.75%。

以上资料说明公司应收账款无明显关联交易，并且债务人集中度不高，公司应收账款从债务人角度看无重大问题。

(3) 应收账款中出现的坏账的处理。公司不可收回的债权为坏账，由坏账而引起的损失称为坏账损失。按照我国的有关规定，在下列条件下，债权可作为坏账处理：a. 因债务人破产，依照法律清偿后，确实无法收回的债权；b. 债务人死亡，既无遗产可供清偿，又无义务承担人，确实无法收回的债权；c. 债务人逾期3年未能履行偿债义务，经主管财政机关审核认可，可以作为坏账处理的债权。应该说明的是，已确认为坏账的债权，并不意味着公司放弃了追索权。公司仍应积极追索，最大限度地收回债权。

对坏账损失的处理，会计上有直接注销法和备抵法两种，会计准则对此有详细说明。由于公司在对坏账准备进行处理的多方面的差异，公司披露的关于坏账准备方面的信息就比以往更加重要。一般来说，在公司能够自行确定坏账准备的提取方法、提取比例时，公司披露的坏账准备代表了公司对其现有债权中坏账规模的保守估计数额。

应收账款的报表披露，应包括以下几个方面的内容：

第一，在资产负债表上，如果公司采用直接注销法，流动资产中只有应收账款有数字，表明公司的债权规模。

第二，在资产负债表上，如果公司采用备抵法，流动资产中应收账款和坏账准备均有数字。应收账款的数字表明公司的债权规模，坏账准备的数字表明公司对其现有债权中坏账规模的估计数额。此外，资产负债表上还会披露应收账款净额，该数字等于应收账款和坏账准备数字的差，代表公司估计的可回收债权。

第三，在报表附注中，公司应披露与坏账准备有关的会计政策，即坏账准备的提取方法、提取比例等。

第四，在报表附注中，公司应披露关于债权账龄的分类资料，还应分项披露如下事项：a. 年度全额计提坏账准备，或计提坏账准备的比例较大的（计提比例一般超过40%，下同），应说明计提的比例以及理由；b. 以前年度已全额计提坏账准备，或计提坏账准备的比例较大的，但在本年度又全额或部分收回的，或通过重组等其他方式收回的，应说明其原因、原估计计提比例的理由，以及原估计计提比例的合理性；c. 对某些金额较大的应收款项不计提，或计提坏账比例较低（一般为5%或低于5%）的理由；d. 本年度实际冲销的应收款项及其理由，其中，实际冲销的关联交易产生的应收款项应单独披露。

4. 存货

存货是指企业在生产经营中为销售或耗用而储备的资产。在工业企业中，存货包括库存、加工和在途的各种原材料、燃料、包装物、低值易耗品、在产品、外购商品、自制半成品、产成品以及分期收款发出的商品等。存货的特点是：a. 占流动资产的比例较大，占用资金多；b. 对企业资金结构合理性的影响较大；c. 不仅影响资产的计价，还对企业利润的计量作用较大。

存货的分析要点如下：

（1）存货物理质量分析。如商业企业的商品是否完好无损，制造业的产成品质量是否符合相应的等级要求。

（2）存货的时效状况分析。如食品是否超过保质期，出版物的内容是否过时，工业产品的技术是否落伍。

（3）存货的品种构成结构分析。如盈利产品占企业品种构成的比例及市场发展前景和产品抗变能力。

（4）存货跌价准备计提是否充分。存货披露是否遵循成本与市价孰低法，存货有无相应的所有权证。根据这些情况，并结合会计确认与计量的规定来进行分析，分析存货跌价准备是否合理。

（5）存货的计价问题。各种不同的存货计价方法会使存货数额产生极大的差异，尤其是在通货膨胀导致存货价格大幅度波动的时候。对于着重分析企业短期偿债能力的报表使用者来说，企业利润的虚实影响不大，关键是要了解存货的变现价值。

（6）存货的日常管理分析。企业存货的质量，不仅取决于存货的账面数字，还与存货的日常管理密切相关。只有恰当保持各项存货的比例和库存周期，材料存货才能被生产过程消化，商品存货才能及时实现销售，从而使存货顺利变现。

其中，前三个要点需要分析者进行现场调查，来分析企业的存货是否存在、是否有效、是否结构合理。

5．长期股权投资

按照《企业会计准则第 2 号——长期股权投资》的定义，长期股权投资包括：投资方能够对被投资单位实施控制的权益性投资，即对子公司投资；投资方与其他合营方一同对被投资单位实施控制且对被投资单位净资产享有权利的权益性投资，即对合营企业投资；投资方对被投资单位具有重大影响的权益性投资，即对联营企业投资。

公司进行长期股权投资的目的有以下几个方面：

（1）出于公司战略性考虑，形成公司的优势。公司的对外长期投资，可能会出于某些战略性考虑，如通过对竞争对手实施兼并而消除竞争、通过对自己的重要原材料供应商的投资而使自己的原材料供应得到保证等。

（2）通过多元化经营而降低经营风险，稳定经营收益。按照财务管理理论，公司的投资方向越是多元化，公司的经营风险越小，公司获取稳定收益的可能性越大。因此，一些公司还是出于多元化经营的考虑，扩大其对外投资规模，投资方向也日益多样化。

（3）为将来某些特定目的积累资金。例如，在西方，某些公司为了将来归还长期债券而建立的偿债基金，在偿债基金专户存款用于清偿债务前，公司往往将其投资于有价证券或其他财产，以获取收益。

（4）粉饰财务状况（使公司净资产增值）。某些公司的对外投资，纯粹是为了粉饰其财务状况的外在表现。

【例 4-7】××上市公司正准备筹集一笔贷款，筹款前的资产负债表简略形式见表 4-7。

表 4-7　××上市公司筹款前的资产负债表（简表）

××××年××月××日

单位：万元

资产	金额	负债及所有者权益	金额
		负债	5 000
		所有者权益：	
流动资产	1 000	实收资本	500
固定资产	5 000	资本公积	0
		盈余公积	500
		所有者权益合计	1 000
资产合计	6 000	负债及所有者权益合计	6 000

假设公司拟筹资金额为 2 000 万元，款项将从银行借入。公司如果以此报表向银行申请借款，可能会遇到很大困难：公司目前的负债与所有者权益的比率是 5∶1，在筹款后，将达到 7∶1。对于债权人来讲，如此高的负债与所有者权益比率意味着债权的安全性下降，公司将很难得到这笔贷款。但是，通过对外投资，公司财务状况的外在表现将得到改善。假设该公司与某受资方签订一项投资协议，协议规定：投资方用其固定资产一项和专有技术一项对外投资，投资作价为 4 000 万元。而实际上，投资方的固定资产账面净值为 1 000 万元，专有技术并未入账。这就是说，公司通过此项投资活动，其长期投资的价值为 4 000 万元，固定资产减少 1 000 万元，无形资产账面价值仍无变化。投资前后的资产价值相差 3 000 万元。按照《企业会计准则第 2 号——长期股权投资》的规定，“以放弃非现金资产而取得的长期股权投资，投资成本以所放弃的非现金资产的公允价值确定；……公允价值超过所放弃的非现金资产账面价值的差额，作为资本公积的准备项目”，这 3 000 万元资产增值在会计上将增加公司的资本公积。

这样，投资后的资产负债表见表 4-8。

表 4-8　××上市公司投资后的资产负债表（简表）

××××年××月××日

单位：万元

资产	金额	负债及所有者权益	金额
		负债	5 000
流动资产	1 000	所有者权益：	
固定资产	4 000	实收资本	500
长期投资	4 000	资本公积	3 000
		盈余公积	500
		所有者权益合计	4 000
资产合计	9 000	负债及所有者权益合计	9 000

在这张投资后的报表上，我们看到其目前的负债与所有者权益的比率为 5∶4，筹款 2 000 万元后，该比率为 7∶4，筹款后的比率仍比原报表的比率安全。公司可能因此而筹款成功。当然，我们所举例的公司能否以如此高的规模对外投资，还受国家对公司对外投资总规

模应与其净资产的规模相适应的规定的制约。我们如此举例，主要是要说明，通过对外投资，公司可以在一定程度上改善其报表的外在表现。从以上分析可以看出，公司对外长期投资的目的性较为复杂。但可以肯定的是，公司并不是以短期获利为目的来进行对外长期投资的。

6. 固定资产

固定资产是指使用期限较长、单位价值较高、在使用过程中保持其实物形态基本不变的资产项目。

固定资产的分析要点如下：

（1）固定资产是企业长期偿债能力的直接物资保证。除一小部分流动资产外，长期负债物资保证的绝大部分为固定资产。固定资产的数量、结构、完整和保值都制约着企业的长期偿债能力。

（2）固定资产质量的好坏关键在于看它能否给企业未来带来经济利益，是否具有增值潜力。这种增值，或是由特定资产的稀缺性（如土地）而引起的，或是由特定资产的市场特征表现出较强的增值特性（如房屋、建筑物等）而引起的，或是由于会计处理的原因导致账面上虽无净值但对企业仍有可进一步利用价值而引起的（如已经提足折旧，企业仍可在一定时间内使用的固定资产）。

（3）资产负债表列示的累计折旧项目，仅仅代表企业已认定的已经转移到其他资产（如在产品、产成品等）或费用（如管理费用、营业费用）的固定资产价值量。在企业折旧政策多样化的条件下，固定资产的累计折旧不代表企业固定资产的实际贬值程度。固定资产原值与净值之间的对比不能反映其新旧程度，更不能反映固定资产的使用效能。

（4）固定资产原值在年内的变化可以在一定程度上反映其质量的变化。各类固定资产在某会计期间的变化，不外乎增加、减少（投资转出、清理、转移）。但是，由于特定企业生产经营状况的特点，企业对各类固定资产的结构有不同要求。各个期间固定资产原值的变化，应朝着优化企业内部固定资产结构、改善固定资产质量、提高固定资产利用效果的方向努力。因此，从年度固定资产结构的变化与生产经营特点之间的吻合程度，就可以对固定资产质量的变化情况作出判断。

（5）判断固定资产减值准备计提是否充足。

【例 4-8】继续沿用例 4-1 的资料，对 A 公司的固定资产进行细节分析。

首先，结合分析要点，分析固定资产的基本构成，见表 4-9。

表 4-9　A 公司固定资产基本构成　　单位：百万元

项目	2021 年	增加	减少	2022 年
房屋建筑物	745.56	10.11	7.25	748.42
生产设备	1 712.98	121.39	53.01	1 781.36
运输设备	14.52			14.52
办公设备	60.26	6.03	4.66	61.63
土地使用权		8.54		8.54
其他	20.12			20.12
合计	2 553.44	146.07	64.92	2 634.59

基本构成分析要先分析该公司的固定资产的类别，从表4－9中可以看出，A公司中生产设备和房屋建筑物占了公司固定资产的绝对多数，说明企业把资金重点放在了生产上，这与公司的行业特点有关系，因为电器行业属于制造业。而制造业属于资本密集型企业，固定资产自然以生产为主。所有项目变化不大，基本保持稳定，但值得注意的是生产设备项目，该项目虽然两年之间变化不大，但增加和减少的绝对数额都超过了亿元，说明公司的设备更新金额比较大，这是公司差异化战略的体现。

其次，结合分析要点，分析固定资产的折旧，见表4－10。

表4－10　A公司固定资产累计折旧表

单位：百万元

项目	2021年	增加	减少	2022年
房屋建筑物	136.12	33.58	0.99	168.71
生产设备	757.75	183.86	45.62	895.99
运输设备	10.71	0.54	0.00	11.25
办公设备	20.07	4.68	4.28	20.47
土地使用权	0.00	0.05	0.00	0.05
其他	16.18	0.05	0.00	16.23
合计	940.83	222.76	50.89	1 112.70

通过表4－10，结合附注中的会计政策，可以分析得到：A公司的折旧方法为直线法，折旧费用按照该方法计提合理，并且符合国家的相关政策。

最后分析固定资产减值准备，见表4－11、表4－12。

表4－11　2021年年末固定资产明细表

单位：百万元

项目	原值	累计折旧	计提减值准备	净值
房屋建筑物	745.56	136.12		609.44
生产设备	1 712.98	757.75	15.35	939.88
运输设备	14.52	10.71		3.81
办公设备	60.26	20.07		40.19
土地使用权				
其他	20.12	16.18		3.94
合计	2 553.44	940.83		1 597.26

表4－12　2022年年末固定资产明细表

单位：百万元

项目	原值	累计折旧	计提减值准备	净值
房屋建筑物	748.42	168.71		579.71
生产设备	1 781.36	895.99	15.35	870.02
运输设备	14.52	11.25		3.27
办公设备	61.63	20.47		41.16
土地使用权	8.54	0.05		8.49
其他	20.12	16.23		3.89
合计	2 634.59	1 112.70		1 506.54

资料中仅仅对生产设备计提了减值准备，而且是在 2021 年度计提了 1 535 万元，2022 年金额不变，说明公司在 2022 年度没有计提减值准备。减值准备是否计提合理，还需要找相关专业机构进行评价。

7. 无形资产

无形资产是指拥有或控制的没有实物形态的可辨认非货币性资产，包括专利权、非专利技术、商标权、著作权、土地使用权等。由于商誉具有不可辨认性，新企业会计准则将其从原来的无形资产项目中划分出来，并作为一个单独项目在资产负债表中列示。

无形资产的特点是：没有物质形态；自创无形资产成本难以确定；提供的经济利益具有较大的不确定性，受益期难以确定；潜在价值与账面价值（取得成本）之间往往没有直接的联系；不易变现。

无形资产的分析要点包括：

（1）资产负债表列示的无形资产基本上是企业外购的无形资产，因为与无形资产自创有密切关系的研究和开发费用基本上已经作为发生会计期间的费用，并没有作为无形资产处理。

（2）无形资产的账面价值只是无形资产的摊余价值，因而往往不能全面反映其真正的价值和潜力。研究和开发支出的会计处理并不能影响自创无形资产的成功与否，因此企业已经成功的无形资产就难以在资产负债表上出现，只能表现在资产负债表外。因而，历史悠久并重视研发的企业，有可能存在多项已经成功且能为企业未来的发展做出积极贡献的无形资产。此外，作为无形资产重要组成部分的人力资源，也未在资产负债表上体现。

（3）无形资产质量的分析，主要体现在特定企业内部的利用价值和对外投资或转让的价值上。通过以上对无形资产的特点和会计处理惯例的讨论，我们就可以对公司的无形资产的质量进行分析。

无形资产的质量，主要体现在特定公司内部的利用价值和对外投资或转让的价值上。公司现存的无形资产的质量好坏，主要体现在以下几个方面：第一，公司无形资产与其他有形资产相结合，继而获取较好的经济效益的潜力；第二，公司无形资产被转让或出售的增值潜力；第三，公司无形资产用于对外投资获得增值的潜力。这就是说，在对公司财务状况进行全面分析与评价时，应当考虑账内无形资产的不充分性以及账外无形资产存在的可能性等因素。

【例 4－9】继续沿用例 4－1 的资料，A 公司的无形资产的明细资料见表 4－13。

表 4－13　A 公司的无形资产的明细资料　　单位：百万元

项目	原始金额	2021 年	增加	减少	2022 年	剩余年限（年）
专有技术	5.88	0.78	0.38	0.60	0.56	1.75
土地使用权	120.39	72.50		6.68	65.82	12.00
其他	0.85	0.12	0.72	0.05	0.79	9.90
合计	127.12	73.40	1.10	7.33	67.17	

通过以上数据资料可以看出，企业的专有技术比较少，无形资产主要集中在土地使用权上，说明虽然公司实行差异化战略，但并没有发生实质性的转化，如果公司还继续实行差异化战略，就必须增加对实际技术和产品的无形资产的投入，特别是专有技术这样的无形资产的投入。在这方面可以结合长期股权投资进行分析，因为长期股权投资可能带来其他公司的技术与人才，提高公司的产品创新和产品研发能力。

小思考

资产规模分析中提到了战略分析，你对战略分析是怎么理解的？战略分析对资产负债表分析有何作用？

学思之窗

獐子岛扇贝跑路事件

2018年2月，扇贝三次“受灾”的獐子岛公司因涉嫌信息披露违法违规被证监会立案调查。17个月后，“扇贝去哪儿”终于上演了大结局——因涉嫌财务造假等原因，证监会对獐子岛董事长吴厚刚采取终身市场禁入措施，对獐子岛给予警告并处以60万元罚款。

2018年1月30日，獐子岛集团发布公告称，公司发现部分海域的底播虾夷扇贝存货异常。“扇贝跑了”成为众人谈论的话题，随后獐子岛受到了证监会的调查。

在接受调查的17个月里，獐子岛接连发布2017年年报、2018年年报，其间还神奇地迎来“扭亏转盈”。然而，事实上獐子岛集团通过财务造假等，掩盖了业绩亏损的事实。

证监会表示，獐子岛涉嫌财务造假，内部控制存在重大缺陷，其披露的2016年年度报告、2017年年度报告、《关于底播虾夷扇贝2017年终盘点情况的公告》和《关于核销资产及计提存货跌价准备的公告》涉嫌虚假记载。

经过比对，獐子岛存在重复结转成本，账面采捕区域还涵盖了部分内区，甚至涵盖了岛屿。受此影响，獐子岛2016年年度报告虚增资产13 114.77万元，虚增利润13 114.77万元，虚增利润占当期披露利润总额的158.15%，2016年度报告中利润总额为8 292.53万元，净利润为7 571.45万元，追溯调整后利润总额为−4 822.23万元，净利润为−5 543.31万元，业绩由盈转亏。

2017年，獐子岛继续财务造假。公司2017年账面记载采捕面积较真实情况多5.79万亩。受虚增营业成本、虚增营业外支出和虚增资产减值损失影响，獐子岛2017年年度报告虚减利润27 865.09万元，占当期披露利润总额的38.57%，追溯调整后，业绩仍为亏损。

从上述案例看出，这次财务造假严重扰乱社会风气，同时还降低了资本市场的可信度。而我们会计人员应该具备实事求是、客观公正的职业品质。财会工作的首要职能就是对各项经济活动进行客观公正的记录与反映，其本质特征体现为“真实性”，如果会计数据失真，那会计核算就毫无意义。而公正的本质则体现为合理性，对一些特殊会计事项的处理必须坚持公正合理的原则，这不仅是职业道德规范的要求，也是财会人员个人品德的体现。因此，会计人员在办理会计事务中，必须以实事求是的精神和客观公正的态度，完整、准确、如实地反映各项经济活动情况，不隐瞒歪曲，不弄虚作假，不搞假账真算、真账假算。

资料来源：扇贝 5 年跑 3 次，獐子岛收罚单但躲过退市？（2019 - 07 - 12）. https://stock.eastmoney.com/a/202107121176512663.html.

任务三

负债及所有者权益分析

任务描述

熟悉和掌握各种负债的结构分析，并能对其进行详细分析。熟悉和掌握所有者权益的结构分析，并能对其进行详细分析。

基本知识与技能

一、负债结构分析

（一）流动负债结构

企业的流动负债一般包括短期借款、应付票据、应付账款、预收款项、其他应付款、应付职工薪酬、应交税费、应付股利、一年内到期的非流动负债和其他流动负债等项目。分析流动负债项目，可以采用图表形式，下面我们列表对流动负债类项目的结构和内容进行分析。

【例 4 - 10】 沿用例 4 - 1 的资料，对 A 公司的流动负债结构进行分析。

A 公司的流动负债结构分析见表 4 - 14。

表 4-14　A 公司流动负债结构　　单位：百万元

项目	2021 年	2022 年	比重（2021 年）	比重（2022 年）
短期借款	0.00	7.00	0.00%	0.97%
应付账款	324.64	333.08	41.44%	46.15%
预收款项	138.74	29.57	17.71%	4.10%
应付职工薪酬	34.01	23.19	4.34%	3.21%
应交税费	123.20	7.73	15.73%	1.07%
应付股利	50.22	72.09	6.41%	9.99%
其他应付款	112.64	110.71	14.38%	15.34%
一年内到期的非流动负债	0.00	138.36	0.00%	19.17%
流动负债合计	783.45	721.73	100.00%	100.00%

从表中可以看出，公司的应付账款与应付股利、其他应付款项目构成了公司的主要流动负债项目，并且这三项的比重有逐渐增加的趋势。一年内到期的非流动负债虽然变化很大，但主要是由于债务到期造成的，并不是经常性的项目，所以只要进行解释即可。公司的到期债务虽然数额比较大，但相对于公司的规模和实力以及前面分析的货币资金来看，偿还债务的压力不大。综合来看，还需要对应付账款、应付股利、其他应付款以及变化比较大的预收款项进行细节分析。

（二）非流动负债结构

非流动负债是指偿还期在 1 年以上或者超过 1 年的一个营业周期以上的负债。其特点是：可以保持企业原有的股权结构不变和股票价格稳定；不影响原有股东对企业的控制权；举借可以增加股东的收益；非流动负债支付的利息具有抵税功能；举借非流动负债可能带来股东收益的减少；举借非流动负债必须按规定到期偿还，可能会给企业带来较大的财务风险。

分析非流动负债项目，可以采用图表形式，下面我们列表对非流动负债类项目的结构和内容进行分析。

【例 4-11】沿用例 4-1 的资料，对 A 公司非流动负债结构进行分析。

A 公司非流动负债结构见表 4-15。

表 4-15　A 公司非流动负债结构　　单位：百万元

项目	2021 年	2022 年	比重（2021 年）	比重（2022 年）
长期借款	138.36	0.00	22.87%	0.00%
长期应付款	458.22	455.70	75.73%	99.70%
专项应付款	8.51	1.37	1.41%	0.30%
非流动负债合计	605.09	457.07	100.00%	100.00%

从表中可以看出，公司的非流动负债以长期借款和长期应付款为主，2022 年长期借款归零主要是长期借款转入流动负债项目引起的。因此，2022 年长期应付款成为主要的非流动负债项目。而根据长期应付款的形成可以知道，主要是引进设备款、应付融资租入固定资产等行为产生的。综合起来看，需要对长期应付款项目进行细节分析。

二、所有者权益结构分析

所有者权益是指企业所有者对企业净资产的要求权。所谓净资产，在数量上等于企业全部资产减去全部负债后的余额，这可以通过对会计恒等式的变形来表示，即：资产－负债＝所有者权益。所有者权益可分为股本、资本公积、盈余公积和未分配利润。

分析所有者权益项目，可以采用图表形式。下面我们列表对所有者权益类项目的结构和内容进行分析。

【例 4－12】 沿用例 4－1 的资料，对 A 公司所有者权益结构进行分析。

A 公司所有者权益结构见表 4－16。

表 4－16　A 公司所有者权益结构　　单位：百万元

项目	2021 年	2022 年	比重（2021 年）	比重（2022 年）
股本	1 196.47	1 196.47	20.92%	21.37%
资本公积	2 933.72	2 933.72	51.30%	52.40%
盈余公积	1 197.96	1 323.14	20.95%	23.63%
其中：公益金	486.46	547.95	8.51%	9.79%
未分配利润	390.37	145.37	6.83%	2.60%
所有者权益合计	5 718.52	5 598.70	100.00%	100.00%

从表中可以看出：股本结构基本稳定，但绝对数额中股本出现了将近 4 亿元的增加额，为什么会出现这样的情况，需要进一步分析；资本公积一直是所有者权益的主体，比重达到了一半；盈余公积比重为 20%左右；未分配利润比重下降比较大，由 6.83%下降为 2.60%，为什么出现这种变化，也需要进一步分析。综合起来看，需要对股本和未分配利润进行细节分析。

三、负债及所有者权益项目分析要点

（一）流动负债的分析要点

（1）分析流动负债组成项目的性质和数额，进而判断企业流动负债主要来自何方，偿还紧迫程度如何。

（2）要同企业的经营形势相联系，分析企业的采购政策、付款政策、股利政策及其他经营特点。对于商业企业来说，正常情况下是流动负债和销售收入或销售利润都有所增长；而对于工业企业来说，常常是长期负债和销售利润都在增长，而流动负债却并无明显变化。

（3）要同企业的流动资产构成、销售利润相联系，来判断流动负债组成的变化是好转还是恶化。

（二）长期负债的分析要点

（1）如果企业在长期负债增长的同时，经济效益、销售利润明显提高，说明企业负债经营正确，企业财务状况发展良好。

(2) 对长期负债的变化也要与流动负债的变化结合起来分析。企业长期负债增加，流动负债减少，说明企业生产经营资金有长期保证，是扩大业务的好机会。在这种情况下，如果销售收入确实增长，则表明企业抓住了机会，经营有方；如果销售收入并未增长，有两种可能：一是企业通过增加在建工程进行结构性调整（这时要分析项目的预期效益），二是企业通过恶化资金结构，用降低结构稳定性的办法，暂时回避短期资金紧张。

(3) 考察企业长期债务偿还能力的关键是看企业是否适度负债，既能利用长期借款弥补资金缺口，获得杠杆收益，而又不至于因此而使企业陷入财务困境。

(4) 关注其入账金额的确定。按照我国目前的有关规定，不同的长期负债项目其计价基础是有所不同的：长期借款，应按实际从银行等金融机构借入的款项金额进行计价；长期外币借款，应按企业选定的外汇牌价折合为记账本位币计价入账；长期应付公司债券，应按企业发行时实际收到的价款分面值、债券溢价或折价单独反映；采用补偿贸易方式应付的引进国外设备款，应按实际应付的设备、工具等价款以及国外运杂费的外币金额和规定的折合汇率折算为人民币进行计价；对融资租入固定资产应付款，按照税法的规定，应按租赁协议或合同确定的价款加上运输费、途中保险费、安装调试费以及投入使用前发生的利息支出和汇兑损益等作为固定资产原价。

(5) 由于融资租赁对企业用作保证的自有资金的数量要求比长期借款低得多，租赁公司承担的风险需要从企业支付的较高费用中补偿，因而特别关注企业运用融资租赁资金来源的风险性。

(6) 关注其费用的归属。长期负债费用的归属问题，即长期负债产生的利息、汇兑损益，应归属于发生当期的费用，还是予以资本化（指有关负债费用在会计处理上将其作为购建长期资产的历史成本）。我国会计对负债费用的处理有如下规定：

a. 为购建固定资产而发生的长期负债费用在固定资产完工交付使用，办理竣工决算手续前所发生的负债费用，予以资本化，即计入固定资产价值；在固定资产竣工决算后所发生的，直接计入当期损益。

b. 属于流动负债性质的借款费用，或者虽然是长期负债性质，但不是用于购建固定资产的负债费用，直接计入当期损益。即使负债是与需要经过相当长时间才能达到可销售状态的存货相连，也不将负债费用计入所制造的存货成本内。

c. 与对外投资有关而发生的负债费用，不予以资本化，直接计入当期损益。

d. 在筹建期发生的长期负债费用（购建固定资产除外）计入开办费用，作为长期待摊费用处理。

(三) 所有者权益项目的分析要点

(1) 所有者权益是长期偿债能力的安全保证。在市场经济条件下，企业总是要面临风险的，这就要求拥有一定的主权资本，以承担经营亏损，应付意外的外来打击。企业能否在市场上借入资金以及能够借入多少资金，取决于其主权资金的保障程度。没有资本金的企业是很难取得借款的。所有者权益作为企业举借债务的先决条件，也是企业偿还债务本息的重要基础和保障。

（2）所有者权益是一种留剩权益，在资产的要求权需要偿还时，负债具有优先偿还权，因而它对于企业偿债能力及风险承担具有重大的稳定作用，是反映其经济实力的基础，是确保企业存在、稳定和发展的基石。在流动负债一定的情况下，所有者权益占的比重大，则企业经营的最终风险主要由所有者来承担；如果长期负债所占比重大，企业经营的最终风险则由债权人来承担。因此，对债权人而言，所有者权益在资本结构中所占的比重越高，则其债权越有保障，对债权人也就越有利。

（3）考察所有者权益内部的股东持股构成状况与企业未来发展的适应性。在企业的股东构成中，控制性股东将有权决定一个企业的财务和经营政策，重大影响性股东则对一个企业的财务和经营政策有参与决策的权利。因此，控制性股东、重大影响性股东将决定企业未来的发展方向。在对企业所有者权益进行分析时，必须关注企业的控制性股东、重大影响性股东的背景状况：谁在控制（或重大影响）着某一特定企业？控制（或重大影响）着某一特定企业的股东有没有能力将企业引向光明的未来？这里的关键是要有战略眼光。例如，国外的一家牛奶公司与中国企业合资生产一种在市场上很有潜力的奶产品。中方提出要占51%的股份，外方占49%，外方没有异议，但要由外方经营。经营第一年，投入大量资金开拓市场，年底出现亏损，亏损额双方承担，中方由于拿不出钱来，只得把一部分股份让给外方，连续三年都是如此。到第四年，企业终于开始赚钱，可中方的股份已经下降到15%。这样，企业前三年赔钱时，中方按高比例分担，当开始赚钱时，中方却按低比例分成。

（4）考察企业实收资本是否缺失。很多企业在创办初期，往往存在着资本不实的情况，表现形式有：账户中记列的只是名义资本，资本金从未到位；以银行负债充当实收资本；虽全额出资，但随后将资金抽走；以高估无形资产的方式，虚列或转增资本。实收资本缺失的危害是：导致了企业的偿债能力先天不足，放大了经营的不确定性和流动性风险；掩盖了企业真实的财务结构，容易使报表使用者作出错误的决策。

（5）关注资本公积的合理性。因为有的企业在不具备法定资产评估的情况下，通过虚假资产评估来虚增企业的所有者权益——资本公积，虚增固定资产、在建工程、存货、无形资产等资产项目，借此降低企业的资产负债率，蒙骗债权人。

（6）通过固定资产净值与所有者权益合计相比较，可以了解到企业固定资产主要资金来源。如果固定资产净值大大高于所有者权益合计的数额，就说明企业的固定资产主要是通过债权人的资金购买的，如果企业的生产经营形势不好、固定资产利用效果不好，对长期债权人而言其风险就较大：如果固定资产净值大大高于所有者权益合计与长期负债合计的数额之和，就说明企业动用了流动负债来购置固定资产，对企业的短期债权人来说风险是相当大的。

总之，企业所有者权益增加，说明企业可动用的资金增多，经济实力增强。企业通过内部发展筹集资金越多，企业的经济效益和经营管理水平越高；企业通过外部筹集的资金越多，企业的经营风险也越大。

小思考

负债及所有者权益分析到底在资产负债表中处于什么位置？负债分析侧重什么？所有者权益分析侧重什么？

典型案例

亚马逊公司财务分析与资源配置

情境与背景：自1997年上市之后，亚马逊公司财报虽然连年亏损，但股票价格却一直呈现上涨的态势，从发行日起至今股价已经上涨200多倍，投资者对于这家屡屡亏损的公司如此受青睐的原因感到费解，尤其对于亚马逊的CEO在连年亏损的情况下还能如此从容运转企业的原因更是感到好奇。亚马逊2010—2013年连续四年亏损，但与此同时该公司每年的营业收入都在持续增长，并保持了高达20%的年增速。在分析亚马逊历年的财务数据过程中可以发现，其毛利率从2010年的22%发展到2011年的23%，再上升到2012年的25%，再到2013年的近28%，这一阶段已经连续四年实现稳定而平缓的增长，甚至在收入达到了百亿元规模后还可以保持每年30%左右的收入增长率。

问题：企业财务分析对于亚马逊公司的发展起到了什么样的作用？

提示：从每年不断增加的现金流和不断增长的资本利得来看，亚马逊的总收入额非常理想，增长曲线也非常漂亮，这些信息增强了亚马逊CEO贝索斯对企业未来发展的信心，使得贝索斯将企业投资重点转向扩张装配中心等需要大量现金的业务。如今，亚马逊对于物流等基础设施的投资远大于同行，公司的物流能力对其具有重要影响，这也就体现了亚马逊注重企业长期受益的企业战略。亚马逊的CEO之所以如此自信，不顾企业连年亏损，仍然把大部分资金投入企业发展中，也正是通过财务分析得到长期发展数据作为支持，让他看到了企业亏损表面下的良好盈利状况，也让投资者放心地持续增加对亚马逊的战略投资。

资料来源：王玥琳，施国庆．财务分析对企业发展的三大支持作用［J］．财会月刊，2017（11）．

项目小结

本项目内容为资产负债表分析，首先阐述了资产负债表的基本内容、作用等，在此基础上讲述了资产负债表的分析。资产负债表的分析方法可以概括为总体把握、分类处理、具体项目详细分析三个步骤，通过结构百分比等方法进行分析。

项目训练

一、单项选择题

1. 资产负债表的作用是（　　）。

A. 主要提供企业财务状况的信息　　B. 主要提供企业经营成果的信息

C. 基本能够提供所有的信息　　D. 提供的信息都完全准确，无估计值

2. 我国资产负债表的列报格式是（　　）。

A. 报告式　　B. 账户式

C. 排序式　　D. 总分式

3. 一般来说，房地产企业的下列哪项资产占比高？（　　）

A. 流动资产　　B. 固定资产

C. 无形资产　　D. 现金

4. 对资产负债表进行具体项目细节分析时，主要采用什么资料进行分析？（　　）

A. 利润表　　B. 现金流量表

C. 资产负债表附注　　D. 股东权益变动表

5. 公司的行业特点在分析中主要起到的作用为（　　）。

A. 帮助分析企业的战略　　B. 通过可比性进行分析

C. 可以分析企业的多元化特点　　D. 作用不明确

二、多项选择题

1. 资产负债表的广义作用包括（　　）。

A. 可以提供某一日期的资产总额及其结构

B. 可以提供某一日期的负债总额及其结构

C. 可以反映所有者所拥有的权益

D. 可以提供进行财务分析的基本资料

2. 资产项目分析包括（　　）。

A. 流动资产结构分析　　B. 非流动资产结构分析

C. 负债结构分析　　D. 其他分析

3. 对债务人的构成进行分析，可以从以下哪些方面来进行？（　　）

A. 从债务人的区域构成来分析

B. 从债务人的所有权性质来分析

C. 从债权公司与债务人的关联状况来分析

D. 从债务人的集中程度来分析

4. 流动负债的分析要点包括（　　）。

A. 分析流动负债组成项目的性质和数额

B. 与企业的经营形势相联系

C. 与企业的流动资产构成、销售利润相联系

D. 将企业的长期负债作为辅助分析

5. 所有者权益的分析要点包括（　　）。

A. 考察所有者权益内部的股东持股构成状况与企业未来发展的适应性

B. 考察企业实收资本是否缺失

C. 关注资本公积的合理性

D. 所有者权益是长期偿债能力的安全保证

三、判断题

1. 企业战略发展资料是财务分析所必不可少的资料。（　　）

2. 货币资金由于其形态的特殊性，在会计上，一般不存在估价问题，其价值永远等于各时点上的货币一般购买力。（　　）

3. 债务集中程度越小，则发生坏账的可能性就越大。（　　）

4. 资产负债表列示的无形资产基本上是企业外购的无形资产。（　　）

5. 企业通过内部发展筹集资金越多，企业的经济效益和经营管理水平越高。（　　）

四、简答题

1. 资产负债表分析的目的与内容是什么？

2. 如何进行资产负债表的结构分析？

3. 存货项目的分析要点有哪些？

4. 负债项目的分析要点有哪些？

5. 所有者权益项目的分析要点有哪些？

项目实训

实训目标：掌握资产负债表分析。

实训资料：学生从校内网上的数据库（如国泰安数据服务中心）中下载一家公司的资产负债表，也可以从新浪财经、网易等网站上下载一家公司的年报（选用其资产负债表）。

实训要求：使用课堂学习掌握的分析方法进行资产负债表分析，并写出分析报告（格式不定，主要看分析内容）。

项目五

利润表分析

学习目标

知识目标

理解利润表的结构和内容

理解利润分析的作用和利润表分析的内容

熟悉利润表的分析方法

熟悉利润表具体项目的分析

能力目标

能够进行利润表结构百分比分析

能够进行利润表收入、成本与费用分析

能够进行利润表利润、投资收益分析

素质目标

培养学生坚持准则、实事求是的会计职业素养

教育学生诚信立身、诚信做人、诚信创业，提高思想道德修养

引导案例

小米集团2021年境外市场贡献一半收入

创立于2010年的北京小米科技有限公司（简称“小米”）是一家以手机、智能硬件和IOT（物联网）平台为核心的互联网公司。目前，小米是全球第四大智能手机制造商，在50余个国家和地区的手机市场排名前列。2021年，小米的境外市场收入达1 636亿元（人民币，下同），同比增长33.7%，占总收入的49.8%。

据年报，2021年，小米集团总收入为3 283亿元，同比增长33.5%。经调整，净利润达220亿元，同比增长69.5%。

在核心的智能手机方面，报告期内，小米持续发力全球市场。2021年小米智能手机全球出货量及市场份额均创历史新高，全球出货量达1.9亿台，同比增长30.0%。2021年智能手机出货量排名全球第三，市场占有率为14.1%。

在互联网方面，小米2021年互联网服务收入达到282亿元，境外互联网业务增长强劲，已连续三个季度环比增长。2021年第四季度，小米境外互联网业务收入在整体互联网服务收入中占比提升至21.5%。

截至2021年12月，全球MIUI（MIUI是小米公司基于安卓系统深度优化定制开发的第三方手机操作系统）月活用户数同比增长28.4%，达5.1亿，增长活力显著提升。2021年全球净新增MIUI月活用户数达1.13亿，中国（不含港澳台地区）净新增用户数达1 890万。

自小米于2021年3月宣布造车计划以来，小米的智能电动汽车业务进展超预期。截至目前，汽车业务研发团队规模已超过1 000人，未来将继续在自动驾驶、智能座舱等核心领域拓展研发。小米的智能电动汽车预计在2024年上半年正式实现量产。

资料来源：小米集团2021年境外市场贡献一半收入．（2022-03-22）．https://www.toutiao.com/article/7077902522760823304/?channel=&source=search_tab.

任务一

利润表分析概述

任务描述

理解和掌握利润表分析中利润分析的作用，熟练掌握利润表分析的内容。

基本知识与技能

一、利润分析的作用

企业利润，通常是指企业收入减去成本费用后的余额，亦称为财务成果或经营成果。利润的意义在于，它是企业和社会积累与扩大再生产的重要源泉，是反映企业经营业绩的最重要指标，是企业投资与经营决策的重要依据。

利润分析的作用有：

（1）利润分析可以正确评价企业各方面的经营业绩；

（2）利润分析可以及时、准确地发现企业经营管理中存在的问题；

(3) 利润分析可以为投资者、债权者的投资与信贷决策提供正确信息。

另外，利润分析对于国家宏观管理者研究企业对国家的贡献也有重要意义。

二、利润表分析的内容

利润表分析主要包括主表分析、附表分析、附注分析。其中附表分析主要包括利润分配表分析与分部报表分析，附注分析主要是主表与附表中的项目的详细信息分析。本项目利润表分析主要是主表分析，附注分析为主表分析提供信息。

（一）利润表主表分析

通过利润表主表分析，主要是对各项利润的增减变动、结构变动及影响利润的收入与成本费用进行分析。

(1) 利润额增减变动分析。通过对利润表的水平分析，从利润的形成角度，反映利润额的变动情况，揭示企业在利润形成过程中的管理业绩及存在的问题。

(2) 利润结构变动分析。利润结构变动分析，主要是在对利润表进行垂直分析的基础上，揭示各项利润及成本费用与收入的关系，以反映企业的各环节的利润构成、利润及成本费用水平。

(3) 企业收入分析。企业收入分析的内容包括：收入的确认与计量分析、影响收入的价格因素与销售量因素分析、企业收入的构成分析等。

(4) 成本费用分析。成本费用分析包括产品销售成本分析和期间费用分析两部分。产品销售成本分析包括销售总成本分析和单位销售成本分析，期间费用分析包括销售费用分析和管理费用分析。

（二）利润表附表分析

利润表附表分析主要是对利润分配表及分部报表进行分析。

(1) 利润分配表分析。通过对利润分配表的分析，反映企业利润分配的数量与结构变动，揭示企业在利润分配政策、会计政策以及国家有关法规变动方面对利润分配的影响。

(2) 分部报表分析。通过对分部报表的分析，反映企业在不同行业、不同地区的经营状况和经营成果，为企业优化产业结构、进行战略调整指明方向。

扫一扫

利润表分析常使用的方法：共同比利润表

（三）利润表附注分析

利润表附注分析主要是根据利润表附注及财务情况说明书等相关详细信息，分析说明企业利润表及附表中的重要项目的变动情况，深入揭示利润形成及分配变动的主观原因与客观原因。

【例 5-1】根据 A 公司 2021—2022 年度的利润表，对其进行结构百分比分析。A 公司的利润表见表 5-1。

表5-1 A公司2021—2022年度利润表

单位：百万元

项目	2021年度	2022年度
一、营业收入	15 449.48	16 623.43
减：营业成本	13 407.09	14 667.80
税金及附加	16.00	27.99
销售费用	828.46	915.91
管理费用	562.98	574.43
财务费用	7.29	-2.03
资产减值损失		
加：公允价值变动收益		
投资收益	-121.54	-113.21
二、营业利润	506.12	326.12
加：营业外收入	4.33	5.76
减：营业外支出	0.64	6.11
三、利润总额	509.81	325.77
减：所得税费用	140.37	86.64
四、净利润	369.44	239.13

则A公司的共同比利润表见表5-2。

表5-2 A公司2021—2022年度共同比利润表金额

单位：百万元

项目	年份		结构百分比（%）		
	2021	2022	2021	2022	差异
一、营业收入	15 449.48	16 623.43			
减：营业成本	13 407.09	14 667.80	86.78	88.24	1.46
税金及附加	16.00	27.99	0.10	0.17	0.07
销售费用	828.46	915.91	5.36	5.51	0.15
管理费用	562.98	574.43	3.64	3.46	-0.18
财务费用	7.29	-2.03	0.05	-0.01	-0.06
资产减值损失					
加：公允价值变动收益					
投资收益	-121.54	-113.21	-0.79	-0.68	0.11
二、营业利润	506.12	326.12	3.28	1.96	-1.31
加：营业外收入	4.33	5.76	0.03	0.03	0.00
减：营业外支出	0.64	6.11	0.00	0.04	0.04
三、利润总额	509.81	325.77	3.30	1.96	-1.34
减：所得税费用	140.37	86.64	0.91	0.52	-0.39
四、净利润	369.44	239.13	2.39	1.44	-0.95

从表中可以看出公司收入、成本、费用项目的变动以及构成情况。先看营业收入，2022年比2021年增加了11.74亿元，说明公司在市场环境恶化的情况下（从相关资料得知，例如材料市场和产品市场行情分析报告）仍然能够取得增长。成本也处于增加的状况，这部分是营业收入增加造成的，但其比重由2021年的86.78%变为2022年的

88.24%，可以看出，成本占收入的比重增加，产品盈利能力下降，结合相关资料可以看出，主要是材料市场的价格上涨造成的。税金及附加由0.10%增加为0.17%，增加了0.07个百分点，销售费用由5.36%变为5.51%，增加了0.15个百分点，管理费用由3.64%变为3.46%，减少了0.18个百分点，同样财务费用与投资收益的比重都降低了。结合上述下降和升高的比重，我们可以分析得知：由于环境恶化，成本增加，导致产品盈利能力降低；由于收入增加，导致销售费用增加，且销售费用增加的幅度大于收入增加的幅度。另外，税金增加的幅度也大于收入增加的幅度。这些是导致公司最终盈利能力下降的因素。但公司加强了管理，使得公司的管理费用和财务费用得以减少，增加了公司的盈利能力。但最终博弈结果是导致财务成果降低的因素的力量大于导致财务成果增加的力量，公司最终利润2022年比2021年降低。

小思考

利润表的内容中，哪些是最能反映企业经营成果的项目？其形成的源头是什么？

任务二
收入分析

任务描述

理解和掌握利润表分析中收入分析的内容，包括收入的品种、地区、关联方等的分析。

基本知识与技能

营业收入是指企业在销售商品、提供劳务及他人使用本企业资产等日常活动中形成的经济利益的总流入。在对企业的营业收入进行分析时，应从以下几个方面入手。

一、企业营业收入的品种构成

企业大多从事多种商品或劳务的经营活动。在从事多品种经营的条件下，企业不同品种的商品或劳务的营业收入构成对信息使用者有着十分重要的意义：占总收入比重大的商品或劳务是企业过去业绩的主要增长点。此外，信息使用者还可以通过对体现企业过去主要业绩的商品或劳务的未来发展趋势进行分析，从而判断企业的未来发展前景。

二、企业营业收入的地区构成

在企业为不同地区提供产品或劳务的情况下，企业在不同地区的商品或劳务的营业收入构成对信息使用者也具有重要价值：占总收入比重大的地区是企业过去业绩的主要地区增长点。从消费者的心理与行为表现来看，不同地区的消费者对不同品牌的商品具有不同的偏好。不同地区的市场潜力则在很大程度上制约着企业的未来发展。

三、与关联方交易的收入在总收入中的比重

在企业形成集团化经营的条件下，集团内各个企业之间就有可能发生关联方交易。由于关联方之间的联系密切，关联方之间有可能为了“包装”某个企业的业绩而人为地制造一些业务。当然，关联方之间的交易也有企业间正常交易的成分。但是，信息使用者必须关注以关联方销售为主体形成的营业收入在交易价格、交易的实现时间等方面的非市场化因素。

四、部门或地区行政手段对企业营业收入的影响

在我国社会主义市场经济的发展过程中，部门或地区行政手段对企业营业收入的影响也不容忽视。应该说，新兴产业在其发展的初期阶段，是需要部门或地区行政手段支持的。但是，在企业处于稳定的发展阶段，或者企业所处的行业已经发展成熟的条件下，部门或地区行政手段的影响应当逐步淡化。然而，我国仍有一部分企业的业绩是靠部门或地区行政手段来实现的。部门或地区行政手段对企业营业收入影响较大的企业，其形成的利润虽然在过去较大，但其未来发展前景却不一定乐观。

【例 5－2】S家电集团有限责任公司2021—2022年营业收入构成情况见表5－3、表5－4、表5－5。请对该公司营业收入进行财务分析。

表 5－3　S家电集团营业收入品种构成及变动情况表

产品名称	2021年		2022年		差异	
	金额（万元）	比重（%）	金额（万元）	比重（%）	金额（万元）	比重（百分点）
电锅类	37 526.61	9.12	136 329.45	24.25	98 802.84	15.13
套装锅	49 307.25	11.98	68 213.35	12.13	18 906.10	0.15
炒锅	47 450.38	11.53	58 115.20	10.34	10 664.82	−1.19
电饭煲	57 763.33	14.03	—	—	−57 763.33	−0.14
合计	192 047.57	46.66	262 658.00	46.72	70 610.43	0.06

从营业收入品种构成及变动情况表可以看出，企业2022年电锅类产品收入是2021年的3倍多，占比高达24.25%。套装锅和炒锅收入同2021年相比增长了38.34%、22.48%，2022年电饭煲没有收入。因此企业在今后的发展中可以扩大电锅类销售，以

占有更多的市场份额，并减少电饭煲的销售。

表 5-4 S家电集团营业收入行业构成及变动情况分析表

行业	2021 年		2022 年		差异	
	金额（万元）	比重（%）	金额（万元）	比重（%）	金额（万元）	比重（百分点）
炊具	210 664.98	51.19	273 955.22	48.73	63 290.24	−2.46
电器	192 087.12	46.67	272 929.03	48.55	80 841.91	1.88
塑胶	2 943.94	0.72	4 100.97	0.73	1 157.03	0.01
合计	405 696.04	98.58	550 985.22	98.01	145 289.18	−0.57

从营业收入行业构成及变动情况分析表可以看出，炊具行业营业收入比重2022年比2021年下降了2.46个百分点，电器行业则提高了1.88个百分点，塑胶行业基本没什么变化，说明该公司2022年炊具行业业绩下降，电器行业业绩转而上升，企业应将重点调至经营电器行业上。

表 5-5 S家电集团营业收入地区构成分析表

地域	2021 年		2022 年		差异	
	金额（万元）	比重（%）	金额（万元）	比重（%）	金额（万元）	比重（百分点）
国内	281 983.03	68.51	366 819.91	65.25	84 836.88	−3.26
国外	123 712.99	30.06	184 165.30	32.76	60 452.31	2.70
合计	405 696.02	98.57	550 985.21	98.01	145 289.19	−0.56

从营业收入地区构成分析表可以看出，该公司在国内的营业收入比重2022年比2021年下降了3.26个百分点，而在国外的营业收入比重则提高了2.70个百分点，说明该公司应将市场从国内逐渐向国外转移。

小思考

收入分析中的品种、地区、关联方交易等方面的分析，哪方面是你最重视的？为什么？

任务三

成本与费用分析

任务描述

理解和掌握利润表分析中成本分析与费用分析的内容，从成本与费用两大方面进行详细分析，掌握企业的成本与费用分析。

基本知识与技能

一、营业成本

营业成本是指与营业收入相关的已经确定了归属对象的成本。营业成本有不同的表现形式：在制造业或工业企业，营业成本表现为已售产品的生产成本；在商品流通企业，营业成本表现为已销商品的成本。

从企业利润的形成过程来看，企业的营业收入减去营业成本后的余额为毛利，企业必须有毛利，才有可能形成营业利润。因此，追求一定规模的毛利和较高的毛利率是企业的普遍心态，也是企业信息使用者的普遍心理期望。

但是，必须指出，企业的营业成本水平的高低，既有企业不可控的因素（如受市场因素的影响而产生的价格波动），也有企业可以控制的因素（如在一定的市场价格水平条件下，企业可以通过选择供货渠道、采购批量等来控制成本水平），因此，对营业成本降低和提高的质量评价，应结合多种因素来进行。

二、营业费用

营业费用是指企业从事一定时期的经营活动而发生的费用。在工业企业或制造业企业，营业费用表现为销售费用，在商品流通企业则表现为经营费用。

从营业费用的基本构成来看，从功能来分析，有的与企业的业务活动规模有关（如运输费、装卸费、整理费、包装费、保险费、销售佣金、差旅费、展览费、委托代销手续费、检验费等），有的与企业从事销售活动人员的待遇有关（如营销人员的工资和福利费），也有的与企业的未来发展、开拓市场、扩大企业品牌的知名度等有关。从企业管理层对上述各项费用的有效控制来看，尽管管理层对广告费、营销人员的工资和福利费等可以采取控制或降低其规模等措施，但是，这种控制或降低或者对企业的长期发展不利，或者影响有关人员的积极性。因此，在企业业务发展的条件下，企业的营业费用不应当降低。片面追求在一定时期的费用降低，有可能对企业的长期发展不利。

三、管理费用

与营业费用一样，从企业管理层对上述各项费用的有效控制来看，尽管管理层可以对管理费用中诸如业务招待费、技术开发费、董事会会费、职工教育经费、涉外费、租赁费、咨询费、审计费、诉讼费、修理费、管理人员工资及福利费等采取控制或降低其规模等措施，但是，这种控制或降低或者对企业的长期发展不利，或者影响有关人员的积极性。

另外，折旧费、摊销费等是企业以前各个会计期间已经支出的费用，不存在控制其支出规模的问题，对这类费用的处理更多地受企业会计政策的影响。

四、财务费用

在我国目前的条件下，财务费用是指企业资金筹集和运用中发生的各项费用。其内容主要包括：企业生产经营期间发生的利息净支出、汇兑净损失、金融机构手续费以及筹资发生的其他财务费用。其中，经营期间发生的利息支出构成了企业财务费用的主体。

企业贷款利息水平的高低，主要取决于贷款规模、贷款利率和贷款期限。

1. 贷款规模

概括地说，如果因贷款规模的原因以致计入利润表的财务费用下降，则企业会因此而改善盈利能力。

2. 贷款利率和贷款期限

从企业融资的角度来看，贷款利率的具体水平主要取决于以下几个因素：一定时期资本市场的供求关系、贷款规模、贷款的担保条件以及贷款企业的信誉等。在利率的选择上，可以采用固定利率、变动利率或浮动利率等。可见，贷款利率中，既有企业不可控制的因素，也有企业可以选择的因素，在不考虑贷款规模和贷款期限的条件下，企业的利息费用将随着利率水平的升降而波动。从总体上来说，贷款期限对企业财务费用的影响主要体现在利率因素上。

应该说，企业的利率水平主要受一定时期资本市场上利率水平的影响。我们不应对企业因贷款利率的宏观下调而出现的财务费用降低给予过高的评价。

【例 5-3】S 家电集团有限责任公司 2021—2022 年支出类项目见表 5-6、表 5-7。请分析该公司的成本费用。

表 5-6　S 家电集团 2022 年支出类项目统计表

项目	金额（万元）	比重（%）
营业成本	405 029.63	77.61
税金及附加	1 097.30	0.21
销售费用	82 787.10	15.86
管理费用	21 625.26	4.14
财务费用	968.78	0.19
资产减值损失	1 146.39	0.22
营业外支出	1 095.88	0.21
所得税	8 109.93	1.55
支出合计	521 860.27	100.00

从该表可以看出，营业成本是企业支出的主要项目，其次是销售费用，再次是管理费用。企业各项期间费用共占了将近1/5，给企业的日常运营带来了一定的负担。

表5-7 S家电集团2021—2022年支出类项目结构分析表

项目	2021		2022		差异	
	金额（万元）	比重（%）	金额（万元）	比重（%）	金额（万元）	比重（百分点）
营业成本	283 897.73	74.80	405 029.63	77.61	121 131.90	2.81
税金及附加	662.19	0.17	1 097.30	0.21	435.11	0.04
销售费用	68 752.00	18.11	82 787.10	15.86	14 035.10	−2.25
管理费用	18 735.69	4.94	21 625.26	4.14	2 889.57	−0.80
财务费用	−1 003.04	−0.26	968.78	0.19	1 971.82	0.45
资产减值损失	297.83	0.08	1 146.39	0.22	848.56	0.14
营业外支出	997.26	0.26	1 095.88	0.21	98.62	−0.05
所得税	7 198.40	1.90	8 109.93	1.55	911.53	−0.35
支出合计	379 538.06	100.00	521 860.27	100.00	142 322.21	0.00

从该表可以看出，企业2022年的营业成本比2021年增加了121 131.90万元，占比上升了2.81个百分点，在各个项目中的占比增幅最大。而销售费用、管理费用、营业外支出和所得税都有一定的减少，其中销售费用的减幅最大，减少了14 035.10万元，占比减幅达到了2.25个百分点，说明企业在销售和管理环节采取了积极有效的措施，使企业的支出进一步降低了。这样可以为企业带来更大的效益。在企业各项费用支出都减少的情况下，营业成本仍然增加，说明企业生产过程中产品的成本有所增加，材料采购部门应当作出有效计划，以应对生产成本的变化，尽量降低成本。

任务四

利润分析

任务描述

理解和掌握利润表分析中利润分析的内容，掌握从主要利润项目、利润额变动等方面来分析企业利润的方法。

基本知识与技能

一、主要利润项目分析

(一) 营业利润

按现行制度规定，营业利润是企业主营业务利润和其他业务利润之和减去营业费用、管理费用和财务费用后的余额，加上公允价值变动收益、投资收益和资产处置收益等组成。企业营业利润的多少，代表了企业的总体经营管理水平和效果。通常营业利润越大的企业，效益越好。

1. 营业利润额较大

当企业营业利润额较大时，通常认为该企业经营管理水平较高，经营效果良好。但在分析中，应注意如下问题：

(1) 因为营业利润也包括其他业务利润，所以企业多元化经营、多种经营业务开展得较好时，其他业务利润会弥补主营业务利润低的缺陷。如果企业其他业务利润长期高于主营业务利润，企业应适当考虑产业结构调整问题。

(2) 应注意其他业务利润的用途——是用来发展主营业务，还是用于非生产经营性消费（如购买小汽车、高档装修）。如果是前者，企业的盈利能力会越来越强；如果是后者，企业会缺乏长远盈利能力。

2. 营业利润额较小

当企业营业利润额较小时，应着重分析主营业务利润的大小、多种经营的发展情况和期间费用的多少。如果企业主营业务利润和其他业务利润均较大，但其期间费用较高，也会使得营业利润较小。这就要重点分析营业费用、管理费用和财务费用的构成，找出三项费用居高的原因，严格控制和管理，通过降低费用，提高营业利润。

(二) 利润总额和净利润

企业的利润总额是由营业利润加上补贴收入、营业外收入减去营业外支出等非营业利润组成的。净利润的数额等于利润总额减去所得税后的余额。

在正常情况下，企业的非营业利润都是较少的，所得税也是相对稳定的，因此，只要营业利润较大，利润总额和净利润就会较高。在分析时应注意如下问题：

(1) 如果一个企业的利润总额和净利润主要源于非营业利润，则该企业利润实现的真实性和持续性应引起报表分析人员的重视。

(2) 如果企业在营业利润方面亏损，而靠非营业活动盈利，则企业要分析内部经营管理存在的问题，提高企业内部生产经营活动的创新能力。

二、利润额变动分析

(一) 企业利润总额的构成

利润总额反映企业一定时期内生产经营的最终成果。企业通过编制利润表，对外公布有关经营成果的信息。多步式利润表可清晰地表现利润总额各构成要素的关系。利润总额的计算公式为：

利润总额＝营业利润＋营业外收入－营业外支出

1. 营业利润

营业利润作为分析企业经营状况的重要指标，反映企业从事生产经营活动所取得的经营成果。若营业利润占利润总额的比重增加并且营业利润的增长幅度大大超出利润总额的增长幅度，则说明该企业经常性业务经营情况良好，能为企业提供稳定、持续的利润来源。

2. 营业外收入与营业外支出

营业外收入是企业发生的营业利润以外的收益，主要包括与企业日常活动无关的政府补助、盘盈利得、捐赠利得、债务重组利得等。营业外支出是企业发生的营业利润以外的支出，主要包括公益性捐赠支出、盘亏损失、罚款支出、债务重组损失等。营业外收入具有偶然性，企业不能将营业外收入作为增加利润的主要渠道。分析营业外收支时，主要检查各项营业外收入、支出的合理性。

（二）利润总额变动的关键因素——营业利润

从上面的分析可以看出，在正常情况下，营业利润在利润总额中的构成比重最大，同时利润总额的增减主要受营业利润增减的影响。因此，分析利润总额的变动时，营业利润的分析至关重要。

1. 主营业务利润

主营业务利润是企业主营业务收入净额扣除主营业务成本和主营业务税金及附加得到的主营业务毛利，它是企业利润的源泉。企业投入的大量资金主要是为发展主营业务而准备的，因而主营业务是否经营得好是企业能否生存和发展的关键。同时，由于企业主营业务的波动性比其他业务小，因此主营业务利润的稳定性较其他业务利润的稳定性更强。一般情况下，主营业务是形成企业利润的主要因素，它对企业盈利水平的高低、盈利稳定性及持续性起着决定性作用。因此，尽管利润表中没有单列主营业务利润，但企业内部及有条件的外部分析人员还是应该开展对主营业务利润的相关分析。

2. 其他业务利润

其他业务利润主要包括转让技术取得的收入、销售材料取得的收入、包装物出租取得的收入等扣除相应的成本费用以及负担的流转税后的净额。它在企业利润总额中所占比重不大，但仍不失为企业盈利的一种来源。由于其他业务不是经常性发生的，因而其他业务利润波动性较大，稳定性相对较弱。

分析时一方面应按照组成内容逐项分析其盈亏状况，一方面应检查其他每一项业务利润的合理性和合法性。比如，分析处理多余积压物资时，一方面应查明多余积压物资的处理是否正常，有无将产品或材料私分或压价出售的情况，一方面应检查价格处理是否合理等。

3. 营业费用、管理费用、财务费用

营业费用是指企业在整个经营过程中所发生的各种费用，包括企业销售商品过程中所发生的费用和商业性企业在进货过程中发生的费用。管理费用是为组织和管理生产、经营而发生的费用。财务费用是企业为筹集资金而发生的费用。营业费用、管理费用和财务费用一般随着企业经营规模的扩大而略有增长。主营业务收入增加，而营业费用、管理费用、财务费用的涨幅低于主营业务收入的增长幅度，说明企业在挖掘内部潜力、提高管理效益等方面取得了突出成绩。

4. 投资收益

投资收益是指企业以各种对外投资所获得的净收益，通常是指企业进行股票投资、债券投资等投资活动以及企业所从事的联营、合营活动所取得的收益或发生的损失，包括对外投资分得利润、股利和债券利息，投资到期收回或者中途转让取得款项高于账面价值的差额，以及按照权益法核算的长期股权投资在被投资单位增加的净资产中所拥有的数额等。投资收益主要取决于被投资项目的经营情况和分配政策，因此分析企业的投资收益要弄清楚投资项目的经济效益、发展前景以及增长潜力。

（三）营业利润变动的分析重点——主营业务利润

主营业务利润是企业利润的根本来源。主营业务的经营状况与企业的生存和发展息息相关。主营业务利润计划完成情况的好坏对企业利润总额计划的完成起着决定性的作用，因此，进行利润分析应着重分析主营业务利润的完成情况。主营业务利润的计算公式为：

主营业务利润＝主营业务收入－主营业务成本－税金及附加

分析主营业务利润的变动构成，可以得出下面的结论：

（1）主营业务收入，是企业按照营业执照上规定的主营业务内容经营所发生的营业收入。主营业务收入的不断增长是企业盈利持续、稳定的重要前提。若主营业务收入有所增长，说明企业经营战略恰当，目标市场定位准确，市场开发取得了一定进展。对主营业务收入增长的具体分析，应结合企业具体的市场环境和产品自身的生命周期加以考虑。

（2）主营业务成本，是企业经营主营业务而发生的实际成本。主营业务成本是抵扣主营业务收入的主要因素，对它要进行严格的分析和考核。在一般情况下，企业生产规模的扩大能带来平均成本的降低，但也不能排除因扩大产量的需要而增加固定资产、生产工人数或加班工资，从而使主营业务成本的增长超过主营业务收入的增长的情况。这需要根据企业的实际情况加以判断。另外，在分析主营业务成本时，应结合报表附注中对存货计价方法的说明，剔除存货计价方法的变更对主营业务成本造成的影响，从而真实反映成本控制的效果。

扫一扫

产品销售利润额变动的因素分析

（3）税金及附加，是指企业经营主营业务而应由主营业务负担的税金及附加，包括消费税、城市维护建设税、资源税、土地增值税和教育费附加等。这项支出不受企业决策的影响，分析时不必作过多考虑。

学思之窗

会计核算的谨慎性原则

谨慎性也被称为稳健性，是会计核算中的重要原则。“宁可预计可能的损失，不可预计可能的收益”，是管理者对于不确定性的一个审慎反应。谨慎性原则在减轻代理冲突、避免诉讼风险中起着积极作用，有助于预警和化解风险，也是建立社会主义市场经济的客观要求。在讲述财务分析基本原理时，应注重培养学生谨慎、务实的品格，强调做事未雨绸缪，提高人生抗风险能力。

任务五 投资收益专项分析

任务描述

理解和掌握利润表分析中的投资收益分析，了解投资收益分析的特点。

基本知识与技能

市场经济的发展为企业不断地拓展其生产经营业务提供了条件。企业对外投资活动的开展，不仅为资金的运用提供了场所，也使企业可以从中获取经营活动以外的收益，使企业资金的利润效果大大增加，经营风险相对降低。

对投资收益的分析，一般是先对投资收益总额的完成情况作总括分析，可将本年实际投资收益总额与计划投资收益总额或上年投资收益总额进行对比，然后根据有关投资收益的明细资料（如投资收益明细表）进行具体分析，找出影响本年投资增减变动的原因。

典型案例

业绩上演“变脸”，万里股份“摘帽”不到一年或再巨亏

情境与背景：2019 年 1 月 23 日晚间，万里股份发布 2018 年业绩预告称，公司预计

2018 年全年净利润将出现亏损，亏损金额为 1.46 亿元至 1.66 亿元，同比下降 1 037.39% 至 1 165.8%。事实上，万里股份全年预亏此前就有预兆。2018 年三季报，万里股份净利润便出现亏损，亏损额为 379.77 万元，同比下降 228.08%。

值得一提的是，万里股份再次业绩出现亏损，距离其“摘帽”不到一年。2017 年 5 月 3 日，由于 2015 年度、2016 年度连续两年经审计的净利润分别亏损 1 981.25 万元和 4 270.03 万元，万里股份因此被上海证券交易所实施退市风险警示，股票简称也从“万里股份”变更为“＊ST 万里”，股票价格日涨跌幅亦变为 5%。

随后，2017 年度，＊ST 万里终于成功扭亏，全年实现营业收入 4.53 亿元、净利润 1 557.52 万元，同时归属于上市公司股东的净资产为 6.83 亿元。于是，经上海证券交易所审核同意，从 2018 年 5 月 9 日起，＊ST 万里撤销了退市风险警示，股票简称将亦变更为“万里股份”，顺利实现“摘帽”。

然而，令投资者大跌眼镜的是，“摘帽”不到一年，万里股份业绩便上演业绩“变脸”，再次陷入业绩巨亏的“泥潭”。

那为什么会出现这样的情况呢？查阅资料发现，万里股份业绩亏损主要是被投资标的拖累，同时公司主营业务也较为乏力。

2018 年 12 月 28 日，万里股份将持有的特瑞电池 580 万股股份，以 1.28 亿元的价格，转让给关联方重庆同正实业有限公司，同时进行相关债权债务的抵销。值得一提的是，特瑞电池 580 万股股份是万里股份 2017 年时以近 11 倍的溢价入手的，总共花费约 2.55 亿元。

也就是说，在去年三季度亏损的情况下，为了冲刺全年业绩，万里股份将特瑞电池“打折”出手，折价约 1.27 亿元。除了股份转让处置损益本身出现亏损外，万里股份在特瑞电池身上的投资收益也亏损近 2 787 万元。

此前万里股份之所以能够成功实现盈利，靠的不是主业贡献，而是投资收益。2017 年 5 月，万里股份以 2.55 亿元的价格收购特瑞电池 580 万股股份，这为公司 2017 年贡献了 328 万元的投资收益；此外，2017 年 10 月，公司又将持有的重庆德能再生资源股份有限公司 3 500 万股股权，以 4 550 万元转让给关联方巨江电源科技有限公司，获得投资收益约 1 400 万元。通过以上两次交易，万里股份共计获得投资收益 1 728 万元，终于成功扭亏，并实现净利润 1 557.52 万元。

问题：投资收益为何对企业的利润有这么大的影响？你认为是人为因素还是宏观经济环境等其他因素造成的？你如果管理一家企业，希望企业的投资收益呈现何种状态？

资料来源：业绩上演“变脸”，万里股份“摘帽”不到一年或再巨亏.（2019－01－24）.http://finance.eastmoney.com/a/202101241033137716.html.

典型案例

瑞幸公司财务造假案例分析

情境与背景：“国民品牌”瑞幸咖啡自爆 2019 年二季度至四季度期间，伪造了 22 亿元人民币的交易额，相关的成本和费用也相应虚增，股价暴跌75%。2020年1月底，浑水发布了长达89页的瑞幸做空的报告，主要内容囊括以下几点：

（1）虚假的销售业绩。瑞幸通过各种方法虚增了销售收入，2019年三、四季度比实际销量可能夸大了69%和88%。虚增收入的方法主要包括虚增订单、虚增每件商品的实际销售价格、夸大2019年三季度的广告支出、虚增其他产品收入等。同时考虑到瑞幸送货单贡献的下降，瑞幸的“每笔订单商品数”从一季度的1.38下降至四季度的1.14。

（2）复杂的关联交易。包括瑞幸管理层较高的股票质押比率、瑞幸集团董事长陆正耀及一批关系密切的股权投资者曾经从神州租车套现16亿美元、通过收购宝沃汽车转移资金给关联方、借发展“无人零售”之名行吸走大量公司现金之实、曾经让公开投资者遭受投资损失的独立董事等一系列行为。

（3）令人质疑的商业模式。包括几点：①中国消费者95%的咖啡因摄入来自茶，中国核心功能性咖啡产品市场很小；②瑞幸的客户价格敏感度较高，通过降低折扣来增长收入的方法并不现实；③公司缺乏有竞争力的非咖啡产品，瑞幸的客户多为机会主义者，往往没有品牌忠诚度。

做空报告成为风险暴露导火索，公司面临巨额赔偿，前景堪忧。浑水发布做空报告之后瑞幸一度大跌，在公司公开否决了浑水的指控之后股价重新回到正常水平。但随后部分律师事务所对瑞幸的集体诉讼以及按照美国证监会要求瑞幸成立特别委员会进行自查，瑞幸的风险最终还是浮出水面。往后看，除了监管处罚之外，瑞幸可能会面临更多的集体诉讼，而这无疑将成为压垮公司的最后一根稻草，不排除公司出现退市以及破产的可能。

问题：该案例告诉了我们什么？

资料来源：瑞幸咖啡承认财务造假：2020年瑞幸咖啡事件证据及时间线梳理.（2020-04-14）.https://www.reportrc.com/article/20200414/6194.html.

项目小结

本项目首先阐述了利润分析的作用和利润表分析的内容，在此基础上讲述了利润表的分析。利润表的分析通过结构百分比、因素分析等方法进行。本项目以利润表的主表、附表与附注为基础进行分析，并详细阐述了利润表各项目的分析要点，通过一些案例进行了强化。通过对本项目的学习，学生可以充分利用所学方法来分析企业利润各个方面的信息，并能形成利润分析报告。

项目训练

一、单项选择题

1. 我国的利润表一般采用（　　）格式。

A. 单步式　　B. 多步式

C. 排序式　　D. 增减式

2. 下列哪项是通过利润表计算得出的？（　　）

A. 营业收入　　B. 营业成本

C. 营业外收入　　D. 营业利润

3. 利润表分析中，下面哪项是利润的根本来源？（　　）

A. 其他业务利润　　B. 主营业务利润

C. 营业外收入　　D. 投资收益

4. 下列哪项在分析中可以不做过多分析？（　　）

A. 税金及附加　　B. 营业收入

C. 营业成本　　D. 利润总额

5. （　　）揭示了利润形成及分配变动的主观原因与客观原因。

A. 利润表　　B. 利润分配表

C. 利润表附注　　D. 收入分布表

二、多项选择题

1. 利润分析的作用有（　　）。

A. 利润分析可以正确评价企业各方面的经营业绩

B. 利润分析可以及时、准确地发现企业经营管理中存在的问题

C. 利润分析可以为投资者、债权下的投资与信贷决策提供正确信息

D. 利润分析对于国家宏观管理者研究企业对国家的贡献也有重要意义

2. 利润表附表分析的内容包括（　　）。

A. 利润分配表分析　　B. 分部报表分析

C. 利润形成分析　　D. 利润变动分析

3. 对企业的营业收入进行分析时，应从（　　）等方面入手。

A. 企业营业收入的品种构成

B. 企业营业收入的地区构成

C. 与关联方交易的收入在总收入中的比重

D. 部门或地区行政手段对企业业务收入的影响

4. 企业贷款利息水平的高低，主要取决于下列哪些因素？（　　）

A. 贷款规模　　B. 贷款利率

C. 贷款期限　　D. 贷款条件

5. 利润表主表分析的内容包括（　　）。

A. 利润额增减变动分析　　B. 利润结构变动情况分析

C. 影响利润的收入与成本分析　　D. 辅助材料的分析

三、判断题

1. 收入分析中，关联方交易不包括正常交易成分。（　　）

2. 行政影响所带来的利润，一般来说不具有可持续性。（　　）

3. 只追求费用的降低，可能并不能带来利润的增加。（　　）

4. 不应对企业因贷款利率的宏观下调而出现的财务费用降低给予过高的评价。（　　）

5. 通常来看，并不是营业利润越大越好。（　　）

四、简答题

1. 利润表分析的结构与内容是什么？
2. 收入分析的分析要点有哪些？
3. 成本费用项目分析的内容与要点包括哪几个方面？
4. 主要利润项目分析的要点有哪些？
5. 利润变动额分析包括哪些内容？

项目实训

实训目标：掌握利润表分析。

实训资料：学生从校内网上的数据库（如国泰安数据服务中心）中下载一家公司的利润表，也可以从新浪财经、网易等网站上下载一家公司的年报（选用其利润表）。

实训要求：使用课堂学习掌握的分析方法进行利润表分析，并写出分析报告（格式不定，主要看分析内容）。

项目六

现金流量表分析

学习目标

知识目标

理解现金流量表的结构和内容

理解现金流量表分析的目的

熟悉现金流量结构分析方法

熟悉现金流量质量分析方法

熟悉现金流量比率分析方法

能力目标

能够进行现金流量结构分析

能够进行现金流量质量分析

能够进行现金流量比率分析

素质目标

提高会计专业素养，对财务报表提供的数据资料进一步加工整理、分析，获取报表中的可靠信息

培养学生风险忧患意识，发挥其主观能动性去预防和控制风险

引导案例

投资决定未来

“三年前的选择决定了你今天的生活，今天的选择决定了你三年后的生活。”这句当今流行语用到公司上面来就是，三年前的投资活动决定了公司今天的成果，今天的投资活动决定了公司三年后的成果。因此，在公司管理中，衔接战略和财报的核心就是公司的投资活动。

一家公司在确定战略以后，需要通过其投资活动来贯彻和执行战略。比如，华为提出“全球领先的信息与通信技术（ICT）解决方案供应商”的战略，就要不断地在ICT领域进行投资，包括研发投资、生产投资、服务投资。公司的大多数投资活动，体现在现金流量表中的投资活动的现金流量中。因此，我们可以通过投资活动的现金流量来分析一家公司的战略及未来发展。

投资活动现金流量包括构建固定资产、无形资产和其他长期资产支付的现金项目和处置固定资产、无形资产和其他长期资产收回的现金净额项目。它们是与公司战略密切相关的项目。长期资产是一家公司的生产资料，需要经过比较长的时间才能收回初始投入的现金。公司选择什么行业，就必须配置与该行业相关的长期资产。由于长期资产的专用属性，一旦公司构建了长期资产后就很难用于其他行业和用途，因此一家公司的长期资产决定了未来一段时间内这家公司所处的行业及经营特征。从这个角度来说，构建长期资产的决策和活动对公司的长远发展具有重大战略意义。

资料来源：张先治，等．财务分析习题与案例［M］．大连：东北财经大学出版社，2019.

任务一

现金流量表分析概述

任务描述

掌握现金流量表的概念、结构和内容，理解现金流量表的作用，掌握现金流量表分析的概念、目的和内容，理解现金流量表分析的注意事项。

基本知识与技能

将非经营活动甚至违规行为所得计入主营业务收入，同时计入销售收现，结果导致利润和现金及现金等价物余额都获得提高，这是对经营活动现金流量造假的常见做法。这让我们不得不思考：企业现金流量表的各个项目之间、现金流量表与其他报表之间的内在联系应该是怎样的？对这些问题的思考，离不开对现金流量表的认识。

一、现金流量表概述

（一）现金流量表的概念

现金流量表是以现金为基础编制的反映公司财务状况变动的报表，它反映出公司一定会计期间内有关现金和现金等价物的流出和流入的信息。在上市公司对外提供的三张会计报表中，现金流量表反映上市公司一定期间内现金的流入和流出，反映公司在一定期间内的经营活动、投资活动和筹资活动的动态情况，表明公司获得现金和现金等价物的能力。

现金流量表能评估企业未来取得净现金流入的能力和未来偿还负债的能力、分析企业盈利能力、分析本期营业取得净现金流入与本期净收益之间差异的原因、反映企业用现金或非现金的投资与筹资活动以及向外界提供所需要的现金流量信息，也可以分析企业财务管理水平和制定营运资金计划，以加强财务管理和用好企业的营运资金，是一张很有用的会计报表。

(二) 现金流量表的结构和内容

现金流量表反映的是公司一定会计期间内有关现金和现金等价物的流出和流入的信息。现金不仅包括库存现金，也包括企业银行存款账户核算的存入金融企业、随时可以用于支付的存款，还包括其他货币资金账户核算的外埠存款、银行汇票存款、银行本票存款等其他货币资金。应该注意的是，银行存款和其他货币资金中有些不能随时用于支付的存款，如不能随时支取的定期存款等，不应作为现金，而应列作投资；而提前通知金融企业便可支取的定期存款，则应包括在现金范围内。

现金等价物是指企业持有的期限短、流动性强、易于转换为已知金额现金、价值变动风险很小的投资。期限短，一般是指从购买日起，三个月内到期。现金等价物虽然不是现金，但其支付能力与现金的差别不大，可视为现金。如企业为保证支付能力，手持必要的现金，为了不使现金闲置，可以购买短期债券，在需要现金时，随时可以变现。

从编制原则上看，现金流量表按照收付实现制原则编制，将权责发生制下的盈利信息调整为收付实现制下的现金流量信息，便于信息使用者了解企业净利润的质量。从内容上看，现金流量表被划分为经营活动、投资活动和筹资活动三个部分，每类活动又分为各具体项目，这些项目从不同角度反映企业业务活动的现金流入与流出，弥补了资产负债表和利润表提供信息的不足。

1. 经营活动产生的现金流量

经营活动产生的现金流量是指企业投资活动和筹资活动以外的所有交易活动和事项的现金（及现金等价物，下同）流入和流出量，包括：销售商品、提供劳务、经营租赁等活动收到的现金；购买商品、接受劳务、广告宣传、支付工资、交纳税金等活动支付的现金。

2. 投资活动产生的现金流量

投资活动产生的现金流量是指企业长期资产的购建和对外投资活动（不包括现金等价物范围的投资）的现金流入和流出量，包括：收回投资、取得投资收益、处置长期资产等活动收到的现金；购建固定资产、在建工程、无形资产等长期资产和对外投资等活动所支付的现金等。

3. 筹资活动产生的现金流量

筹资活动产生的现金流量是指企业接受投资和借入资金导致的现金流入和流出量，包括：接受投资、发行股票、借入款项、发行债券等活动收到的现金；偿还借款、偿还债券、支付利息、分配股利等活动支付的现金等。偿付应付账款、应付票据等商业应付款属于经营活动现金流量。

（三）现金流量表的作用

1. 提供企业的现金流量信息

在市场经济条件下，竞争异常激烈，企业要想站稳脚跟，不但要想方设法把自身的产品销售出去，更重要的是要及时地收回销货款，以便以后的经营活动能顺利开展。除了经营活动以外，企业所从事的投资活动和筹资活动同样影响着现金流量，从而影响财务状况。如果企业进行投资，而没能取得相应的现金回报，就会对企业的财务状况（如流动性、偿债能力）产生不良影响。从企业的现金流量情况可以大致判断其经营周转是否顺畅。

2. 提供新的财务状况变动信息

以营运资金为基础编制的财务状况变动表有一定的局限性。营运资金是流动资产和流动负债的差额，流动资产中不但包括现金，还包括存货、应收账款等其他流动资产。假定一个企业的现金大幅减少，但应收账款和存货却大量增加，这时企业的营运资金不一定会减少，反而可能增加，给人一种该企业财务状况不错的印象。如果应收账款和存货的质量有问题，就会误导会计信息使用者。而现金流量信息则可避免这种缺陷，投资者和债权人通过现金流量表，可以对企业的支付能力和偿债能力，以及企业对外部资金的需求情况作出较为可靠的判断。

3. 预测企业未来的发展情况

如果现金流量表中各部分现金流量结构合理，现金流入与流出无重大异常波动，则一般来说企业的财务状况基本良好。同时，企业最常见的失败原因、症结也可以在现金流量表中得到反映，比如，从投资活动流出的现金、筹资活动流入的现金和筹资活动流出的现金（主要是利息支出）中，可以分析企业是否过度扩大经营规模；通过比较当期净利润与当期净现金流量，可以看出非现金流动资产吸收利润的情况，评价企业产生净现金流量的能力是否偏低。

4. 与国际惯例相协调

目前许多国家都要求企业编制现金流量表，如美国、英国、澳大利亚、加拿大等。我国企业编制现金流量表后，将对开展跨国经营、境外筹资及加强国际经济合作起到积极的作用。

小思考

现金流量表和资产负债表、利润表之间有怎样的勾稽关系？

二、现金流量表分析概述

（一）现金流量表分析的概念

所谓现金流量表分析，是指对现金流量表上的有关数据进行比较、分析和研究，从而了解企业的财务状况，发现企业在财务方面存在的问题，预测企业未来的财务状况，为报表使用者进行科学决策提供依据。例如，现金流量表提供了有关现金流量的数据资料（这是债权人判断企业偿债能力的重要依据），但根据这些数据还不能直接对企业的偿债能力作出评价，因而也不能据此作出决策。报表使用者应根据自己的需要，运用各种专门的方法，对财务报表提供的数据资料进行进一步加工、整理、分析和研究，从中得出有用的信息，从而为决策提供正确的依据。

无论是经营者还是投资者、债权人、政府有关部门以及其他报表使用者，对现金流量表进行分析都具有十分重要的意义。通过现金流量表分析，可以了解企业本期及以前各期现金的流入、流出及结余情况，从而正确评价企业当前及未来的偿债能力和支付能力，发现企业在财务方面存在的问题，正确评价企业当期及以前各期获得的利润的质量，科学地预测企业未来的财务状况，从而为其进行科学决策提供充分的、有效的依据。

（二）现金流量表分析的目的

现金流量表分析是为了将表中数据转换成有助于企业进行经济决策的信息。具体来说，现金流量表分析的目的主要包括：

1. 对获取现金的能力作出评价

一个正常经营的企业，在获取利润的同时还应获取现金收益。“现金及现金等价物净增加额”是由经营活动、投资活动和筹资活动这三类活动产生的现金流量净额所组成的，因此，这就必须进一步分析是由哪一类活动产生的，各类活动产生的现金流量净额是多少。一般来说，经营活动产生的现金流量净额最能反映企业获取现金的能力。通过对现金流入来源进行分析，可以对获取现金能力作出评价，并可对企业未来获取现金能力作出预测。

2. 对偿债能力、支付能力作出评价

现金流量信息可以从现金角度对企业偿还短期债务能力作出更全面的评价。一个企业获取了较多的利润，同时又产生了较多的现金流量净额，就具有较强的偿债与支付能力。如果这个企业在获取了较多利润的同时，大量进行固定资产投资，同样会出现现金短缺，降低偿债能力和支付能力。相反，如果获取利润不多，但由于处置和变卖固定资产，或增加了直接融资等，增加了现金流量净额，那么也可以保持较强的偿债能力和支付能力。因此，通过对三类活动所产生的现金流入信息和流出信息的分析，可以对企业的偿债能力和支付能力作出更准确和更可靠的评价。

3. 对收益的质量作出评价

在利润表中，企业的净利润是以权责发生制为基础计算出来的，而现金流量是以收付实现制为基础的。一般来说，净收益增加，现金流量净额也增加。但在某些情况下，比如，虽然大量销售商品，但货款和劳务流入款项没有按时收回，会计收益是否最终转化为企业的现金收益，还取决于应收账款能否及时足额地收回等其他因素。事实上，有些企业虽然有较好的财务收益，但还是免不了面临财务危机，危及企业生存。例如，W. T. 格兰特公司和帕思结算银行就是因为没有足够的现金支付债务而宣告破产的。因此，“盈利必须辅以良好的现金流入”才是最有利的。通过现金流量和净利润的比较分析，可以对收益的质量作出评价。

4. 对投资活动和筹资活动作出评价

企业的投资活动、筹资活动和经营活动都以增加企业价值和股东财富为目标，相互之间密切联系，又相互矛盾。经营活动以投资为前提，而为了投资和经营必须筹资。搞好经营活动，不仅可以为投资提供现金来源，也使得从外部筹资变得更加容易。但是，从现金的分配来看，三类活动又相互矛盾，过度投资会使日常营运的资金不足而失去盈利机会，过度筹资会提高资金成本并加重经营活动的负担。因此，企业必须统筹兼顾，使三项决策相互协调。通过现金流量表关于三类活动的现金流量信息，可以评价投资活动和筹资活动与经营活动的协调性，为投资决策和筹资决策提供依据。

（三）现金流量表分析的内容

1. 现金流量结构分析

现金流量结构分析是以现金流量表中的类别和项目组成为基础，分别计算出各类或各项目在其总体中的比重，通过对比重变化及变动程度的分析，对现金流量作出判断评价，并预测其发展趋势的一种分析法。现金流量的结构分析可以分为现金流入结构分析、现金支出结构分析及现金净流量结构分析。

2. 现金流量质量分析

现金流量的质量是指企业的现金流量能够按照企业的预期目标进行运转的质量。具有较好质量的现金流量应当具有如下特征：（1）企业现金流量的状态体现了企业的发展战略的要求；（2）在稳定发展阶段，企业经营活动的现金流量应当与企业经营活动所对应的利润有一定的对应关系，并能为企业的扩张提供现金流量的支持。

企业在生命周期中会经历萌芽期、成长期、成熟期和衰退期四个阶段。处在不同阶段的企业对现金流量的要求和各类现金流量所呈现的特征不同。分析企业现金流量的质量，就是要根据企业所处的生命周期，分析企业不同现金流量状况及其配适关系，对企业作出判断。

3. 现金流量比率分析

现金流量比率分析以相关财务比率为主要分析手段，主要是指财务人员根据企业现金净流量相关数据与其债务、资本、股本、销售净额、净利润等的比值，分析判断企业资产的流动性和财务状况，为管理者及报表使用者提供决策参考信息。

（四）现金流量表分析应注意的问题

1. 应将过程和结果相结合

在对现金流量进行分析的过程中，总是会遇到当期内的期末与期初在现金净变化量方面的确定问题。但是，对于任何一个企业来说，在确定当期期末与期初的现金净变化量的时候，一般会遇到这样三种情况，即现金及现金等价物的净增加额或者大于零，或者小于零，或者等于零。不过，不论是哪种情况，都不能从期末与期初数量的简单对比中来判断企业现金流动状况是出现“好转”还是“恶化”，或是维持不变。要揭示现金状况变化的原因，就必须对影响现金流量的各种因素进行全面分析，区分出预算或计划中安排的与由偶发性原因而引起的不同情况，并对由此产生的实际与预算的差异展开分析。从这种意义上说，分析现金流量的变化过程，甚至比对现金流量变化结果进行分析更为重要。

2. 不能据此判断各项活动的效果

各项活动的当期现金流入并不与当期现金流出相配比，尤其是投资活动和筹资活动，其当期现金流入和当期现金流出基本不相关。当期投资活动产生的现金流入是以前投资现金支出的结果，而当期筹资活动的现金流出则是以前筹资现金流入的还本和付息额。

3. 注意不同企业或同一企业不同时期的可比性

几个不相同的企业，其资产负债和损益状况可能比较相近，但现金流量的差别却可能很大，这与企业不同的财务政策、理财方针有关。即使同一企业在不同时期现金流量的变化也不能说明其财务状况的变化趋势。如在筹建期或投产期，经营活动现金流量较少，筹资活动现金流量较多；而在成熟期，则相反。

任务二

现金流量结构分析

任务描述

理解现金流量结构分析的概念，掌握现金流量结构分析的主要方法，能进行现金净流量结构分析、现金流入结构分析和现金流出结构分析。

基本知识与技能

一、现金流量结构分析的概念

现金流量结构包括现金流入结构、现金流出结构、流入流出比例。现金流量结构分析就是以这三类结构中某一类或一类中某个项目占其总体的比重所进行的分析。每项结构分析包括总流动结构和三项流动结构。财务分析人员可以利用现金流入和流出结构的历史比较和同业比较，得到更有意义的信息。

现金流量结构分析一般采用结构百分比法，其计算公式为：

$$比重=\frac{某一类或一类中某个项目金额}{总体金额}$$

二、现金净流量结构分析

现金净流量结构分析是对经营活动、投资活动、筹资活动以及汇率变动影响的现金净流量占全部现金净流量的比重进行分析。通过现金净流量结构分析，可以了解企业的现金净流量是如何形成与分布的，进而对经营活动、投资活动、筹资活动的现金流入与现金流出进行比较，找出影响现金流量净额的因素，为改进企业现金流量状况提供依据。企业可以采用现金净流量结构分析表的形式来分析现金净流量的构成。

【例 6-1】 ABC 公司 2022 年度现金流量表见表 6-1，请对 ABC 公司 2022 年度现金流量表进行结构分析。

表 6-1 ABC 公司现金流量表

会企 03 表

编制单位：ABC 公司　　2022 年度　　单位：万元

项目	本期金额	上期金额（略）
一、经营活动产生的现金流量		
销售商品、提供劳务收到的现金	3 689.40	
收到的税费返还		
收到其他与经营活动有关的现金		
经营活动现金流入小计	3 689.40	
购买商品、接受劳务支付的现金	2 211.00	
支付给职工以及为职工支付的现金	641.00	
支付的各项税费	222.00	
支付其他与经营活动有关的现金	43.00	
经营活动现金流出小计	3 117.00	
经营活动产生的现金流量净额	572.40	
二、投资活动产生的现金流量		
收回投资收到的现金		
取得投资收益收到的现金	12.00	
处置固定资产、无形资产和其他长期资产收回的现金净额		
处置子公司及其他营业单位收到的现金净额		
收到其他与投资活动有关的现金		
投资活动现金流入小计	12.00	
购建固定资产、无形资产和其他长期资产支付的现金	70.00	
投资支付的现金	120.00	
取得子公司及其他营业单位支付的现金净额		
支付其他与投资活动有关的现金		
投资活动现金流出小计	190.00	
投资活动产生的现金流量净额	−178.00	
三、筹资活动产生的现金流量		
吸收投资收到的现金	100.00	

续表

项目	本期金额	上期金额（略）
取得借款收到的现金		
收到其他与筹资活动有关的现金		
筹资活动现金流入小计	100.00	
偿还债务支付的现金		
分配股利、利润或偿付利息支付的现金	9.60	
支付其他与筹资活动有关的现金		
筹资活动现金流出小计	9.60	
筹资活动产生的现金流量净额	90.40	
四、汇率变动对现金及现金等价物的影响		
五、现金及现金等价物净增加额	484.80	
加：期初现金及现金等价物余额	82.30	
六、期末现金及现金等价物余额	567.10	

根据ABC公司2022年度现金流量表资料，可以计算出该公司的现金净流量结构分析表，见表6-2。

表6-2 ABC公司现金净流量结构分析表

项目	金额（万元）	结构百分比（%）
经营活动现金净流量	572.40	118.07
投资活动现金净流量	−178.00	−36.72
筹资活动现金净流量	90.40	18.65
汇率变动的影响		
现金净流量合计	484.80	100.00

从表6-2的结构百分比可以看出，ABC公司在2022年时，其现金流量主要来源于经营活动，经营活动的净现金流量不仅满足了日常经营的需要，而且补充了一部分用于投资活动，这就说明该企业的现金流量质量高，企业经营状态良好，其现金流结构合理。

三、现金流入结构分析

现金流入结构分析分为现金总流入结构分析和三项活动（经营活动、投资活动、筹资活动）收入的内部结构分析。现金总流入结构分析是对企业经营活动现金流入、投资活动现金流入和筹资活动现金流入在全部现金流入中所占比重进行分析，内部流入结构分析是对各项业务活动现金流入中具体项目的流入构成情况进行分析。通过现金流入结构分析，可以了解企业的现金来自何方，明确各现金流入项目在结构中的比重，分析存在的问题，为增加现金流入提供决策依据。

在现金流入结构具体分析中，可以通过将不同时期的构成比重进行对比，评价企业自身经营创造现金能力的强弱。通常情况下，经营活动现金流入所占现金总流入的比重越高，表明企业的财务基础越稳固，企业持续经营及获利能力的稳定程度越高，收益质量越好，抗风险能力也越强；反之，则说明企业现金的获得要依靠投资活动和筹资活动，财务基础薄弱，持续稳定获利的能力低，收益质量差。而在经营活动的现金流入中，销售商品、提供劳务所收到的现金占比重越高，表明企业经营活动开展得越有成效，经营基础越好，获利能力也越强。

【例 6-2】 沿用例 6-1 的资料，ABC 公司 2022 年度现金流入结构分析见表 6-3。

表 6-3　ABC 公司现金流入结构分析表

项目	金额（万元）	结构百分比（%）
经营活动的现金流入	3 689.40	97.05
其中：销售商品、提供劳务收到的现金	3 689.40	97.05
收到的税费返还		
收到其他与经营活动有关的现金		
投资活动的现金流入	12.00	0.32
其中：收回投资收到的现金		
取得投资收益所收到的现金	12.00	0.32
处置固定资产、无形资产和其他长期资产收回的现金净额		
处置子公司及其他营业单位收到的现金净额		
收到其他与投资活动有关的现金		
筹资活动的现金流入	100.00	2.63
其中：吸收投资收到的现金	100.00	2.63
取得借款收到的现金		
收到其他与筹资活动有关的现金		
现金流入合计	3 801.40	100

从表 6-3 可以看出，2022 年 ABC 公司的现金流入中，经营活动现金流入占整个现金流入的 97%以上，说明其现金来源结构合理，财务基础稳固，获利能力稳定程度较高。

小思考

经营活动的现金流入结构比率是不是越高越好？如果这一比率达到 100%，说明什么问题？

四、现金流出结构分析

现金流出结构分析同样分为现金总流出结构分析和内部流出结构分析。现金总流出结构分析是对企业经营活动现金流出、投资活动现金流出和筹资活动现金流出在全部现金流出中所占比重进行分析，内部流出结构分析是对各项业务活动现金流出中具体项目的流出构成情况进行分析。通过现金流出结构分析，可以了解企业的现金流向何方，明确各现金流出项目在结构中的比重，分析存在的问题，为控制现金流出提供决策依据。

在现金流出结构具体分析中，可以通过将不同时期的构成比重进行对比，评价企业现金流出的合理性。通常情况下，经营活动现金流出所占现金总流出的比重越高，表明企业生产经营越成熟，获利的能力会越强；反之，则可能说明企业生产经营处于起步成长或衰退阶段，获利的能力弱。而在经营活动现金流出中，购买商品、接受劳务所支付的现金占比越高，表明企业经营活动开展得越有成效，经营基础越好，获利的可能性越高。

【例 6－3】沿用例 6－1 的资料，ABC 公司 2022 年度现金流出结构分析见表 6－4。

表 6－4　ABC 公司现金流出结构分析表

项目	金额（万元）	结构百分比（%）
经营活动的现金流出	3 117.00	93.98
其中：购买商品、接受劳务支付的现金	2 211.00	66.66
支付给职工以及为职工支付的现金	641.00	19.33
支付的各项税费	222.00	6.69
支付其他与经营活动有关的现金	43.00	1.30
投资活动的现金流出	190.00	5.73
其中：购建固定资产、无形资产和其他长期资产支付的现金	70.00	2.11
投资支付的现金	120.00	3.62
取得子公司及其他营业单位支付的现金净额		
支付其他与投资活动有关的现金		
筹资活动的现金流出	9.60	0.29
其中：偿还债务支付的现金		
分配股利、利润或偿付利息支付的现金	9.60	0.29
支付其他与筹资活动有关的现金		
现金流出合计	3 316.60	100

从表 6－4 可以看出，2022 年 ABC 公司的现金流出中，经营活动现金流出占整个现金流出的 94%左右，证明企业经营活动现金流出很大，企业的主要资金需求就是经营活动，这就进一步印证了经营活动是企业主导的事实。

任务三

现金流量质量分析

任务描述

理解现金流量质量分析的概念，掌握现金流量和企业生命周期之间的关系，掌握现金流量质量分析的主要内容，能进行经营活动产生的现金流量质量分析、投资活动产生的现金流量质量分析和筹资活动产生的现金流量质量分析。

基本知识与技能

一、企业的生命周期与现金流量

企业在生命周期中会经历萌芽期、成长期、成熟期和衰退期四个阶段。而处在不同阶段的企业对现金流量的要求和各类现金流量所呈现的特征不同。

处在萌芽期的企业现金流量一般表现为：经营活动现金净流量为负数，投资活动现金净流量为负数，筹资活动现金净流量为正数。在这个阶段，企业需要投入大量资金，形成生产能力，开拓市场，其资金来源只有举债、融资等筹资活动。

处在成长期的企业现金流量一般表现为：经营活动现金净流量为正数，投资活动现金净流量为负数，筹资活动现金净流量为正数。在这个阶段，产品迅速占领市场，销售呈现快速上升趋势，表现为经营活动中大量货币资金回笼，同时为了扩大市场份额，企业仍需要大量追加投资，而仅靠经营活动现金流量净额可能无法满足所需投资，必须筹集必要的外部资金作为补充。

处在成熟期的企业现金流量一般表现为：经营活动现金净流量为正数，投资活动现金净流量为正数，筹资活动现金净流量为负数。在这个阶段，产品销售市场稳定，已进入投资回收期，但很多外部资金需要偿还，以保持企业良好的资信程度。

处在衰退期的企业现金流量一般表现为：经营活动现金净流量为负数，投资活动现金净流量为正数，筹资活动现金净流量为负数。在这个阶段，产品销售的市场占有率下降，市场萎缩，经营活动现金流入小于流出，同时企业为了应付债务不得不大规模收回投资以弥补现金的不足。

二、经营活动产生的现金流量质量分析

经营活动产生的现金流量会出现以下四种情况：

（一）经营活动产生的现金流量小于零

说明企业通过正常的商品购、产、销所带来的现金流入量不足以支付因上述经营活动而引起的货币流出。企业正常经营活动所需的现金支付则需要通过挤占本来可以用于投资活动的现金，或进行额外贷款融资，或拖延债务等方式来解决。这是一种比较危险的状态。

（二）经营活动产生的现金流量等于零

说明企业通过正常的商品购、产、销所带来的现金流入量恰恰能够支付因上述经营活动而引起的货币流动，企业的经营活动产生的现金流量处于收支平衡的状态。企业正

常经营活动不需要额外补充流动资金，企业的经营活动也不能为企业的投资活动以及融资活动贡献现金。

（三）经营活动产生的现金流量大于零但不足以补偿当期的非现金消耗性成本

说明企业通过正常的商品购、产、销所带来的现金流入量不但能够支付因经济活动而引起的货币流出，而且有余力补偿一部分当期的非现金消耗性成本。此时，企业虽然在现金流量的压力方面比前两种状态要小，但是，如果这种状态持续，从长期来看，则企业经营活动产生的现金流量也不可能维持企业经营活动的货币需求。因此，如果处在成长期和成熟期的企业在正常生产经营期间持续出现这种状态，则企业经营活动产生的现金流量的质量仍然不能给予较高评价。而对于处在萌芽期和衰退期的企业来说，如果企业的经营活动现金流量呈现出这种状态，则可以认为此时的企业经营活动产生的现金流量的质量良好。

（四）经营活动产生的现金流量大于零且能够补偿当期的非现金消耗性成本

说明企业通过正常的商品购、产、销所带来的现金流入量不但能够支付因经营活动而引起的货币流出、补偿全部当期的非现金消耗性成本，而且有余力为企业的投资等活动提供现金流量的支持。应该说，在这种状态下，企业经营活动产生的现金流量已经处于良好的运转状态。如果这种状态持续，则企业经营活动产生的现金流量将对企业经营活动的稳定与发展、企业投资规模的扩大起到重要的促进作用。无论对于处在哪个发展阶段的企业来说，这种状态都是企业经营活动产生的现金流量质量最好的表现。

三、投资活动产生的现金流量质量分析

投资活动产生的现金流量会出现以下两种情况：

（一）投资活动产生的现金流量小于零

说明企业投资活动所支付的现金大于企业投资活动收到的现金。这一般是企业挖掘利润增长点、扩大投资行为产生的结果。

（二）投资活动产生的现金流量大于零

说明企业在投资活动方面的现金流入量大于流出量。这种情况的发生，或者是因为企业在本会计期间的投资回收活动的规模大于投资支出的规模，或者是因为企业在经营活动与筹资活动方面急需资金而不得不处理手中的长期资产以求变现等。因此，必须对企业投资活动的现金流量原因进行具体分析。如果是由于企业衰退或缺少投资机会导致投资活动产生的现金流量大于零的状态的产生，则这种状态说明投资活动产生的现金流量的质量很差；如果是由于企业在本会计期间投资回收规模较大，数额较多，而企业将这部分资金用于经营活动，则投资活动产生的现金流量大于零的状态并不能说明企业投资活动产生的现金流量的质量差。

小思考

投资活动产生的现金流量是不是越大越好？应该怎样对投资活动产生的现金流量进行分析？

四、筹资活动产生的现金流量质量分析

筹资活动产生的现金流量会出现以下两种情况：

（一）筹资活动产生的现金流量大于零

说明企业筹资活动收到的现金大于筹资活动支付的现金。在企业处于发展的起步阶段、投资需要大量资金、企业经营活动的现金流量小于零的条件下，企业的现金流量的需求主要通过筹资活动来解决。因此，分析企业筹资活动产生的现金流量大于零是否正常，关键要看企业的筹资活动是否已经纳入企业的发展规划，是企业管理层以扩大投资和经营活动为目标的主动行为还是企业因投资活动和经营活动的现金流出失控不得已而为之的被动行为。如果是主动行为，则企业筹资活动产生的现金流量大于零是正常的；如果是被动行为，则企业筹资活动产生的现金流量大于零是不正常的，可视为企业筹资活动产生的现金流量质量不好。

（二）筹资活动产生的现金流量小于零

说明企业筹资活动收到的现金小于筹资活动支付的现金。这种情况的出现，或者是因为企业在本会计期间集中发生偿还债务、支付筹资费用、分配股利或利润、偿付利息、融资租赁等业务，或者是因为企业经营活动与投资活动在现金流量方面运转较好，有能力完成上述各项支付。但是，企业筹资活动产生的现金流量小于零，也可能是企业在投资和企业扩张方面没有更多作为的一种表现。

【例 6－4】沿用例 6－1 的资料，已知 ABC 公司目前处于成长期，对 ABC 公司现金流量进行质量分析如下：

(1) 从 ABC 公司 2022 年度现金流量表（表 6－1）可以看出，ABC 公司 2022 年经营活动现金流量净额为 572.40 万元，表明公司经营活动获取现金的能力较强。结合 2022 年 ABC 公司利润表分析，判断 ABC 公司经营活动现金流量质量较高。

(2) ABC 公司投资活动现金流量净额为－178 万元，表明公司投资活动现金流出大于公司投资活动现金流入，结合 2022 年 ABC 公司资产负债表进行分析，投资活动现金流出大于流入主要是由购置固定资产和无形资产所引起的，而且是维持基本再生产和企业进一步发展壮大的需要，可以表明公司的投资活动与正常生产经营活动是协调一致的，投资活动现金流量不存在质量问题。

(3) ABC 公司筹资活动现金流量净额为 90.40 万元，意味着公司筹资活动现金流入大于公司筹资活动现金流出，这是由吸收直接投资所引起的，结合公司发展处于成长期分析，2022 年 ABC 公司筹资活动现金流量状况是正常的，也不存在质量问题。

(4) ABC 公司 2022 年的现金及现金等价物净增加额为 484.80 万元，主要是由经营活动产生的现金流量净额所引起的，表明公司经营状况良好，收现能力强，坏账风险小。

综上所述，ABC 公司 2022 年度现金流量质量很好。

任务四

现金流量比率分析

任务描述

理解现金流量比率分析的概念，掌握现金流量比率分析的主要方法，掌握现金流量比率分析主要指标的计算方法和含义，能进行获取现金能力分析、现金偿债能力分析和现金支付能力分析。

基本知识与技能

比率分析是依据会计报表中各有关数据之间的内在联系，通过计算其实际比率，并将其与标准比率或内在数据关系值进行比较，反映和评价企业财务状况和经营业绩是否正常、合理的一种分析方法。对现金流量表的比率分析，大致可分为获取现金能力分析、现金偿债能力分析、现金支付能力分析三部分。

一、获取现金能力分析

获取现金能力分析可通过经营活动现金流量净额和投入资源的比值来反映。投入资源可以是销售收入、总资产、净资产或普通股股数。

(一) 销售现金比

销售现金比的计算公式为：

$$\text{销售现金比}=\frac{\text{经营活动现金净流量}}{\text{销售额}}$$

该比率反映每元销售得到的净现金，该数值越大越好。销售现金比越大，表明货款回收速度越快，发生坏账的风险越小，对应收账款的管理越好。

【例 6－5】 沿用例 6－1 的资料，假设利润表显示 2022 年 ABC 公司销售额为 3 749.40 万元，则 ABC 公司 2022 年销售现金比为：

$$销售现金比=\frac{572.40}{3\ 749.40}=0.15$$

这表明ABC公司在2022年，每销售1元的商品，付完所有该付的钱后，自己能取得的现金收益为0.15元，这一数值已经相当可观了。

（二）每股经营现金流量净额

每股经营现金流量净额的计算公式为：

$$每股经营现金流量净额=\frac{经营活动现金净流量}{普通股股数}$$

该指标反映企业最大的分派股利的能力，超过此限度，企业分红就要受到影响。

（三）全部资产现金回收率

全部资产现金回收率的计算公式为：

$$全部资产现金回收率=\frac{经营活动现金净流量}{平均资产总额}=\frac{经营活动现金净流量}{（期初资产总额+期末资产总额）\div 2}$$

【例6-6】 沿用例6-1的资料，假设资产负债表显示2022年年初ABC公司资产总额为1 654.30万元，2022年年末资产总额为2 528.70万元，则ABC公司2022年全部资产现金回收率为：

$$全部资产现金回收率=\frac{572.40}{（1\ 654.30+2\ 528.70）\div 2}=0.27$$

这表明ABC公司在2022年，每1元的资产，能最终取得的现金收益为0.27元，这说明企业资产的收现能力相当强。

二、现金偿债能力分析

关于企业的偿债能力分析，我们在财务能力分析中有过详细介绍，如流动比率等。但是，流动比率是流动资产与流动负债之比，而流动资产体现的是能在一年或一个营业周期内变现的资产，包括许多流动性不强的项目，如呆滞的存货、有可能收不回的应收账款，以及本质上属于费用的待处理流动资产损失和预付账款等。它们虽然具有资产的性质，但事实上却不能再转变为现金，不再具有偿付债务的能力。而且，不同企业的流动资产结构差异较大，资产质量各不相同，因此，仅用流动比率等指标来分析企业的偿债能力，往往有失偏颇。通过运用经营活动现金净流量与资产负债表相关指标进行对比分析，作为流动比率等指标的补充，能更好地分析企业的偿债能力。

事实上，企业举债来弥补自有资金的不足，最终用于偿债的最直接的资产就是现金。因此，用现金流量来衡量企业的偿债能力更加直观和保险。现金流量表中关于企业偿债能力的分析，主要是用现金与债务进行比较，常用的指标主要有现金流动负债比、现金债务总额比、现金到期债务比等。

（一）现金流动负债比

现金流动负债比是用现金流量表中经营活动现金净流量与企业的流动负债进行比较。

其计算公式为：

$$现金流动负债比=\frac{经营活动现金净流量}{平均流动负债}\times100\%$$

$$=\frac{经营活动现金净流量}{(期初流动负债+期末流动负债)\div2}\times100\%$$

现金流动负债比反映企业最真实的偿债能力，尤其是在企业坏账比例大、呆滞存货多的情况下，分析现金流动负债比显得尤为重要。该比率太低，说明企业短期偿债能力差，债权人利益无保障；该比率太高，说明企业虽然短期偿债能力不成问题，但是存置现金太多，不但增加管理成本，还可能丧失高收益的投资机会。所以企业应根据自身日常开支情况、生产销售情况，以及临时筹措资金的能力，结合比较同行业平均水平，确定合理的现金流动负债比。

【例 6-7】沿用例 6-1 的资料，假设资产负债表显示 2022 年年初 ABC 公司流动负债为 551 万元，2022 年年末流动负债为 534 万元，则 ABC 公司 2022 年现金流动负债比为：

$$现金流动负债比=\frac{572.40}{(551+534)\div2}\times100\%=105.51\%$$

ABC 公司的现金流动负债比大于 1，这说明企业仅仅依靠经营收入，就有足够的现金偿还所有的短期债务，企业的偿债能力较好。

（二）现金债务总额比

不管是流动负债还是长期负债，都是企业需要用现金确实支付的债务。因此，仅仅考虑流动负债的偿还能力是不全面的，还需要衡量企业偿还所有债务的能力，这就是现金债务总额比。该指标用企业期末经营活动现金流量净额与债务总额进行比较。其计算公式为：

$$现金债务总额比=\frac{经营活动现金净流量}{平均债务总额}\times100\%$$

该指标反映了企业当年现金净流量负荷债务总额的能力，可衡量当年现金净流量对全部债务偿还的满足程度。

小思考

企业应该怎样评价现金债务总额比这个指标？这个指标是不是越高越好？

【例 6-8】沿用例 6-1 的资料，假设资产负债表显示 2022 年年初 ABC 公司负债总额为 1 091 万元，2022 年年末负债总额为 1 074 万元，则 ABC 公司 2022 年现金债务总额比为：

$$现金债务总额比=\frac{572.40}{(1\,091+1\,074)\div2}\times100\%=52.88\%$$

ABC 公司的现金债务总额比为 52.88%，也就是该公司随时可以用现金偿还一半以上的债务。而且如果考虑到只要能按时付息就能借新债还旧债，维持债务规模，那么ABC公司的债务资金成本率只要低于52.88%就能够实现这一目标，显然这是基本可以肯定的。因此可以判断，ABC公司的偿债能力较强，举债空间较大，财务风险较低。

（三）现金到期债务比

对于企业来说，全面考核其偿债能力非常有意义，但是真正的当务之急是了解今天口袋里所有属于自己的可用的钱能不能应付门口那些催要债务的人，这就是现金到期债务比，即经营活动现金净流量与本期到期债务的比值。其计算公式为：

$$现金到期债务比=\frac{经营活动现金净流量}{本期到期的债务}\times 100\%$$

其中，本期到期的债务是指即将到期的长期债务和应付票据，不包括短期借款和应付账款。

另外，之所以用经营活动现金净流量，也就是“老板口袋里所有属于自己的可用的钱”，是因为筹资活动和投资活动产生的现金流量是一个短期行为，不代表企业的偿债实力，部分现金（如筹资活动的现金）本身就是一种债务，根本不能算老板自己的钱。

对这一指标进行考察，可根据其大小直接判断企业的即期偿债能力，可帮助报表使用者对企业即将到期且不能展期的债务偿还能力加以衡量。

三、现金支付能力分析

企业在其生产经营过程中，除了用现金偿还债务外，还需要用现金购买货物，支付工资、税金以及各种经营费用，进行对内对外投资，向投资者支付股利、利润等。企业如果没有足够的现金来支付这些款项，那么企业的生产经营活动就不能正常进行。

现金支付能力是指经营活动现金净流量和企业现金支付要求的比较。如果企业现金流量超过现金需要，企业现金支付能力就强，那么企业适应经济环境变化和利用投资机会的能力就强，财务弹性就好。因此，现金支付能力分析又被称为财务弹性分析。

企业现金支付要求一般涉及投资要求和承诺支付要求。因此，反映企业现金支付能力的指标通常有现金满足投资比和现金股利保障倍数。

（一）现金满足投资比

现金满足投资比，又称现金流量适合比率，是指企业一定时期经营活动现金净流量与同期资本支出、存货购置及发放现金股利的比值。它反映经营活动现金满足主要现金需求的程度。其计算公式为：

$$现金满足投资比=\frac{经营活动现金净流量}{资本支出+存货增加+现金股利}$$

该比率越大，说明资金自给率越高。若企业连续几年的现金满足投资比均为1，说明企业可以用经营获取的现金满足扩充所需资金；若该比率计算结果小于1，说明企业经营活动产生的现金流入不能满足需要，则应靠外部筹资来补充；若该比率计算结果大于1，意味着企业经营活动所形成的现金流入大于日常需要，企业可考虑偿还债务以减轻利息负担，扩大生产经营规模或增加长期投资。

【例 6-9】沿用例 6-1 的资料，假设资产负债表和利润表显示 2022 年度 ABC 公司资本支出为 331.6 万元，存货增加为 182.2 万元，现金股利为 100 万元，则 ABC 公司 2022 年现金满足投资比为：

$$现金满足投资比=\frac{572.40}{331.6+182.2+100}=0.93$$

ABC 公司本年现金满足投资比小于 1，这说明企业还有少量的投资所需资金需要靠外部融资提供。

（二）现金股利保障倍数

现金股利保障倍数即经营活动现金净流量与现金股利支付额之比，该指标表示的是企业用当期正常经营活动所产生的现金净流量来支付股利的能力有多大。其计算公式为：

$$现金股利保障倍数=\frac{每股营业现金流量}{每股现金股利}=\frac{经营活动现金净流量}{现金股利}$$

一般认为，现金股利保障倍数越大，表明企业的支付股利能力越强，因为企业有足够的现金能保证现金股利的支付。

学思之窗

疫情下，京东现金流由正变负背后的担当

2020 年 5 月 15 日，京东公布 2020 年一季度财报。疫情期间，京东依托智能供应链、技术和物流等优势，实现了包括用户数在内的各项指标稳步增长。其中净收入 1 462 亿元，增长 20.7%，活跃用户大增 2 500 万，创下公司在行业淡季用户增长的新高。不过，作为企业重要运营指标的自由现金流，京东一季度却为−30 亿元，令人颇为意外。

1. 疫情下，对供应商的账期三年来最短

京东的现金流这两年变化不小，2018 年京东现金流为−79 亿元，2019 年京东果断进行了经营理念、战略、组织和业务等一系列变革，迅速穿越迷雾，现金流也一路攀升，显示出不断向好的势头。这次现金流转负，京东表示是为了尽快帮助中小商家缓解运营资金的压力，京东主动加快了对供应商的结款周期，还向供应商提前预付了大量的货款。一季度公司应付账款周转天数降至 51.7 天，同比减少 5.7 天，为三年来最低值。翻看京东近年财报可以发现，2018 年二季度，京东应付账款周转天数达到峰值：60.9 天。随后这一数据迅速回落，一直到现在的 51.7 天，也就是说京东给供

应商的结款时间不断加快。51.7天是个什么概念？大家知道，不管是线上平台还是线下超市，零售商和供应商都是存在账期的。2018年以来，零售行业平均应付账款周转天数约为103天，苏宁今年一季度为90天，亚马逊也达到了81天，相较之下京东的账期要短一个月以上。

疫情期间，广大品牌商家承受着前所未有的冲击。复工复产难、资金周转难、销售难成为品牌商家面临的最大问题。尤其是不少企业资金压力较大，流动性紧张波及产业链上下游。连知名餐饮企业西贝的老板贾国龙也曾疾呼，贷款发工资也只能撑三个月。在这一背景下，京东宁可现金流为负，也要帮助中小商家缓解运营资金的压力，显示了大企业、大平台的责任和担当，也显示出京东业务的健康和对自身能力的自信。

2. 一件商品净利10%，京东只要3%

京东与数万家供应商、20多万商家和700多万家企业客户有合作，说其与品牌商家同呼吸、共命运并不为过，因此京东一直非常重视零供关系。京东曾表示，如果一件商品的净利能有10%，京东只要3%就足够，希望留给家电品牌的利润永远是京东赚到的2倍。京东清楚地认识到，品牌商承担着更大的创新风险，只有让品牌商活得更好，才能真正实现商业平衡，建立牢固、永动、稳定的零供关系。这次疫情期间京东缩短账期，就是支持供应商伙伴的有力体现。实际上，除了缩短账期，京东还向品牌商家推出了多轮次重磅补贴政策。疫情最严重时，为了与商家共渡难关，京东于2月2日和2月8日分别推出面向全体商家和入仓京东物流商家的补贴扶持措施，之后又陆续推出面向家电、生鲜、健康、京东国际和京喜等商家的补贴举措。

资料来源：疫情下，京东现金流由正变负背后的担当．(2020-05-15)．https://baijiahao.baidu.com/s?id=1666752000637111561&wfr=spider&for=pc.

项目小结

现金流量表是以现金为基础编制的反映公司财务状况变动的报表，它反映出公司一定会计期间内有关现金和现金等价物的流出和流入的信息。现金流量分经营活动产生的现金流量、投资活动产生的现金流量和筹资活动产生的现金流量三个部分。对现金流量表的分析，包括现金流量结构分析、现金流量质量分析和现金流量比率分析。现金流量结构分析以现金流量表中的类别和项目组成为基础，分别计算出各类或各项目在其总体中的比重，通过对比重变化及变动程度的分析，对现金流量作出判断评价；现金流量质量分析根据企业所处的生命周期，分析企业不同现金流量状况及其配适关系，对企业作出判断；现金流量比率分析以相关财务比率为主要分析手段，根据企业现金净流量相关数据与其债务、资本、股本、销售净额、净利润等的比值，分析判断企业资产的流动性和财务状况。这三种分析方法的使用很灵活，可以根据分析需要选用，并不是在每一次进行现金流量表分析时都要同时使用三种方法。另外，现金流量表分析一定要与其他财务报表的分析相配合才能体现分析的真正价值。

项目训练

一、单项选择题

1. 下列财务活动中不属于企业筹资活动的是（ ）。

A. 发行债券　　B. 分配股利

C. 吸收权益性投资　　D. 购建固定资产

2. 衡量和评价偿债能力最稳健、最能说明问题的是采用（ ）。

A. 资产　　B. 所有者权益

C. 现金流量　　D. 净利润

3. 在企业处于高速成长阶段，投资活动现金流量往往是（ ）。

A. 流入量大于流出量　　B. 流出量大于流入量

C. 流入量等于流出量　　D. 不一定

4. 对于下列经营活动现金流量的项目，财务分析人员应重点关注的是（ ）。

A. 销售商品、提供劳务收到的现金

B. 收到其他与经营活动有关的现金

C. 支付其他与经营活动有关的现金

D. 吸收投资收到的现金

5. 投资活动现金净流量小于零，可能的结果是（ ）。

A. 投资收益显著

B. 企业本期投资缩小

C. 出现财务危机，不得不处置长期资产以补偿日常活动现金需求

D. 企业当期有较大的对外投资，对企业长远发展有利

二、多项选择题

1. 下列经济事项中，不能产生现金流量的有（ ）。

A. 出售固定资产

B. 企业用现金购买将于 3 个月内到期的国库券

C. 投资人投入现金

D. 将库存现金送存银行

2. 现金流量可以用来评价企业（ ）的能力。

A. 支付利息　　B. 利润分配

C. 偿付债务　　D. 生产经营

3. 现金流量表分析包括（ ）。

A. 现金流量结构分析　　B. 现金流量质量分析

C. 现金流量活动分析　　D. 现金流量比率分析

4. 在企业处于成长期，现金流量呈现的特征有（ ）。

A. 经营活动现金流量为正数　　B. 投资活动现金流量为负数

C. 筹资活动现金流量为负数　　　　D. 投资活动现金流量为正数

5. 衡量企业获取现金能力使用的指标有（　　）。

A. 现金到期债务比　　　　B. 每股经营现金流量净额

C. 全部资产现金回收率　　　　D. 销售现金比

三、判断题

1. 经营活动产生的现金流量大于零说明企业盈利。（　　）

2. 现金流动负债比越高，说明企业偿债能力越强，对企业越有利。（　　）

3. 通常情况下，经营活动现金流入所占现金总流入的比重越高，表明企业的财务基础越稳固，企业持续经营及获利能力的稳定程度越高，收益质量越好，抗风险能力也越强。（　　）

4. 投资活动产生的现金流量小于零，说明企业投资活动所支付的现金大于企业投资活动收到的现金。这是对企业不利的现象。（　　）

5. 企业获取的利润越多，它的偿债能力就越强。（　　）

四、简答题

1. 现金流量表的构成是怎样的？现金流量表有什么作用？

2. 企业为什么会经常出现“有利润而没钱”的情况？

3. 现金流量表结构分析包括哪几个方面？分别如何进行分析？

4. 企业生命周期和现金流量存在怎样的关系？

5. 常用的现金流量财务比率有哪些？如何通过这些比率对企业的财务能力作出评判？

项目实训

实训目标：掌握现金流量表分析方法。

实训资料：浙江东方股份有限公司 2022 年度现金流量表见表 6－5。

表 6－5　浙江东方公司现金流量表

编制单位：浙江东方公司　　　　2022 年度　　　　单位：元

报告期	2022－12－31	2021－12－31
一、经营活动产生的现金流量		
销售商品、提供劳务收到的现金	21 269 555 673.01	18 579 080 270.79
收到的税费返还	150 202 063.40	217 665 983.35
收到其他与经营活动有关的现金	636 610 355.89	346 516 829.84
经营活动现金流入小计	22 056 368 092.30	19 143 263 083.98
购买商品、接受劳务支付的现金	20 806 716 727.21	17 043 636 625.29
支付给职工以及为职工支付的现金	302 730 131.17	321 188 537.39
支付的各项税费	343 911 154.38	296 487 807.35
支付其他与经营活动有关的现金	425 400.00	—
经营活动现金流出小计	22 443 562 127.54	18 187 655 020.09

续表

报告期	2022-12-31	2021-12-31
经营活动产生的现金流量净额	−387 194 035.24	955 608 063.89
二、投资活动产生的现金流量		
收回投资收到的现金	2 594 194.96	184 671 360.01
取得投资收益收到的现金	107 659 434.35	210 555 343.90
处置固定资产、无形资产和其他长期资产收回的现金净额	2 285 866.34	31 623 495.47
处置子公司及其他营业单位收到的现金净额	6 905 366.47	135 341 935.59
收到其他与投资活动有关的现金	—	—
投资活动现金流入小计	119 444 862.12	562 192 134.97
购建固定资产、无形资产和其他长期资产支付的现金	163 790 186.15	359 851 168.59
投资支付的现金	428 798 833.30	185 260 474.10
取得子公司及其他营业单位支付的现金净额	55 159 408.87	64 782 386.81
支付其他与投资活动有关的现金	—	—
投资活动现金流出小计	647 748 428.32	609 894 029.50
投资活动产生的现金流量净额	−528 303 566.20	−47 701 894.53
三、筹资活动产生的现金流量		
吸收投资收到的现金	1 051 095 972.94	6 000 000.00
取得借款收到的现金	6 782 978 889.60	8 517 115 310.98
收到其他与筹资活动有关的现金	—	—
筹资活动现金流入小计	8 329 074 862.54	8 523 115 310.98
偿还债务支付的现金	6 872 644 926.78	8 936 237 681.82
分配股利、利润或偿付利息支付的现金	—	—
支付其他与筹资活动有关的现金	990 204 114.78	526 342 050.06
筹资活动现金流出小计	7 141 840 209.74	9 302 170 680.76
筹资活动产生的现金流量净额	1 187 234 652.80	−779 055 369.78
四、汇率变动对现金及现金等价物的影响	6 849 871.69	4 346 302.21
五、现金及现金等价物净增加额	278 586 923.05	133 197 101.79
加：期初现金及现金等价物余额	817 666 237.80	632 473 715.67
六、期末现金及现金等价物余额	1 096 253 160.85	765 670 817.46

实训要求：请对浙江东方公司 2022 年度现金流量表进行解读，分别进行现金流量结构分析、现金流量质量分析、现金流量比率分析，并写出分析报告。

项目七

所有者权益变动表分析

学习目标

知识目标

理解所有者权益变动表的结构和内容

理解所有者权益变动表分析的目的

熟悉所有者权益变动表结构分析方法

熟悉所有者权益变动表质量分析方法

能力目标

能够进行所有者权益变动表结构分析

能够进行所有者权益变动表质量分析

素质目标

引导学生遵守会计相关法律法规的规定，依法办事

培养学生踏实肯干的工作作风和热情、耐心的服务态度

引导案例

可转换公司债券的发行与转换对所有者权益的影响

爱奇艺 2018 年 12 月 29 日发布公告，计划发行总本金为 5 亿美元的可转换优先债券。

公告信息显示，此次拟发行的债券期限为 5 年，将于 2023 年 12 月 1 日到期。爱奇艺计划给予债券的初始认购者 13 天的选择权，允许其最多可额外购买价值 7 500 万美元的债券。

爱奇艺 2018 年三季报显示，爱奇艺 2018 年第三季度总收入为 69 亿元人民币（约合 10 亿美元），同比增长 48%，其中会员收入成为第一大收入来源。截至 2018 年 9 月 30

日，爱奇艺持有现金、现金等价物和短期投资共计 97 亿元人民币（约合 14 亿美元）。

公司发行可转债，可以调节、优化企业资本结构，降低融资成本以及缓解股本的被稀释程度。

资料来源：张先治，等．财务分析习题与案例［M］. 大连：东北财经大学出版社，2019.

任务一 所有者权益变动表分析概述

任务描述

掌握所有者权益变动表的概念、结构和内容，掌握所有者权益变动表分析的概念、目的和内容，理解所有者权益变动表分析的注意事项。

基本知识与技能

一、所有者权益变动表概述

（一）所有者权益变动表的概念

所有者权益变动表（或股东权益变动表，下同）是指反映构成所有者权益的各组成部分当期的增减变动情况的报表。综合收益总额、会计政策变更和差错更正的累积影响金额，以及与所有者（或股东，下同）的资本交易导致的所有者权益的变动，应当分别列示。

通过所有者权益变动表，既能够为报表使用者提供所有者权益总量增减变动的信息，也能够为其提供所有者权益增减变动的结构性信息，特别是能够让报表使用者理解所有者权益增减变动的根源。

（二）所有者权益变动表的结构和内容

所有者权益变动表包括表首、正表两部分。其中，表首说明报表名称、编制单位、编制日期、报表编号、货币名称、计量单位等；正表是所有者权益变动表的主体，具体说明所有者权益增减变动的各项内容，包括实收资本（或股本，下同）、资本公积、法定和任意盈余公积、法定公益金、未分配利润等。每个项目中，又分为年初余额、本年增加数、本年减少数、年末余额四小项，每个小项中，又根据具体情况分别列示其不同内容。

所有者权益变动表以矩阵的形式列示。一方面，列示导致所有者权益变动的交易或事项，即所有者权益变动的来源，对一定时期所有者权益的变动情况进行全面反映；另一方面，按照所有者权益各组成部分列示交易或事项对所有者权益各部分的影响。

小思考

如何理解《企业会计准则——基本准则》中的所有者权益要素？

二、所有者权益变动表分析的意义

（一）所有者权益变动表分析的概念

所有者权益变动表分析即通过分析所有者权益的来源及其变动情况，了解会计期间内影响所有者权益增减变动的具体原因，判断构成所有者权益各个项目变动的合法性与合理性，为报表使用者提供较为真实的所有者权益总额及其变动信息，从而为股东、投资者、债权人以及其他报表使用者提供全面的财务信息，为他们进行经济决策提供依据和思路。

（二）所有者权益变动表分析的目的

所有者权益变动表是全面反映企业在某一会计期间内所有者权益各组成部分增减变动情况的报表。在所有者权益变动表上，除了列示投资者投资和净利润对所有者权益变动的影响外，还列示其他综合收益，因此，所有者权益变动表在一定程度上体现了企业的综合收益，体现了会计的综合收益观。所有者权益变动表分析的目的如下：

1. 了解企业的综合收益

在所有者权益变动表中，净利润和直接计入所有者权益的利得和损失均单列项目反映，以披露企业的综合收益。因此，通过所有者权益变动表，不仅可以了解企业所有者权益构成、各组成部分所占比例以及在本期的增减变动情况和变动原因，而且可以了解企业最终收益数额和构成情况。

2. 了解企业利润分配情况

由于企业对净利润的分配直接影响所有者总额和各项目发生的变动，也被列入所有者权益变动表，因此通过该表还可以了解企业净利润的分配情况。可以说，所有者权益变动既是对资产负债表的补充，又替代了利润分配表，对利润表进行补充说明。

3. 了解企业会计政策变更以及会计差错的更正情况

2007 年新企业会计准则实施以前，会计政策变更和前期差错更正对所有者权益本年年初余额的影响，主要在会计报表附注中体现，很容易被投资者忽略。随着新准则的颁布，除了要求企业在附注中披露与会计政策变更、前期差错更正有关的信息外，还要在所有者权益变动中表示会计政策变更和前期差错更正对所有者权益的影响，因此企业会计政策变更以及会计差错的更正情况得到了更为清晰的体现。

（三）所有者权益变动表分析的内容

1. 所有者权益变动表结构分析

所有者权益变动表结构分析就是通过计算所有者权益各个项目变动占所有者权益变动的比重，分析企业所有者权益各个项目的比重及其变动情况，揭示净资产构成的变动原因，以便进行相关决策。

2. 所有者权益变动表质量分析

所有者权益变动表质量分析就是将各个项目的本期数与上期数进行对比，分析企业当期所有者权益各个项目及其变动情况，揭示净资产的变动原因，以便进行相关决策。

（四）所有者权益变动表分析应注意的问题

（1）所有者权益变动表中“其他综合收益”项目受公允价值计量的影响，而公允价值由于难以取得，无法杜绝上市公司发布虚假信息的可能性，这不仅加大了财务分析的难度，而且有可能使分析结论的准确性受到影响。因此，财务分析人员需要借助财务报告附注等补充材料判断企业计入“其他综合收益”数据的合理性，或排除因公允价值计量问题带来的不确定性。

（2）在进行利润分配分析时，注意从我国法律环境、股东因素、公司因素及其他方面着手，同时了解公司股利分配政策（如固定股利政策、固定股利支付率政策等）、股利支付方式（如现金股利、股票股利等）的优缺点，综合利润分配项目进行分析。

扫一扫

其他综合收益

（3）财务分析作为一种理性思维和判断过程，单纯看计算财务比率得出的数字没有任何意义，而必须将这些比率进行解释，找出问题，分析原因，这就需要分析人员综合利用财务报告及其他财务信息，尤其是表外信息。

（4）所有者权益变动表披露全面收益信息既符合国际化要求，又适合我国国情，但分析全面收益需要财务分析人员对所有者权益变动表及相关资料进行深层研究，以挖掘对决策有用的信息。

任务二

所有者权益变动表结构分析

任务描述

理解所有者权益变动表结构分析的概念，能够进行所有者权益变动构成分析、所有者权益结构分析。

基本知识与技能

由于所有者权益变动表是以矩阵形式列示的，分别从两个方面反映所有者权益的构成和变动，因此，所有者权益变动表的结构分析也应该从两个方面分别进行。按照所有者权益变动表的表格结构，将纵向的结构分析称为所有者权益变动构成分析，将横向的结构分析称为所有者权益结构分析。

一、所有者权益变动构成分析

所有者权益变动构成分析，是将所有者权益变动表各个变动项目的本期发生数与所有者权益本期年末余额进行比较，即各个项目金额占本年年末余额的比重，从而揭示公司当年所有者权益的变动原因，找出影响所有者权益变动的主要项目，为报表使用者进行经济决策提供依据。

【例 7-1】 东方公司 2022 年度所有者权益变动表见表 7-1，请对东方公司 2022 年度所有者权益变动表进行所有者权益变动构成分析。

根据东方公司 2022 年度所有者权益变动表资料，可以计算出该公司的所有者权益变动构成分析表，见表 7-2。

从表 7-2 的所有者权益变动构成分析可以看出，东方公司 2022 年末所有者权益余额为 277 383.70 万元，除受上年期末余额影响最大外，会计政策变更使得所有者权益增加 293.64 万元，在当年所有者权益中占 0.11%；当年实现净利润 2 825.82 万元，占 1.02%；其他综合收益为 2 920.13 万元，占 1.05%；公司回购库存股使所有者权益减少 4 380.34 万元，占−1.58%。以上数据显示，2022 年度公司所有者权益总额在增加，主要是因为实现净利润和出售可供出售金融资产，净利润使所有者权益总额增加的比例小于出售可供出售金融资产使所有者权益总额增加的比例。公司有回购本公司股票的业务发生，这需要结合公司的发展规划和具体经营情况作进一步分析评价。

另外，可以对公司所有者权益上年金额作同样的结构分析，然后把本年数和上年数进行比较，以此进一步反映所有者权益变动的变化情况。

二、所有者权益结构分析

所有者权益结构分析是指所有者权益的各项目金额占所有者权益总额的比重。它反映了企业所有者权益各项目的分布情况，揭示了企业的经济实力和风险承担能力。

表 7-1　所有者权益变动表

会企 04 表

编制单位：东方公司　　2022 年度　　单位：万元

项目	本年金额							上年金额						
	实收资本（或股本）	资本公积	减：库存股	其他综合收益	盈余公积	未分配利润	所有者权益合计	实收资本（或股本）	资本公积	减：库存股	其他综合收益	盈余公积	未分配利润	所有者权益合计
一、上年年末余额	50 000.00	78 235.69			86 452.11	61 036.65	275 724.45	50 000.00	78 235.69			86 452.11	64 540.12	279 237.92
加：会计政策变更					29.36	264.28	293.64							
前期差错更正														
二、本年年初余额	50 000.00	78 235.69			86 481.47	61 300.93	276 018.09	50 000.00	78 235.69			86 452.11	64 540.12	279 237.92
三、本年增减变动金额（减少以"—"号填列）	−75	−4305.34		2920.13	282.58	2 543.24	1 365.61						−3503.47	−3503.47
（一）综合收益总额				2920.13		2825.82	5745.95						−3503.47	−3503.47
（二）所有者投入和减少资本	−75	−4305.34					−4380.34							
1. 所有者投入资本	−75	−4305.34					−4380.34							
2. 股份支付计入所有者权益的金额														
3. 其他														
（三）利润分配					282.58	−282.58	0							
1. 提取盈余公积					282.58	−282.58	0							
2. 对所有者（或股东）的分配														
3. 其他														
（四）所有者权益内部结转														
1. 资本公积转增资本（或股本）														
2. 盈余公积转增资本（或股本）														
3. 盈余公积弥补亏损														
4. 其他														
四、本年年末余额	49 925.00	76 850.48			86 764.05	63 844.17	277 383.70	50 000.00	78 235.69			86 452.11	61 036.65	275 724.45

表 7-2 东方公司 2022 年度所有者权益变动构成分析表金额

单位：万元

项目	本年数		上年数	
	金额	比重	金额	比重
一、上年年末余额	275 724.45	99.40%	279 227.92	101.27%
加：会计政策变更	293.64	0.11%		
前期差错更正				
二、本年年初余额	276 018.09	99.51%	279 227.92	101.27%
三、本年增减变动金额（减少以“—”号填列）	1 365.61	0.49%	−3 503.47	−1.27%
（一）综合收益总额	5 745.94	2.07%	−3 503.47	−1.27%
1. 净利润	2 825.82	1.02%	−3 503.47	−1.27%
2. 其他综合收益	2 920.13	1.05%		
（二）所有者投入和减少资本	−4 380.34	−1.58%		
1. 所有者投入资本	−4 380.34	−1.58%		
2. 其他权益工具持有者投入资本				
3. 股份支付计入所有者权益的金额				
4. 其他				
（三）利润分配				
1. 提取盈余公积				
2. 对所有者（或股东）的分配				
3. 其他				
（四）所有者权益内部结转				
1. 资本公积转增资本（或股本）				
2. 盈余公积转增资本（或股本）				
3. 盈余公积弥补亏损				
4. 其他				
四、本年年末余额	277 383.70	100%	275 724.45	100%

引起所有者权益增减变动的主要原因有增加或减少注册资本、资本公积发生增减变化、留存收益的增加或减少等。由于所有者权益中的盈余公积和未分配利润属留存收益，是企业税后利润分配的结果，因此，通过对所有者权益构成及增减变动的分析，可以进一步了解企业对负债偿还的保证程度和融通资金的能力与潜力，通过反映企业的内部积累能力，间接反映企业的经营状况。

小思考

留存收益越多，企业的经营状况就越好吗？

【例 7-2】沿用例 7-1 的资料，对东方公司 2022 年度所有者权益变动表进行所有者权益结构分析，见表 7-3。

表 7-3　东方公司所有者权益结构分析表金额

单位：万元

项目	2022 年		2021 年	
	金额	比重	金额	比重
实收资本（股本）	49 925.00	18.00%	50 000.00	18.14%
资本公积	76 850.48	27.70%	78 235.69	28.37%
盈余公积	86 764.05	31.28%	86 452.11	31.35%
未分配利润	63 844.17	23.02%	61 036.65	22.14%
所有者权益合计	277 383.70	100%	275 724.45	100%

从表 7-3 的所有者权益结构分析表可以看出，公司所有者权益中股本和资本公积占 45.70%，留存收益占 54.30%，而且与上年相比留存收益占比还有增加的趋势，说明公司具有一定的内部积累能力，经营状况良好。

任务三

所有者权益变动表质量分析

任务描述

理解所有者权益变动表质量分析的概念，掌握所有者权益变动表质量分析的内容，能进行其他综合收益的分析、会计政策变更分析、前期差错更正分析、股利政策分析、库存股分析、所有者权益项目分析。

基本知识与技能

影响所有者权益变动的因素主要是净利润、利润分配、不影响利润但直接影响所有者权益的项目，如可供出售的金融资产公允价值变动、按照权益法核算年度长期股权投资的非损益因素变动等。此外，还有直接调整年初所有者权益的事项，如会计政策变更、前期差错调整等。

一、其他综合收益的分析

其他综合收益是综合收益中无法归类进损益类的那部分，我国《企业会计准则第 30 号——财务报表列报》中的利润表项下对“其他综合收益”作了如下定义：其他综合收益是指企业根据企业会计准则所规定的未在当期损益中确认的各项利得与损失减去所得税影响后的净额。其特征表现为能够引起企业净资产金额的变化、权益中的暂时存放、暂时不能归属于利润表的利得与损失、与公司股东投入的资金无关。各项研究表明，其他综合收益拥有显著的增量价值相关性，且对股票回报有很强的解释能力，它所拥有的价值信息含量有利于投资者进行投资决策并可以帮助预测企业未来净利润。

二、会计政策变更分析

会计政策是指企业在会计确认、计量和报告中所采用的原则、基础和会计处理方法。我国会计准则规定，企业采用的会计政策在每一会计期间和前后各期应当保持一致，不得随意变更。但是满足下列条件之一的，可以变更会计政策：第一，法律、行政法规或国家统一的会计制度等要求变更；第二，会计政策变更能够提供更可靠、更相关的会计信息。若会计政策变更能够提供更可靠、更相关的会计信息，应采用追溯调整法，对会计报表相关项目进行调整。会计政策变更项目反映企业因改变会计政策，对企业期初留存收益的累计影响金额。也就是说，应当计算会计政策变更的累积影响数，并相应调整变更年度的期初留存收益以及会计报表的相关项目。

三、前期差错更正分析

前期差错是指由于没有运用或错误运用以下两种信息，而对前期财务报表造成遗漏或误报：第一，编报前期财务报表时能够合理预计取得并应当加以考虑的可靠信息；第二，前期财务报表批准报出时能够取得的可靠信息。前期差错通常包括计算错误、应用会计政策错误、疏忽或曲解事实以及舞弊产生的影响和存货、固定资产盘盈等。前期差错调整项目反映企业以前时期会计核算时由于计量、确认、记录等方面出现错误，对企业期初留存收益的累计影响金额。对于本期发现的前期重要会计差错，我国会计准则不允许计入发现当期的净损益，而应采用追溯重述法进行更正。也就是说，在发生前期差错时，视同该项前期差错从未发生过，从而对财务报表相关项目进行更正，即调整期初留存收益及会计报表其他相关项目的期初数。

小思考

会计政策变更和前期差错更正在会计处理上的异同点是什么？

四、股利政策分析

股利是股东实现收益的一种重要方式。在我国，股利通常有两种方式：一种是现金股利（派现），即以现金支付股利；另一种是股票股利（送股），即以股票支付股利。这两种方式对企业财务状况的影响是不同的：现金股利（派现）使企业的资产和所有者权益同时减少，股东手中的现金增加；股票股利（送股）使流通在外的股份数增加，企业账面的未分配利润减少，股本增加，股票账面价值和每股收益被稀释。

（一）现金股利

现金股利是公司最常见、最易被投资者接受的股利支付方式。这种形式能够满足大多数投资者希望得到稳定投资回报的要求。公司支付现金股利，不仅要符合法定要求，即具备足够的可分配资产，还取决于公司的投资需要、现金流量和股东意愿等因素。

（二）股票股利

股票股利是公司以股票形式向投资者发放股利的方式，即按比例向股东派发公司的股票。股票股利是一种特殊的股利形式，它不直接增加股东的财富，不会导致企业资产的流出或负债的增加，不影响公司的资产、负债及所有者权益总额的变化，所影响的只是所有者权益内部有关项目及其结构的变化，即将未分配利润转为股本。股票股利的发放增加了公司在外的股票数量，增加了每位股东持有公司股份的绝对额，但并不影响每位股东占公司股东权益的比重。

五、库存股分析

库存股是公司回购的已经发行在外的股份。库存股仍然是公司发行在外的股份，只是没有再流通，因此，在资产负债表中列作股本的减项。库存股作为已经发行、未流通的股份，不能参加股利分配，没有表决权。我国《公司法》规定，公司可回购自己已经发行的股票，但仅限于减少注册资本、与持有本公司股份的其他公司合并、将股份奖励给本公司职工，以及股东因对股东大会作出的公司合并、分立决议持异议而要求公司收购其股份等四种情况。由于《公司法》限制了回购股份的目的，因此公司很难按照财务和市场的目的回购自己的股票。

具体分析时，应该注意以下几方面：（1）库存股不是公司的一项资产，而是所有者权益的减项；（2）库存股的变动不影响损益，只影响权益，即再次发行库存股时，其所产生的收入与取得的账面价值的差额不会引起公司损益的变化，而是引起公司所有者权益的增加或减少；（3）由于库存股没有具体股东，因此，库存股的权利会受到一定的限制，如不具有股利分派权、表决权、分派剩余财产权等。

六、所有者权益项目分析

（一）实收资本分析

实收资本是指投资者按照企业章程、合同或协议的约定投入企业中的各种资产的价值，是企业实际收到的投资者投入的资本。除非企业出现增资、减资等情况，实收资本在企业正常经营期间一般不发生变动。实收资本的变动将会影响企业原有投资者对企业的所有权和控制权，而且对企业的偿债能力、获利能力等都会产生重大影响。

实收资本具有以下两个特点。(1) 没有固定的利率。投资者投入企业的资本，只有盈利时才能分配利润，没有盈利或盈利较少时可以不分配利润。(2) 期限长。投资者投入资本对于企业来说是永久性的资本，可以长期占用，无须到期还本。

(二) 资本公积分析

资本公积是企业在非经营业务中产生的资本增值，在未按规定转增资本之前是既无期限又无利息的。

对实收资本和资本公积的分析，应从以下三个方面入手：(1) 分析实收资本的增加，有多少是资本公积或盈余公积转入，有多少是增发新股或增资转入；(2) 分析实收资本和资本公积占所有者权益的比重，分析其结构的合理性；(3) 从实收资本和资本公积几年的趋势变动，分析其所有者权益资本的增长速度和变化趋势。

(三) 留存收益分析

留存收益由盈余公积和未分配利润两部分构成，是企业税后利润分配的结果。盈余公积是指企业按照规定从净利润中提取的各种积累资金。企业的盈余公积可以用于弥补亏损、转增资本（或股本）。符合规定条件的企业，也可以用盈余公积分派现金股利。

盈余公积无须支付利息，期限长。如果不用来弥补亏损，盈余公积可永久性使用，无须到期还本。对于企业来说，在所有的资本来源中，盈余公积最为稳定，既无期限又无利息，因此在盈利后，除分配利润外，应尽可能地多提盈余公积。

未分配利润，从数量上来说，是期初未分配利润加上本期实现的净利润，减去提取的盈余公积和分配利润后的余额。它在所有者权益中的比例越高，说明企业盈利能力越强。一般在参加下一年度利润分配之前，未分配利润可以作为资金的一部分使用，且无须支付利息。

因此，留存收益的增减变化及变动金额的多少取决于企业的盈亏状况和企业的利润分配政策。一般来说，企业当年盈利，会增加留存收益；反之，如果企业当年亏损，则会减少留存收益。此外，留存收益的增减数额还取决于企业的利润分配政策。如果企业留多分少，保持较高的留存盈利比例，则留存收益增加数额较多；反之则较少。留存收益的增加，将有利于保全资本、增强企业实力、降低筹资风险、缓解财务压力。但由于留存收益的资金成本较高，它们的增加将会使企业的平均资金成本增加。

留存收益分析的主要内容是：(1) 了解留存收益的变动总额、变动原因和变动趋势；(2) 对留存收益的组成项目进行具体会计分析，评价其变动的合理性。

学思之窗

知法守法敬法，上市融资的利弊分析

资本市场的上市融资本质上是企业所有者通过出售可接收的部分股权换取企业当期急需的发展资金，依靠资本市场这种短期的输血促使企业的蛋糕迅速做大。从长远的角度讲，融资是手段而不是企业的终极目的。

一、上市融资的有利方面

（1）公司上市最重要的利益是获得资金。

（2）开通未来在公开资本市场上融资的通道，增加借贷能力。一家完成首次公开上市的公司只要具有较高业绩和发展潜力，就很容易再度在证券市场上筹措源源不断的资金并易获得银行的信任。

（3）增加资产活动，扩展经营规模。公司股票在证券市场上的流动性有助于公司用来收购其他业务。

（4）增加资产净值。

（5）强化公司的素质，巩固现有的稳定性以及竞争地位。公开上市加强了顾客、供应商、贷款人以及投资者对公司的信心，提升了公司的素质稳定性和竞争地位。

（6）提高公司声誉。

（7）有利于企业明确主营业务，保持良好的成长性，提升科技含量。上市公司要求有高度集中的业务范围、严密的业务发展计划和清晰的业务发展战略，以及较大的业务增长潜力。准备上市的企业应提出具体的经营策略让投资者相信企业的确有经营能力和发展前景，拥有良好的成长性。

（8）有利于完善公司内部治理结构，确立现代企业制度。中小企业特别是民营企业大多是有限责任制或合伙制，普遍存在产权关系不清、治理结构不合理、家庭化管理等问题。因此在准备上市前必须建立起产权明晰、管理科学的现代企业制度。

二、上市融资的不利方面

（1）证券交易管制机构的报告要求。

（2）公司管理难度增大。企业上市后从股东大会管理层到各项业务都要求正规化，不得违反相关法规，从而降低公司事务的处理弹性。

（3）股东信任危机。

（4）信息披露的要求。上市公司须公开年报等各类期间报告，公布重大业务人事以及法律事务，使经营活动处于公众关注之下。

（5）证券活动的集团诉讼风险。公司上市后会面临来自众多投资人的集团诉讼风险，一旦公开与预期相差甚远的财务结果或重大合同的损失往往会造成市场震动，甚至引发公司投资人对公司及其内部人的集团诉讼。

（6）创业者丧失股份、控制权的风险。当过多的股票被放到市场上出售，一旦别人的持有股多于创业者的股份，在股市上收购的股东们就取得所有权。

（7）较为昂贵的上市成本。尽管在二板上市费用较主板市场低许多，但仍需承担入市费、年费、律师费、审计师费、财务顾问费、承销商费以及各种杂费。

（8）存在更大经营压力。

项目小结

所有者权益变动表是指反映构成所有者权益的各组成部分当期的增减变动情况的报表。所有者权益变动表分析即通过分析所有者权益的来源及其变动情况，从而了解会计期间内影响所有者权益增减变动的具体原因，判断构成所有者权益各个项目变动的合法性与合理性，为报表使用者提供较为真实的所有者权益总额及其变动信息，从而为他们进行经济决策提供依据和思路。所有者权益变动表分析包括所有者权益变动表结构分析和所有者权益变动表质量分析。所有者权益变动表结构分析就是通过计算所有者权益各个项目变动占所有者权益变动的比重，分析企业所有者权益各个项目的比重及其变动情况，揭示净资产构成的变动原因，以便进行相关决策。所有者权益变动表结构分析从两个方面进行，按照所有者权益变动表的表格结构，将纵向的结构分析称为所有者权益变动构成分析，将横向的结构分析称为所有者权益结构分析。所有者权益变动表质量分析就是将各个项目的本期数与上期数进行对比，分析企业当期所有者权益各个项目及其变动情况，揭示净资产的变动原因，以便进行相关决策。

项目训练

一、单项选择题

1. 按照企业会计制度规定，上市公司本年度发现的以前年度重大的记账差错，应该（　　）。

A. 作本年度事项处理

B. 修改以前年度的账表

C. 不作处理

D. 调整本年度会计报表的年初数和上年数

2. 某公司 2022 年实现净利润 290 万元，分配股利 80 万元，增发新股 200 万元，长期投资于 A 单位，股权占 40%，A 单位本年亏损 25 万元，则该公司本年度所有者权益变动额为（　　）。

A. 400 万元　　B. 410 万元

C. 210 万元　　D. 490 万元

3. 当期所有者权益净变动额等于（　　）。

A. 总权益变动额　　B. 总资产变动额

C. 总股本变动额　　D. 净资产变动额

4. 在所有者权益变动表中，直接计入所有者权益的利得和损失的内容包括（　　）。

A. 会计政策变更对当期利润的影响

B. 成本法下被投资方所有者权益的变动

C. 前期差错更正对所有者权益的影响

D. 可供出售金融资产公允价值变动净额

5. 公司本年净利润为2 000万元，股利分配时的股票市价为20元/股，发行在外的流通股股数为1 000万股，股利分配政策为10送2股，则每股收益为（　　）。

A. 1.67元　　B. 2元

C. 16.67元　　D. 20元

二、多项选择题

1. 下列事项中，可引起所有者权益变动的有（　　）。

A. 接受投资者投入固定资产　　B. 接受固定资产捐赠

C. 用盈余公积弥补亏损　　D. 经批准将资本公积转增资本

2. 下列事项中，可能引起资本公积变动的有（　　）。

A. 以非现金资产对外投资评估增值

B. 发放股票股利

C. 权益法核算下，子公司接受捐赠资产

D. 接受外币资本投资

3. 下列关于股票股利的提法中，正确的是（　　）。

A. 分配股票股利使得企业每股净资产减少

B. 分配股票股利使得企业每股净资产增加

C. 企业分配股票股利时不需要进行会计处理

D. 投资企业收到股票股利时不需要确认投资收益

4. 将会稀释每股收益的决策方案是（　　）。

A. 派现　　B. 送股

C. 股票分割　　D. 股票回购

5. 所有者权益内部结转包括（　　）。

A. 资本公积转增资本　　B. 盈余公积转增资本

C. 盈余公积弥补亏损　　D. 股票回购

三、判断题

1. 企业年度报表报出后发现上年度有重大的损益调整事项，应通过“本年利润”科目调整。（　　）

2. 留存收益在所有者权益中所占比重越重，说明企业经营状况越好。（　　）

3. 企业接收非现金资产捐赠，应按同类资产市场价格计入资本公积。（　　）

4. 本期发现与以前期间相关的重大会计差错，如果影响损益，应按其对损益的影响数调整发现当期的期初留存收益，会计报表的其他相关项目的期初数也应一并调整。（　　）

5. 送股不会导致资产流出或负债增加，不影响公司所有者权益总额变化。（　　）

四、简答题

1. 所有者权益变动表的构成是怎样的？所有者权益变动表有什么作用？

2. 什么是所有者权益变动表分析？所有者权益变动表分析的意义是什么？

3. 所有者权益变动表结构分析包括哪几个方面？分别如何进行分析？

4. 所有者权益变动表质量分析是什么意思？具体分析的重点项目有哪些？

5. 所有者权益变动表和资产负债表、利润表之间存在怎样的关系？

项目实训

实训目标：掌握所有者权益变动表分析方法。

实训资料：××公司2022年度所有者权益变动表见表7-4。

表7-4　所有者权益变动表

编制单位：××公司　　　　2022年度　　　　单位：元

项目	2022年	2021年
一、上年年末余额	4 512 035 271.25	3 709 938 861.32
加：会计政策变更		
前期差错更正		
二、本年年初余额	4 512 035 271.25	3 709 938 861.32
三、本期增减变动金额（减少以“—”号填列）	1 793 437 566.34	802 096 409.93
（一）净利润	1 832 437 348.71	795 762 734.61
（二）其他综合收益	—3 664 538.50	3 698 547.36
上述（一）和（二）小计	1 828 772 810.21	799 461 281.97
（三）所有者投入和减少资本	—25 978 006.76	14 770 797.22
1. 所有者投入资本	—13 349 700.00	11 462 765.36
2. 股份支付计入所有者权益的金额		
3. 其他	—12 628 306.76	3 308 031.86
（四）利润分配	—9 357 237.11	—12 135 669.26
1. 提取盈余公积		
2. 提取一般风险准备		
3. 对所有者（或股东）的分配	—9 357 237.11	—12 135 669.26
4. 其他		
（五）所有者权益内部结转		
1. 资本公积转增资本（或股本）		
2. 盈余公积转增资本（或股本）		
3. 盈余公积弥补亏损		
4. 其他		
（六）专项储备		
1. 本期提取		
2. 本期使用		
（七）其他		
四、本年年末余额	6 305 472 837.59	4 512 035 271.25

实训要求：请对该公司2022年度所有者权益变动表进行解读，分别进行所有者权益变动表结构分析、所有者权益变动表质量分析，并写出分析报告。

项目八

财务报告其他重要信息分析

学习目标

知识目标

掌握会计政策变更、会计估计变更的含义

掌握关联方和关联方交易的概念

掌握资产负债表日后事项的含义和种类

了解财务报表舞弊的概念、动机和特点

能力目标

能够进行会计政策、会计估计变更下的财务分析

能够理解关联方及其交易对企业财务状况质量分析的影响

能够理解资产负债表日后事项对企业财务状况质量分析的影响

能够进行财务报表舞弊的识别

素质目标

提高学生社会责任意识，不欺骗，不舞弊，不做假账

培养学生严谨认真、精益求精的工匠精神和团队协作精神

引导案例

鞍钢股份为什么频繁调整固定资产折旧年限

鞍钢股份有限公司（简称鞍钢股份，股票代码：000898）前身为鞍钢新轧钢股份有限公司。公司是依据《中华人民共和国公司法》，经由中华人民共和国国家经济体制改革委员会《关于同意设立鞍钢新轧钢股份有限公司的批复》（体改生〔1997〕62号文）的批准，以鞍山钢铁集团公司为唯一发起人，以发起方式设立的股份有限公司。公司是在鞍钢集团所拥有的线材厂、厚板厂和冷轧厂的基础上组建而成的。2006年6月20日，公

司年度股东大会通过特别决议，将公司更名为“鞍钢股份有限公司”。公司的主要业务为黑色金属冶炼及钢压延加工。

2008 年 7 月 11 日，鞍钢股份发布第四届董事会第二十七次会议决议公告，宣布董事会批准了《关于调整部分固定资产折旧年限的议案》（简称《议案》）。《议案》规定，从 2008 年 1 月 1 日起对公司部分固定资产折旧年限进行调整，对 2008 年以后新增的电子设备和运输工具采用新企业所得税法规定的最低折旧年限，对常年处于震动、超强度使用的设备采取缩短折旧年限的方法，具体调整方案见表 8-1。

表 8-1　鞍钢股份部分固定资产折旧年限调整

项目	财务分类	变更前折旧年限	变更后折旧年限
2008 年新增电子设备	传导设备	15 年	3 年
	动力设备	11 年	3 年
	工具及仪器	7 年	3 年
	管理工具	5 年	3 年
2008 年新增运输设备	运输设备	10 年	4 年
处于震荡/超强度设备	动力设备	11 年	6.6 年
	工具及仪器	7 年	4.2 年
	机械设备	10 年	6 年

《议案》还公布了会计估计变更对公司的影响：本次会计估计变更对公司的主营业务范围无影响，影响公司 2008 年利润总额减少人民币 16 800 万元，企业所得税支出减少人民币 4 200 万元，净利润减少人民币 12 600 万元，影响公司 2008 年末净资产减少人民币 12 600 万元。

鞍钢股份为什么要大规模调整固定资产折旧年限呢？鞍钢股份在《议案》中指出：本次会计估计变更有利于企业充分利用国家税收政策，实现公司固定资产核算与管理的一致性，并可减少企业所得税纳税支出，节省现金流量，加速设备、技术更新改造速度，从而提高公司的市场竞争力，符合企业可持续发展的战略目标。

资料来源：https://weibo.com/ttarticle/p/show?id=2309404672705965195517.

任务一

会计政策变更、会计估计变更和差错更正

任务描述

掌握会计政策变更、会计估计变更的含义，能够进行会计政策、会计估计变更下的

财务分析。

基本知识与技能

企业在报表编制过程中，将涉及会计政策变更、会计估计变更和差错更正等问题。这三个方面的处理包含较为丰富的财务状况质量信息。下面以我国企业当前的会计准则为基础进行分析。

一、会计政策变更

（一）会计政策及其具体内容

会计政策，是指企业在会计确认、计量和报告中所采用的原则、基础和会计处理方法。企业在会计核算中所采纳的会计政策，通常应在会计报表附注中加以披露。我国企业当前需要披露的会计政策项目主要有：

（1）合并政策，是指编制合并会计报表所采纳的原则。如母公司与子公司的会计年度不一致的处理原则、合并范围的确定原则、母公司和子公司所采用的会计政策是否一致等。

（2）外币折算，是指外币折算所采用的方法，以及汇兑损益的处理。如外币报表折算是采用现行汇率法，还是采用时态法或其他方法。

（3）收入的确认，是指收入确认的原则。

（4）存货的计价，是指企业存货的计价方法。如企业的存货在先进先出法和国家统一的会计制度所允许的其他计价方法之间的选择。

（5）长期投资的核算，是指长期投资的具体会计处理方法。如企业对被投资单位的股权投资在成本法和权益法之间的选择。

（6）坏账损失的核算，是指坏账损失的具体会计处理方法。如企业的坏账损失在直接转销法和备抵法之间的选择。

（7）借款费用的处理，是指借款费用的具体会计处理方法，即对借款费用在资本化和费用化之间的选择。

（8）其他，是指无形资产的计价及摊销方法、财产损益的处理、研究与开发费用的处理等。

（二）会计政策变更的含义与条件

会计政策变更，是指企业对相同的交易或事项由原来采用的会计政策改用另一会计政策的行为。为保证会计信息的可比性，使会计报表使用者在比较企业一个以上期间的会计报表时，能够正确判断企业的财务状况、经营成果和现金流量的趋势。一般情况下，企业应在每期采用相同的会计政策，不应也不能随意变更会计政策，否则，势必削弱会计信息的可比性，使会计报表使用者在比较企业的经营业绩时发生困难。但是，也不能认为会计政策不能变更。企业出现下列情况时，应改变原采用的会计政策：

（1）法律、行政法规或者国家统一的会计制度等要求变更。

（2）会计政策变更能够提供更可靠、更相关的会计信息。

（三）会计政策变更对企业财务状况质量分析的影响

在法律或会计准则等行政法规、规章的要求下发生的会计政策变更，属于“不可抗力”，企业只能被动地按照国家的有关规定执行。这种条件不会成为企业会计政策变更的经常性原因。

在会计政策的变更能够提供有关企业财务状况、经营成果和现金流量等更可靠、更相关的会计信息的条件下发生的会计政策变更，则属于企业在会计政策选择方面的一种主动行为。在企业认定原来所采用的会计政策不能像新的会计政策那样提供有关企业财务状况、经营成果和现金流量等方面可靠、相关的会计信息时，原则上企业应当进行会计政策的变更。但是，必须注意的是，这种变更的必要性是以企业自身的主观判断为依据的。在很多情况下，企业也有可能出于其他方面的考虑（如运用新的会计政策，有可能导致企业所披露的财务信息更有利于企业管理层对其业绩的展示）而变更会计政策。企业财务信息的使用者应当对这种可能性有所警惕。

此外，还应注意的是，不论是何种原因引起的会计政策的变更，均会导致企业在不同的会计年度之间财务信息出现不可比性。在对企业不同年度之间的财务信息进行比较时，应当对这种因会计政策变更而导致的财务信息的不可比性予以关注。

二、会计估计变更

（一）会计估计的含义

会计估计是指企业对其结果不确定的交易或事项以最近可利用的信息为基础所作的判断。下列各项属于常见的需要进行估计的项目：

（1）坏账。

（2）存货遭受毁损，全部或部分陈旧过时。

（3）固定资产的耐用年限与净残值。

（4）无形资产的受益期。

（5）收入确认中的估计等。

小思考

“建造合同收入的确认由原来的完工合同法改为完工百分比法”属于会计估计变更吗？

（二）会计估计变更的原因

会计估计变更是指由于资产和负债的当前状况及预期经济利益和义务发生了变化，

从而对资产或负债的账面价值或者资产的定期消耗金额进行调整。

企业据以进行估计的基础发生了变化，或者取得新信息、积累了更多经验以及后来发展变化，可能需要对会计估计进行修订。会计估计变更的依据应当真实、可靠。

（三）会计估计变更对企业财务状况质量分析的影响

显然，会计估计的变更是企业的一种主动行为。与会计政策变更相类似，在很多情况下，企业也有可能出于其他方面的考虑（如新的会计估计的运用，有可能导致企业所披露的财务信息更有利于企业管理层对其业绩的展示）而变更会计估计。企业财务信息的使用者应当对这种可能性有所警惕。

同样应注意的是，企业会计估计的变更，会导致企业在不同的会计年度之间财务信息出现不可比性。在对企业不同年度之间的财务信息进行比较时，应当把这种因会计估计变更而导致的财务信息的不可比性予以剔除。

需要特别关注的是，为了防止企业利用会计估计调节年度间的盈亏状况，我国新的企业会计准则对企业关于会计估计的处理进行了规范。例如，资产减值准则规定：已计提减值准备不允许转回。

三、前期差错更正

（一）前期差错产生的原因

前期差错的产生有诸多原因，以下是最常见的前期差错产生的原因：

（1）采用法律或会计准则等行政法规、规章所不允许的会计政策。

（2）账户分类以及计算错误。

（3）会计估计错误。

（4）在期末，应计项目与递延项目未予调整。

（5）漏记已完成的交易。

（6）对事实的忽视和误用。

（7）提前确认尚未实现的收入或不确认已实现的收入。

（8）资本性支出与收益性支出划分差错。

（二）关注企业前期差错的信息质量

在企业的会计实践中，出现前期差错是难以避免的。但是，应该注意的是，相当多的上市公司披露的前期差错在对企业盈亏的影响上呈现出特定会计期间方向一致性的特征。如果这种情形成为一种普遍现象，读者就应该对这种差错产生的真实原因进行分析了。

此外，还要警惕企业滥用会计政策和会计估计及其变更的情形。滥用会计政策和会计估计及其变更有一个很重要的特点，就是其处理有“反常识”色彩。例如，有的上市公司在某些年度的管理费用、销售费用出现负数，有的上市公司的期间费用随意增减等。

任务二

关联方关系及其交易的披露

任务描述

掌握关联方和关联方交易的概念，能够理解关联方及其交易对企业财务状况质量分析的影响。

基本知识与技能

我们已经看到，企业必须在其报表的附注中披露关联方关系及其交易。下面，以我国企业当前的企业会计准则为基础，讨论企业关联方关系及其交易的披露和其对财务状况质量分析的影响。

一、与关联方关系及其交易有关的概念

一方控制、共同控制另一方或对另一方施加重大影响，以及两方或两方以上同受一方控制、共同控制或重大影响的，构成关联方。

控制，是指有权决定一个企业的财务和经营政策，并能够据以从该企业的经营活动中获取利益。共同控制，是指按照合同约定对某项经济活动所共同进行的控制，仅在与该项活动相关的重要财务和经营决策需要分享控制权的投资方一致同意时存在。重大影响，是指对一个企业的财务和经营政策有参与决策的权力，但并不能够控制或者与其他方一起共同控制这些政策的制定。

下列各方构成企业的关联方：

（1）该企业的母公司。

（2）该企业的子公司。

（3）与该企业受同一母公司控制的其他企业。

（4）对该企业实施共同控制的投资方。

（5）对该企业施加重大影响的投资方。

（6）该企业的合营企业。

（7）该企业的联营企业。

（8）该企业的主要投资者个人及与其关系密切的家庭成员。主要投资者个人，是指

能够控制、共同控制一个企业或者对一个企业施加重大影响的个人投资者。

(9) 该企业或其母公司的关键管理人员及与其关系密切的家庭成员。关键管理人员，是指有权力并负责计划、指挥和控制企业活动的人员。

与主要投资者个人或关键管理人员关系密切的家庭成员，是指在处理与企业的交易中可能影响该个人或受该个人影响的家庭成员。

(10) 该企业主要投资者个人、关键管理人员或与其关系密切的家庭成员控制、共同控制或施加重大影响的其他企业。

仅与企业存在下列关系的各方，不构成企业的关联方：

(1) 与该企业发生日常往来的资金提供者、公用事业部门、政府部门和机构。

(2) 与该企业发生大量交易而存在经济依存关系的单个客户、供应商、特许商、经销商或代理商。

(3) 与该企业共同控制合营企业的合营者。

(4) 仅仅同受国家控制而不存在其他关联方关系的企业。

由此可见，关联方是指那些可以不依赖于市场而“制造”业务的有关各方。因此，关联方交易的最大特点是其存在潜在的可操纵性。

二、关联方交易

关联方交易，是指关联方之间转移资源、劳务或义务的行为，而不论是否收取价款。

企业关联方交易的主要形式有：

(1) 购买或销售商品。购买或销售商品是关联方交易中最常见的交易事项。例如，企业集团成员之间相互购买或销售商品，从而形成了关联方交易。

(2) 购买或销售除商品以外的其他资产。例如，母公司出售给其子公司的设备或建筑物等。购买或销售除商品以外的其他资产也是关联方交易的主要形式。

(3) 提供或接受劳务。例如，A 企业为 B 企业的联营企业，A 企业专门从事设备维修服务，B 企业的所有设备均由 A 企业负责维修，B 企业每年支付设备维修费用 20 万元。因此，关联方之间提供或接受劳务，是关联方交易的主要形式。

(4) 担保。担保包括在借贷、买卖、货物运输、加工承揽等经济活动中，为了保障其债权实现而实行的保证、抵押等。当存在关联方关系时，一方往往为另一方提供为取得借贷、买卖等经济活动中所需的担保。因此，关联方之间提供的担保也是关联方交易的主要形式。

(5) 提供资金（包括以现金或实物形式提供的贷款或权益性资金）。例如，企业从其关联方取得资金。因此，关联方之间提供资金也是主要的关联方交易。

(6) 租赁。租赁通常包括经营租赁和融资租赁等，关联方之间的租赁合同也是主要的交易事项。

(7) 代理。代理主要是依据合同条款，一方可为另一方代理某些事务，如代理销售货物，或一方代另一方签订合同等。因此，关联方之间的代理业务，也是关联方交易的主要形式。

（8）研究与开发项目的转移。在存在关联方关系时，有时某一企业所研究与开发的项目会由于另一方的要求而放弃或转移给其他企业。例如，B公司是A公司的子公司，A公司要求B公司停止对某一新产品的研究和试制，并将B公司研究的现有成果转给A公司最近购买的、研究和开发能力超过B公司的C公司继续研制。因此关联方之间研究与开发项目的转移，是关联方交易的主要形式。

（9）许可协议。当存在关联方关系时，可能关联方之间达成某项协议，允许一方使用另一方的商标等，从而形成关联方之间的交易。

（10）代表企业或企业代表另一方进行债务结算。

（11）关键管理人员薪酬。企业支付给关键管理人员的薪酬，也是一项主要的关联方交易。

三、对关联方交易的披露

企业无论是否发生关联方交易，均应当在附注中披露与母公司和子公司有关的下列信息：

（1）母公司和子公司的名称。母公司不是该企业的最终控制方的，还应当披露最终控制方名称。母公司和最终控制方均不对外提供财务报表的，还应当披露母公司之上与其最近的对外提供财务报表的母公司名称。

（2）母公司和子公司的业务性质、注册地、注册资本（或实收资本和股本）及其变化。

（3）母公司对该企业或者该企业对子公司的持股比例和表决权比例。

企业与关联方发生关联方交易的，应当在附注中披露关联方关系的性质、交易类型及交易要素。交易要素至少应当包括：交易的金额；未结算项目的金额、条款和条件，以及有关提供或取得担保的信息；未结算应收项目的坏账准备金额；定价政策。

关联方交易应当分别将关联方以及交易类型予以披露。类型相似的关联方交易，在不影响财务报表阅读者正确理解关联方交易对财务报表的影响下，可以合并披露。企业只有在提供确凿证据的情况下，才能确保披露的关联方交易是公平交易。

四、关联方及其交易对企业财务状况质量分析的影响

企业关联方及其交易的信息披露之所以越来越引人注目，主要原因在于：关联方之间由于存在密切的关联关系，完全可以不依赖正常市场交易的条件，通过“内部操纵”而完成关联交易，以达到某种目的。例如，某个关联方在一定时期需要表现较多利润时，其他关联方就有可能向需要表现较多利润的关联方以低于市场正常水平的价格提供产品或劳务，以高于市场正常水平的价格购买产品或劳务。这样，就可以把其他关联方的利润转移到需要表现较多利润的关联方，从而将其“包装”为外在盈利能力远远超过其实

际盈利能力的企业。显然，此种交易并不是企业正常交易的结果。因此，财务信息的使用者，必须对企业关联方关系及其交易予以足够的重视。

当然，在关联方交易中，也有相当一部分属于正常交易。关联方交易是否正常，应当通过企业在报表附注中披露的交易内容，特别是定价政策等信息来判断。

小思考

某个关联方在一定时期需要表现较多利润时，其他关联方通常会怎样操作其盈利能力?

学思之窗

勿碰财务造假高压线，提高社会责任担当意识，索菱股份财务造假被处罚

2019 年 5 月 29 日，索菱股份发布公告称，公司于 2019 年 4 月 26 日收到了中国证券监督管理委员会立案调查通知书。

一年后的 2020 年 4 月 13 日，调查结果出炉。索菱股份公告称，已经收到中国证监会下发的行政处罚及市场禁入事先告知书。

处罚文件里证监会列出了索菱股份的几大“罪状”。

2016 年 1 月至 2018 年 12 月，索菱股份通过虚增营业收入、虚减管理费用和财务费用的方式，进行财务造假。其中，2016 年虚增利润总额占合并利润表当期披露利润总额的 344.78%，2017 年虚增利润总额占合并利润表当期披露利润总额的 208.13%。

另外，索菱股份以虚构采购业务、虚列其他应收款等名义向非供应商转出款项 8.7 亿元，大部分用于上述财务造假行为相关体外资金循环及偿还相关借款。其中 3 373.62 万元用于实控人肖行亦个人用途，主要包括支付其定增股票借款利息和赔偿员工持股计划损失。

事实上，除了虚增利润以外，公司还有多项重大遗漏。2017 年，索菱股份未及时入账和披露 4.25 亿元借款，未及时披露担保 7 500 万元、潜在付款义务 1.17 亿元。2018 年，索菱股份未及时入账和披露 2.3 亿元借款。

由于财务造假社会影响恶劣，财政部也回复了一个提案，称会完善惩处机制，切实提升财会监督的影响力和震慑力；可能还会实行“一案双罚”；对存在重大审计责任的会计师事务所和注册会计师同时进行行政处罚；在定期发布会计信息质量检查公告的基础上，建立典型案例曝光制度，将查处的违法违纪典型案例向社会公开曝光，充分发挥震慑和警示作用。这也警醒了我们，不论是企业内部的财务人员还是企业外部的注册会计师，心里都要有杆秤，要把基本的伦理道德规范贯穿于工作制度之中，让内在约束与外在约束有机结合起来，守好底线，不做假账。

资料来源：财务造假排行榜 TOP5 出炉！2020 年獐子岛仅排第二，第一毫不意外…．(2020 - 11 - 30)．https://www.163.com/dy/article/FSM2GGTQ0516A15N.html.

任务三

资产负债表日后事项

任务描述

掌握资产负债表日后事项的含义和种类，理解资产负债表日后事项对企业财务状况质量分析的影响。

基本知识与技能

一、资产负债表日后事项的含义及其种类

（一）资产负债表日后事项的含义

按照新企业会计准则的表述，资产负债表日后事项，是指资产负债表日至财务报告批准报出日之间的有利或不利事项。其中，财务报告批准报出日，是指董事会或类似机构批准财务报告报出的日期。

（二）资产负债表日后事项的种类

资产负债表日后事项，一般分为调整事项和非调整事项。

1. 调整事项

调整事项是指资产负债表日后获得新的或进一步的证据，有助于对资产负债表日所反映的收入、费用、资产、负债以及所有者权益进行调整。

（1）资产负债表日后诉讼案件结案，法院判决证实了企业在资产负债表日已经存在现时义务，需要调整原来确认的与该诉讼案件相关的预计负债，或确认一项新负债。

（2）资产负债表日后取得了确凿证据，表明某项资产在资产负债表日发生了减值或者需要调整该项资产原先确认的减值金额。

（3）资产负债表日进一步确定了资产负债表日前发生了减值或者需要调整该项资产原先的减值金额。

（4）资产负债表日后发现了财务报表舞弊或差错。

这里需要说明的是，原企业会计准则将资产负债表日至财务报告批准报出日之间，由董事会制定的财务报告所属期间的利润分配方案作为一项调整事项，要求现金股利在资产

负债表所有者权益中单独列示。如果董事会制定的利润分配方案中包括股票股利，则作为非调整事项在会计报表附注中披露，不能作为调整事项处理。而新企业会计准则只要求将拟分配的现金股利和股票股利在报表附注中进行披露，不再作为调整事项进行处理。

小思考

新企业会计准则下，资产负债表日后由董事会制定的利润分配方案应作为调整事项处理吗?

2. 非调整事项

非调整事项是资产负债表日后才发生或存在的事项。这类事项不影响资产负债表日存在的状况，但若不加以说明，将会影响财务报告使用者作出正确估计和决策，因此需要在会计报表附注中予以披露。非调整事项的表现形式主要有：

（1）资产负债表日后发生重大诉讼、仲裁、承诺。

（2）资产负债表日后资产价格、税收政策、外汇汇率发生重大变化。

（3）资产负债表日后因自然灾害导致资产发生重大损失。

（4）资产负债表日后发行股票和债券以及其他巨额举债。

（5）资产负债表日后资本公积转增资本。

（6）资产负债表日后发生巨额亏损。

（7）资产负债表日后发生企业合并或处置子公司。

二、资产负债表日后事项对企业财务状况质量分析的影响

企业对资产负债表日后事项中的调整事项，已经进行了报表调整，其对财务状况质量分析的影响，已经体现在相应的报表项目中。非调整事项，则由于其对财务信息使用者判断企业未来发展方向有着重要影响，因此财务信息的使用者应当对其予以足够的重视，应当以考虑了调整事项对企业的影响后的财务信息作为评价企业未来财务状况的依据。

任务四

财务报表舞弊及其识别

任务描述

了解财务报表舞弊的概念、动机和特点，能够进行财务报表舞弊的识别。

基本知识与技能

一、财务报表舞弊概述

（一）财务报表舞弊的概念

财务报表舞弊是指财务报表提供者有意识地对财务报表中披露的重要信息进行粉饰或编造，欺骗报表使用者以达到牟取私利的目的。财务报表舞弊主要包括以下类型：对财务报表据以编制的会计记录或凭证文件进行操纵、伪造或更改；提供虚假的交易、事项或其他重要信息；对数量、分类、提供方式或与披露方式有关的会计原则有意误用；对财务报表数据进行人为编造。

财务报表舞弊与财务报表错报不同。财务报表错报是指由于财务报表提供者工作失误导致的财务报表数据的错误列示或无意识漏报。虽然财务报表舞弊与财务报表错报都会导致报表失真，但是在主观上和本质上是不同的：首先，财务报表错报不是财务报表提供者主观故意所为，不一定会使财务报表提供者获利；其次，财务报表错报比较容易被财务报表使用者发现。

财务报表舞弊可能发生在上市公司，也可能发生在非上市公司，但上市公司进行财务报表舞弊的动机更强，可能性更大，其危害性也更大，因此本书将重点分析上市公司的财务报表舞弊问题。

（二）上市公司财务报表舞弊的动机

1. 融资动机

对于准备上市的准上市公司来说，为了达到《中华人民共和国公司法》《中华人民共和国证券法》《股票发行与交易管理暂行条例》等法律法规的规定，以及获得一个较高的发行价，往往具有很强的财务报表舞弊动机，有些专业中介机构甚至通过为准上市公司进行财务包装和伪装而牟取暴利。2010 年 3 月，在香港上市的台湾布料生产商洪良国际被发现包装上市，将毛利率人为提高，洪良国际保荐人兆丰资本被香港证监会暂时禁止从事与上市相关的保荐或顾问工作，此事还涉及国际著名会计师事务所毕马威的一名高级经理。对于已经上市的公司来说，也有可能为了再融资进行财务报表舞弊，其目的，一方面是满足再融资的条件，另一方面是获得一个较高的增发价格。此外，上市公司也可能通过财务报表舞弊向债权人展示其盈利能力以方便举债。

2. 避免暂停上市或退市动机

根据证监会制定的《亏损上市公司暂停上市和终止上市实施办法》，对于业绩连续亏损的上市公司采取暂停上市或退市的措施。对于连续两年亏损的上市公司，我国采取 ST（Special Treatment）警示措施，因此对于已经被采取 ST 警示措施的公司来说，要避免暂停上市或退市，就必须想方设法在下一年度盈利。但是这些公司由于种种原因往往难以在短期内盈利，于是财务报表舞弊就成为一根理想的救命稻草了。

3. 管理者获取激励报酬动机

为了激励企业管理者，许多上市公司将管理者的薪酬与企业业绩挂钩，这本是减少代理成本、提高公司业绩的有效措施，但是企业管理者却可能利用自己的权力和信息优势，通过财务报表舞弊手段虚增企业业绩，获取较高的激励报酬。

4. 市场动机

市场动机包括：

(1) 改善二级市场形象。在证券市场上，潜在投资者主要是依据上市公司的财务报告来进行决策的，上市公司通过粉饰报表，释放业绩良好的信号，以求改善二级市场形象，吸引潜在投资者投资。

(2) 配合机构投资者进行二级市场炒作而从中渔利。在我国不成熟的股票市场中，常常可以看到上市公司与机构投资者合谋，通过操纵财务报表，使股价不正常地上涨或下跌，从中牟取暴利。

(3) 为并购增加筹码，提高并购价格。由于上市资格难以取得，许多急于上市的公司会选择并购已上市公司以达到借壳上市的目的。并购谈判中最关键的是并购价格，其中经营业绩是影响并购价格的重要因素，通过财务报表舞弊虚增企业业绩无疑是一条捷径，所以面临退市的上市公司有可能为并购增加筹码而进行财务报表舞弊。

5. 税收动机

照章纳税本是上市公司的分内之事，但由于缴税需要上市公司实实在在的现金流出，因此如何通过财务报表舞弊减少应纳税额就可能成为上市公司考虑的问题。上市公司通过合理手段避税是可以理解的，也是合法的，但是通过财务报表舞弊来偷税则是不允许的，也是违法的。

(三) 上市公司财务报表舞弊的危害

上市公司是公众公司，具有利益相关者多、社会影响力大的特点，因此上市公司财务报表舞弊不仅会在经济领域产生恶劣影响，而且会在非经济领域产生不可估量的影响。

1. 严重损害投资者的利益

投资者应该拥有公司经营情况的知情权，同时财务报表也是其进行投资决策的重要依据，因此上市公司财务报表舞弊不仅侵害了股东的知情权，而且会误导投资者作出错误的决策，从而给投资者带来经济损失。

2. 严重损害其他利益相关者的利益

上市公司的利益相关者除了股东外，还有银行、关联企业、国家等，如果上市公司进行财务报表舞弊，则也可能对这些机构的利益造成伤害。银行在为上市公司提供贷款前会查看其财务报表，以决定是否给公司贷款及贷款金额、期限和担保条件，如果上市公司的财务报表是不真实的，就有可能使银行作出错误的决策；关联企业会根据上市公司的财务状况选择合作伙伴和制定信用政策，如果其报表是不真实的，就会给关联企业带来潜在的风险；政府部门会根据掌握的国民经济运行态势制定国家经济发展计划和宏观经济调控政策，而国家对国民经济运行态势的判断会参照上市公司的经营状况，如果财务报告提供虚假的财务信息，就会造成国家对国民经济运行态势的误判，从而严重影响社会经济秩序。此外，上市公司的财务报表舞弊也可能导致国家税款的流失。

3. 严重影响证券市场的健康发展

证券市场是资本市场的重要组成部分，是企业融资的重要场所，其在调节整个社会资金的流向和促进社会资源的优化配置中起着举足轻重的作用。上市公司对外公布的财务报表是连接投资者和上市公司的纽带，也是上市公司对外发布的最重要信息。财务报表的质量对证券市场能否正常、高效地运转具有决定性影响。如果上市公司财务报表舞弊事件经常发生，必将严重冲击我国尚未成熟的证券市场，在广大投资者中产生极为恶劣的影响，严重打击投资者的信心，如果不能有效制止这种行为，将会使证券市场失去诚信，动摇证券市场的根基，最终使整个证券市场崩溃。

4. 严重影响上市公司本身的长远健康发展

首先，企业管理者应该将主要精力放在企业经营决策和管理上，通过自身的努力不断提升企业的经营业绩。如果通过财务报表舞弊提升业绩，虽然比较简单轻松，但是这种行为无异于饮鸩止渴，而且是不可能长久的。其次，企业管理者会依靠财务会计提供的信息来分析企业过去的成绩与不足，以此作为对未来经济活动进行预测、决策和规划的依据和基础，如果财务报表提供的信息是虚假的，必然会影响管理者的决策，不利于企业长远健康的发展。最后，如果财务报表舞弊行为被发现，上市公司将承受声誉和经济方面的双重损失，极大地损毁企业价值。

5. 严重影响社会的诚信文化建设，破坏市场经济秩序

市场经济是信用经济，诚信是市场经济的基础。会计诚信作为社会诚信的一部分，对整个社会经济生活有着举足轻重的影响。尤其是上市公司，具有较高的社会地位和影响力，如果其提供虚假的财务信息，必然会引起社会的广泛关注。从经济上看，财务报表舞弊会破坏市场经济秩序；从社会文化上看，财务报表舞弊会对社会诚信文化产生巨大的负面影响，从而阻碍社会经济文化的发展。

（四）上市公司财务报表舞弊的特点

1. 目的性强

上市公司并不是任何时候都会造假，而是往往会选择一个特定的时期，为了一个特定的目的而造假。例如：为了上市，将会对近3年的财务报表进行造假；已经被采取ST警示措施的公司为了规避退市风险，会选择在本年度进行造假，有时会选择在前一年度造假，即采取一次“亏个够”的方法，为下一年度预留盈利空间，人为制造“盈利”。

2. 金额较大

上市公司财务报表舞弊往往涉及的金额较大，只有这样才能对企业的财务状况产生实质性的影响，达到其特定目的。

3. 手段繁多

上市公司可以利用的财务报表舞弊手段有很多，有的是业务造假，有的是项目造假，有的是财务数据造假，有的是多种手段同时采用。

4. 隐蔽性强

上市公司业务种类繁多，业务量巨大，因此上市公司造假的途径很多，而且隐蔽性较强。尤其是随着公允价值概念的应用和衍生金融工具的使用，上市公司造假的审计难度加大。

5. 社会危害性大

上市公司造假影响面广，涉及受害人较多，常常会给社会诚信带来较大的负面影响，因此社会危害性较大。

二、财务报表舞弊的主要手段

（一）提前确认收入或隐瞒收入操纵利润

我国《企业会计准则第 14 号——收入》对各种类别交易事项的确认规定了严格的标准，但这些标准基于判断的成分较大，因此收入确认的弹性较大，经常被上市公司用来作为财务报表舞弊的手段。上市公司为了粉饰当期财务报表通常提前确认收入，把还没有销售出去的产品价值或没有达到收入确认条件的销售金额计算到当期的营业收入中，将未来的收入提前实现，虚增当期利润。当然，出于某种需要，上市公司也有可能将已经完成且已达到收入确认条件的销售活动不在当期进行反映，而递延到下年度再反映，人为增加下年度的利润，这也是一种利润操纵行为。

（二）将收益性支出计入资本性支出调节利润

根据现行会计制度的规定，凡支出的效益仅属于本会计期间（或一个营业周期）的，应作为收益性支出，在利润表中列示；支出的效益属于一个以上会计期间（或几个营业周期）的，应作为资本性支出，列示于资产负债表中，作为资产反映，以真实地反映企业的财务状况。但是在实际工作中，企业缺乏承受能力而暂时将已经发生的费用或支出挂列于“长期待摊费用”之中，甚至列示于“固定资产”“在建工程”“其他非流动资产”科目，将虚拟资产科目作为蓄水池来粉饰报表。

费用必须与发生的收入配比，不符合资本化条件的费用必须当期反映。如果把不符合资本化条件的费用资本化，会减少当期计入利润表的费用而夸大当期利润。经常被不适当地资本化的费用有利息费用、广告费用、研究与开发经费等，其资本化的借口往往是一些会计原则，如权责发生制原则、配比原则等。

（三）利用“应收账款”与“其他应收款”项目造假

利用应收账款和其他应收款是做假账最方便、快捷的途径之一。为了抬高当年利润，上市公司可以和关联企业或关系企业联手作假，进行赊账交易。既然是赊账交易，就不会产生现金流，只会影响资产负债表和利润表，不影响现金流量表。因此，当我们看到上市公司的资产负债表上出现大量“应收账款”，利润表上出现巨额利润增加，但现金流量表中“销售商品、提供劳务收到的现金项目”没有相应增加时，就应该怀疑该公司是否在利用赊账交易操纵利润。更严重的违规操作则是虚构应收账款，伪造根本不存在的销售记录，这已经超出了普通的“操纵利润”范畴，是彻头彻尾的造假。当年的广夏（银川）实业股份有限公司（简称银广夏）和郑州百文股份有限公司（简称郑百文）就曾经因为虚构应收账款被处以重罚。

其他应收款是指其他往来款项，可以是委托理财，可以是某种短期借款，也可以是使用某种无形资产的款项等。显然，“其他应收款”的操纵难度比“应收账款”低，因为“应收账款”毕竟是货款，需要实物，实物销售单据被发现造假的可能性比较大。而其他应收款，在造假方面比较容易，而且估价的随意性较大，不容易露出马脚。但是，正常情况下，“其他应收款”金额应该不会太大，如果发现上市公司“其他应收款”数额巨大且长期居高不下，则应该引起我们的警觉。

（四）利用“坏账准备金”项目操纵利润

对于应收账款数额巨大的企业，坏账准备金一个百分点的变化都可能造成净利润的急剧变化。由于坏账准备计提比例属于会计估计范畴，国家不可能硬性规定所有行业（企业）的坏账准备计提比例，因此留给企业自主操纵的空间很大。利用坏账准备金操纵利润有两种手段，一种是刻意多提，一种是刻意少提。少提坏账准备金可以增加当期利润，提高股价；多提坏账准备金则可以增加以后年度的利润，以达到操纵的目的。

（五）利用存货计价方法选择调节利润

公司存货采用不同的计价方法，对公司的盈利状况、资产状况会产生不同的影响。若期末存货估价过高，则会虚增公司的资产，同时会虚减公司的主营业务成本，间接虚增利润；反之，则会虚减公司的资产，虚增公司的主营业务成本，虚减公司利润。尽管会计制度对企业的会计政策变更规定了严格的条件，但实务中许多上市公司还是随意变更存货计价方法，以达到调节利润的目的。

（六）利用固定资产投资操纵利润

固定资产是公司做假账的一个重要切入点，但是这种假账一般不会做得太过分。公司可以故意夸大固定资产投资的成本，借机转移资金，使股东蒙受损失；也可以故意低估固定资产投资的成本，或者在财务报表中故意延长固定资产投资周期，减少每一年的成本或费用，借此抬高公司利润——这些夸大或者低估都是有限的。如果一家公司在固定资产投资上做的手脚太过火，很容易被人看出马脚，因为固定资产是无法移动的，很容易审查，虽然其市场价格往往很难估算，但其投资成本还是可以估算的。蓝田股份造假被发现的原因之一就是其固定资产的不正常增加。

（七）利用所得税返还调节利润

按照税法规定，特区企业、高新技术开发区企业和内地企业所得税率各不相同，所得税的减免权除税法统一规定外，地方政府无权减免。但为了扶持上市公司，许多地方政府相互比照，给上市公司税收返还政策，多数上市公司所得税的实际税收负担为15%，有的甚至更低。尽管大多数上市公司的企业所得税是先征后返，其间有个清算时间差，一般的做法是经财政审核后认可的上年度所缴企业所得税中可返还部分，实际到账后才能算作本年的补贴收入，计入本年利润，但有的上市公司当年所缴的所得税还未清算完毕，就先以“应收账款”或“其他应收款”的形式挂在账上，并据此先计入利润。

（八）利用关联方交易调整利润

上市公司利用关联方交易操纵利润的方法主要有：利用关联方交易购销业务操纵利润；通过资金拆借，向关联企业收取资金占用费；利用关联企业间的托管经营调节利润；另外，还有合作投资、转嫁费用、资产重组等形式。例如，银广夏编制合并报表时，未抵消与其子公司之间的关联交易，也未按股权协议的比例合并子公司，从而虚增巨额资产和利润。

（九）利用非关联方利益输送

由于拟上市企业对于重大关联交易负有详细披露的义务，因此有企业开始进行隐蔽的、灰色的非关联方交易以规避披露义务，进而实现操纵利润。此类较为隐蔽的利益输送用法主要有员工减薪、供应商减价供应、经销商加价提货甚至囤货、重要股东通过其他公司为拟上市公司报销费用或虚增收入、地方政府减税或增加补贴收入等形式。实际上，所谓的非关联方实际上也是利益相关者，只是没有达到关联方标准而已，因此这种舞弊被发现的可能性较小。

（十）利用“以前年度损益调整”项目调节利润

以前年度损益调整主要是对以前年度损益核算的不准确或错误进行的调整，所涉及的主要是收入、费用项目。在新股份公司会计制度实行以前，以前年度损益调整列入利润表，上市公司将其作为调节利润的阀门。有的公司利用以前年度损益调整调增利润，有的公司利用以前年度损益调整一次性核销费用和支出，类似于潜亏资产的一次性处理。新会计制度的颁布，将以前年度损益调整列入资产负债表，有效地遏制了这种粉饰报表的管理手段。

小思考

上市公司粉饰财务报表的手段还有哪些?

实际工作中，上市公司还有一些粉饰报表的其他手段，各种手段都可归纳为以下四种模式：

（1）大清洗。有些企业为了保证盈利水平，采取一次巨额冲销的手法，即尽可能地把损失和费用在本期予以确认，以求在后续年度实现较高的会计利润。

（2）利润最小化。通常是盈利能力较强或规模较大的企业为减少政治上受关注程度而采取的一种粉饰报表的方法。

（3）利润最大化。管理当局采取利润最大化粉饰报表方法的原因比较多，如为了树立良好的企业形象，突出公司的经营业绩；存在红利计划的企业管理者为获得较大的红利收入；为了取得银行或投资者信任，争取贷款和投资等。

（4）利润平滑。这是一种典型的盈余管理行为，它是经理人员为使收益介于盈利下限与盈利上限之间而采用的一种操纵财务报表数据的行为，从而给人造成“业绩稳健”的感觉。

三、财务报表舞弊的识别方法

有利益就必然有贪婪，因此财务报表舞弊是客观存在的。但是，由于上市公司财务报表舞弊的危害巨大，我们必须探讨揭露舞弊的方法，从而在一定程度上抑制这种违法行为，维护资本市场的正常秩序。不过，虽然从理论上说，财务报表舞弊必然会留下蛛丝马迹，但是由于财务信息的复杂性、财务报表舞弊手段的隐蔽性，以及财务分析者能力的局限性，并不能保证造假行为都能被发现。

（一）财务报表舞弊的环境识别

财务报表舞弊是一种违法甚至犯罪行为，被发现后要承担名誉、经济和法律风险，因此上市公司经营者并不会轻易进行财务报表舞弊。从这个意义上说，上市公司经营者之所以进行财务报表舞弊一定是与某种特定环境因素有关，使得其不得不造假，或者造假的收益大于风险。因此，首先从环境角度分析财务报表舞弊的可能性可以做到事半功倍。

美国《审计准则公告第 82 号》列举了一些与管理当局舞弊有关的典型环境因素，当存在这些环境因素时，上市公司进行财务报表舞弊的可能性将大大增加：

（1）不切合实际的、过于激进的盈利目标，以及基于这些盈利目标的经营者激励计划；

（2）企业管理当局对运用非常激进的会计手段维持公司股份或者盈利趋势过于感兴趣；

（3）企业管理当局给经营者设定过分激进的财务目标和期望；

（4）虽然实现盈利以及盈利的增长，但公司经营活动却不能创造充足的现金流量；

（5）资产、负债、收入或者费用的确认涉及非常主观的职业判断，例如涉及非常复杂的金融工具价值计量及其变动；

（6）存在重大的关联交易。

美国永道（Coopers & Lybrand）会计师事务所认为当出现以下情形时就应该特别注意企业是否会进行财务报表舞弊：

（1）现金短缺、现金流量为负、营运资金短缺，影响营运周转；

（2）因宏观经济变化或其他情况导致产能过剩；

（3）迫切需要维持有利的盈余记录以维持股价；

（4）成本增长超过收入或遭受低价进口品的竞争；

（5）融资能力（包括借款及增资）降低，营业扩张的资金来源只能依赖盈余；

（6）存货大量增加超过销售所需，尤其是高科技产业的产品过剩的严重风险；

（7）盈余质量逐渐恶化，例如折旧由年数总和法改为直线法而没有正当理由；

（8）夕阳工业或濒临倒闭的产业；

（9）上马新项目或市场竞争加剧需要追加大量新资金；

（10）管理者有不法前科记录。

我国学者通过对大量财务报表舞弊案件的统计研究，也总结出了极有可能导致公司财务报表舞弊的公司环境特征：

（1）前两年连续亏损，今年经营业绩没有得到根本改善的公司；

（2）前两年平均净资产报酬率达到10%，今年行业不景气的公司；

（3）资本运作和关联交易频繁的上市公司；

（4）业绩和股价波动厉害的上市公司；

（5）全行业亏损或行业过度竞争的上市公司；

（6）IPO及没有三分开（股东，尤其是控制股东在财产、财务、人事等方面与公司分开）的上市公司；

（7）内部控制不规范的公司；

（8）融资需求强烈的上市公司。

（二）财务报表舞弊的技术识别

财务报表舞弊的环境识别只是分析判断上市公司财务报表舞弊的可能性，为进一步确定公司是否舞弊提供参考和指引。要确认上市公司财务报表舞弊行为就必须进行实质性的技术识别。财务报表舞弊的技术识别方法很多，大致可以分为报表项目直接分析法、分析性复核法和特定事项分析法。

1. 报表项目直接分析法

上市公司造假的主要目标是利润，从某种程度上说，只要对企业利润水平会产生重大影响的报表项目都可能成为上市公司利用的对象。报表项目直接分析法是指直接对有关报表项目的数据进行深入分析来揭示财务报表舞弊的方法。虽然上市公司财务报表的项目有很多，但是并非每个项目都要进行深入分析。一般可以重点分析满足以下条件的报表项目：重要项目，如资产负债表中的货币资金、应收账款、存货、固定资产等，利润表中的营业收入、营业成本、管理费用等，现金流量表中的销售商品、接受劳务收到的现金等；金额异常的项目，如“其他应收款”金额大于“应收账款”；金额变动比较大的项目，如“资产减值损失”忽大忽小，变动剧烈。

下面以若干项目为例说明报表项目直接分析法的基本思路。

（1）货币资金项目。企业的货币资金余额并非越多越好，而应该根据企业生产经营活动的需要来决定。如果出现以下情况则需要关注企业财务报表舞弊的可能：a. 货币资金余额长期处于较高水平，而这些货币资金远远超过了公司的实际需要；b. 长期货币资金余额与高息负债并存；c. 销售收入和利润水平很高，而货币资金余额很小；d. 货币资金余额发生较大幅度的变化而没有可以解释的理由。

（2）存货项目。存货价值的确定涉及两个要素：数量和价格。确定现有存货的数量常常比较困难，因为货物总是在不断地被购入和销售，不断地在不同存放地点转移以及投入生产过程之中。存货单位价格的计算同样可能存在问题，不同计价方法所计算出来的存货价值将不可避免地存在较大的差异。正因为如此，存货账户往往成为舞弊的对象。在进行财务报表分析时，如果发现以下现象就应该采取其他途径验证是否存在存货舞弊：a. 存货的增长快于销售收入的增长；b. 存货占总资本的百分比逐期增加；c. 存货周期率逐期下降；d. 存货的增长快于总资产的增长；e. 存货价值占流动资产的比重过高。

（3）经营活动产生的现金流量。在利润表上作假比在现金流量表上作假要容易得多，前者通过虚开发票、虚构交易就很容易完成，如果公司上下合谋，从原材料的购进到产品的销售出库各个环节单证手续齐全，即使注册会计师也很难审计出来；但现金流量就不一样了，如果想虚增现金流量，一方面需要有外部资金进账，另一方面还需要银行方面提供齐备的交易记录，但这两点通常是很难办到的。因此，投资者可结合利润表中的营业利润与现金流量表中经营活动产生的净现金流来判断公司年报是否存在做假嫌疑。在分析时，投资者可以构造比率，用营业利润除以经营活动产生的现金流量，然后做趋势分析，如果比率在不断加大，则基本可以判断公司可能存在问题。这个比率也可以与同行业比较，如果行业平均水平相比相差太大，投资者也应引起警觉。

（4）营业收入。营业收入是财务报表舞弊者容易选择的目标，因为其是采用权责发生制核算的，而且金额较大，来源复杂，且对企业利润产生较大的直接影响。营业收入是否真实可以从以下角度加以分析。a. 行业分析。分析公司所处行业特点及目前的市场状况，如果公司的营业收入变化与行业目前的状况不相符，则应该引起警惕。b. 将应收账款、销售商品提供劳务收到的现金等项目结合起来分析，如果差异加大则几乎可以肯定存在舞弊行为。c. 观察税金及附加与销售收入的关系。一般来说，税金及附加与销售收入存在一个比较固定的比率关系，而且在同行业中这个比率比较接近，如果这个比率波动太大或偏离行业水平太远，则公司的销售收入可能有问题。d. 与营业成本结合分析。一般来说，与税金及附加一样，营业成本与营业收入也存在一个比较固定的比率关系，而且在同行业中这个比率也比较接近，如果这个比率波动太大或偏离行业水平太远，则公司的销售收入可能存在问题。

2. 分析性复核法

分析性复核法是对上市公司会计报表中重要的比率或趋势进行分析，包括调查上市公司异常变动以及这些重要比率或趋势与预期数额和相关信息的差异。对异常变动的项目，投资者要考虑这些变动所产生的金额大小和性质的严重程度以及这些变动所产生的经济后果。例如，销售毛利率的很小变动，就有可能使上市公司由亏损变为盈利。因此，投资者应根据分析性复核法和重要性原则来判断上市公司是否存在会计报表粉饰的可能。

分析性复核法是一种注册会计师审计上市公司财务报表的专门方法。1978 年，美国注册会计师协会（AICPA）专门对这种方法制定了审计准则。大量实践证明，分析性复核法在发现和检查财务报表舞弊方面作用相当明显。美国一家杂志发表文章指出，通过对 281 项舞弊行为的分析，发现采用分析性程序可以查出所有舞弊的 45.6%、82 项重大舞弊的 54.9%和非常重大舞弊的 69%。常用的分析性复核法有比较分析法、比率分析法和趋势分析法。

(1) 比较分析法在财务报表舞弊分析中的应用。比较分析法是通过某一会计报表项目与其既定的标准进行比较，对于异常变动项目，投资者要查看是否具备充分适当的理由，否则异常变动的数额越大，变动的项目越多，粉饰会计报表的可能性也就越高。同行业公司的财务指标之间一般不会出现非常大的差异，否则预示着公司存在舞弊的可能。一般来说，舞弊公司比非舞弊公司具有更高的财务杠杆、更低的资本周转率，其流动资产比例更高，其中绝大部分是存货和应收账款。此外，如果一家上市公司的主营业务利润率持续降低，或者远远低于同行业水平，说明该公司存在财务报表舞弊的可能。刘姝威在揭露蓝田股份财务舞弊的案例中就使用了较多的比较分析法。

(2) 比率分析法在财务报表舞弊分析中的应用。比率分析法是对会计报表中的某一项目与相关的另一项目的比值进行分析。这种分析方法要求先计算各种相关比率，再将上述比率与相应的参照标准进行比较，以判断会计报表是否真实公允。任何严重的财务报表舞弊，如虚增巨额的销售收入和应收账款，都可能使得企业的财务结构出现异常的状态。如果企业的偿债能力指标、盈利能力指标、资产负债管理能力指标和现金流量指标以及它们之间出现异常变动，则表明企业的健康状况可能出现问题，或者存在舞弊的可能。关联财务比率之间的比较分析也是揭露可能存在财务报表舞弊的有效方法，主营业务收入增长率与应收账款增长率相比较就是其中一例。应收账款增长率远远大于主营业务收入增长率，可能预示公司主营业务增长的质量不高，或者存在利用应收账款调增利润的可能。

主营业务利润率是一个非常重要的财务比率，如果公司主营业务利润率大大超过同行业水平或者短时间内波动较大，就有可能存在财务报表舞弊问题。例如，银广夏 1999 年主营业务利润率为 42.33%，2000 年更是达到 64.17%，同属农业行业拥有高技术背景的隆平高科 2000 年主营业务利润率也只有 36.03%。事实上，银广夏主要经营中药材的种植加工、葡萄种植酿酒，而中草药种植加工业与葡萄种植酿酒业在当前市场环境下，极少有暴利机会。红光实业上市前两年的经营状况就出现了主营业务利润率的剧烈波动，1995 年红光实业主营业务利润率竟达到 118.9%，到了 1996 年，在主营业务收入大幅增长（增长率为 344%）的同时，主营业务利润率却下滑至 13.68%，短短 1 年时间里主营业务利润率居然发生如此巨大的下滑，必然是财务报表舞弊的结果。

(3) 趋势分析法在财务报表舞弊分析中的应用。趋势分析法是对连续若干期会计报表某一项目金额及其变动情况进行比较分析，通过对会计报表某一项目的趋势分析，可以了解该项目的增减变动情况及变动幅度。对重要的变动应给予必要的关注并查找原因。一个正常的公司其财务状况的变动趋势一般是有一定规律的，如果一个公司的报表项目或财务指标发生了出乎意料的变动，则有必要关注其是否有舞弊的可能。

财务报表舞弊可以在短时间内使企业的利润增加，但是利润的增加必然导致其净资产的增加，如果该公司以后年度停止造假，那么其净资产收益率就会逐渐下降，如果要继续同方向造假，那么总有一天会发现造假越来越难，被发现的概率也会越来越大。

3. 特定事项分析法

特定事项分析法是指通过对上市公司非常规的经营活动或事项进行分析，探究这些经营活动或事项的本质，防止上市公司利用这些经营活动或事项进行财务报表舞弊。常见的这类经营活动或事项主要有：关联交易、资产减值准备的计提、或有事项等。

（1）关联交易。关联交易会对上市公司的财务报表数据产生重大影响，当上市公司出现关联交易事项时就一定要认真分析其实质性内容，关注其是否存在利润转移或利润操纵。有时可以采用关联交易剔除法评估关联交易对上市公司财务报表的影响，从而获取上市公司真实的财务信息。关联交易剔除法是指将来自关联企业的营业收入和利润总额予以剔除，分析某一特定企业的盈利能力在多大程度上依赖于关联企业，以判断这一企业的盈利基础是否扎实、利润来源是否稳定。如果企业的营业收入和利润主要来源于关联企业，就应当特别关注关联交易的定价政策，分析企业是否以不等价交换的方式进行财务报表舞弊。关联交易剔除法的延伸运用是将上市公司的会计报表与其母公司编制的合并会计报表进行对比分析。如果母公司合并会计报表的利润总额大大低于上市公司的利润总额，就可能意味母公司通过关联交易将利润“包装注入”上市公司。

（2）资产减值准备的计提。上市公司通过资产减值准备操纵利润的主要情况有以下几种。a. 连续微盈且（或）近期有再融资目标的上市公司经常计提不足，即使在行业风险和经营风险“双高”的情况下，仍以低比例计提资产减值准备。b. 业绩较好但不稳定的上市公司，则在盈利上升时，多计提减值准备；盈利下滑时，再将减值准备冲回，用以平滑各年间利润。c. 亏损、处于退市边缘的上市公司，对于资产减值准备平时该提不提或极少计提，“需要”时就一次提个够，采用“休克疗法”亏出盈利的空间，以后以各种理由转回大量的资产减值准备，从而造成财务报表扭亏为盈的假象以避免退市；或者选择某一年超大额计提，在其后的几年中再缓缓冲回，以制造业绩小幅稳定攀升的假象。新企业会计准则对资产减值准备的冲回作了严格的规定，长期股权投资、固定资产、在建工程、无形资产等长期资产的减值准备一经计提，事后即使价值出现回升，已计提的减值准备也不得转回，只能在处置相关资产后，再进行会计处理。利用这些减值准备项目调节利润的空间已大大缩小，此规定对上市公司的利润操纵起到了一定的抑制作用。

（3）或有事项。常见的或有事项有：未决诉讼、未决索赔、产品质量保证、为其他单位提供债务担保等。或有事项可能会给公司带来损失，本应如实公告，但是有些上市公司为了不影响当期业绩，往往会隐瞒或有事项的发生。例如南华西自 1997 年以来，为集团公司及关联公司提供贷款担保总额高达 46 910 万元，其中为大股东提供担保的贷款中逾期部分已达 10 400 万元。公司对上述重大事件均没有及时披露。有些上市公司并不是完全对或有事项隐瞒不报，而是采用其他手法企图蒙混过关。a. 将或有事项的披露分散在年报的几个部分，没有按要求在会计报表附注的或有事项一栏集中披露。例如，隧道股份在或有事项一栏无披露事项，但在承诺事项中，则揭示

扫一扫

财务报表舞弊典型案例分析

出为子公司贷款担保8 100万元，为外单位贷款担保4.34亿元，共计5.15亿元（占净资产比例将近50%）。这就需要财务报表分析者认真阅读有关内容。b. 不披露或有负债可能对公司和财务产生影响，给人感觉这些事项对公司影响不大。c. 不对或有负债进行会计处理。根据新企业会计准则的要求，如果很可能导致支付义务，且金额能够可靠计量的话，应该在“预计负债”科目下进行确认和计量，但目前在报表上确认或有负债的上市公司几乎没有。在这种情况下，投资者最好从谨慎性原则出发，在分析中将这部分金额从利润中扣除。

项目小结

会计政策变更，是指企业对相同的交易或事项由原来采用的会计政策改用另一会计政策的行为；会计估计变更，是指由于资产和负债的当前状况及预期经济利益和义务发生了变化，从而对资产或负债的账面价值或者资产的定期消耗金额进行调整；关联方交易，是指关联方之间转移资源、劳务或义务的行为，而不论是否收取价款；资产负债表日后事项，是指资产负债表日至财务报告批准报出日之间的有利或不利事项。这些信息均会对企业财务状况质量分析产生一定的影响。财务报表舞弊是指财务报表提供者有意识地对财务报表中披露的重要信息进行粉饰或编造，欺骗报表使用者以达到牟取私利的目的。在财务分析时，应做到有效防范和识别财务舞弊。

项目训练

一、单项选择题

1. 下列属于企业会计政策的有（　　）。

A. 存货期末计价采用可变现净值孰低法

B. 客观性原则

C. 可比性原则

D. 一贯性原则

2. 会计政策是指企业在会计核算时所遵循的（　　）。

A. 会计核算的一般原则

B. 具体准则

C. 企业在会计确认、计量和报告中所采用的原则、计量基础和会计处理方法

D. 一般会计处理方法

3. 资产负债表日后事项，是指资产负债表日至（　　）之间的有利或不利事项。

A. 股利宣告日　　　　B. 财务报告批准报出日

C. 股利发放日　　　　D. 召开股东大会日

4. 关联方交易是指关联方之间转移资源、劳务或义务的行为，而不论是否收取价款。下列事项中不属于关联方交易主要形式的是（　　）。

A. 购买或销售商品　　　　B. 担保

C. 研究与开发项目的转移　　D. 重大诉讼

5. 资产负债表日后董事会提出利润分配方案中涉及的股票股利属于（　　）。

A. 或有负债　　B. 非调整事项

C. 或有资产　　D. 调整事项

二、多项选择题

1. 应采用未来适用法处理会计政策变更的情况有（　　）。

A. 企业因账簿超过法定保存期限而销毁，引起会计政策变更累积影响数无法确定

B. 企业账簿因不可抗力而毁坏引起累积影响数无法确定

C. 会计政策变更累积影响数能够确定，但法律或行政法规要求对会计政策的变更采用未来适用法

D. 会计政策变更累积影响数能够合理确定，国家相关制度规定应追溯调整

2. 企业对于发生的会计政策变更，应披露的内容有（　　）。

A. 会计政策变更的内容

B. 采用追溯调整法时会计政策变更的累积影响数

C. 累积影响数不能合理确定的理由

D. 会计政策变更对当期以及比较会计报表所列其他各期净损益的影响金额

E. 会计政策变更的理由

3. 下列事项属于资产负债表日后事项的有（　　）。

A. 资产负债表日后发现了财务报表舞弊或差错

B. 资产负债表日后发生重大诉讼、仲裁、承诺

C. 资产负债表日后资产价格、税收政策、外汇汇率发生重大变化

D. 资产负债表日后因自然灾害导致资产发生重大损失

E. 由于持续通货膨胀，企业将存货发出的计价方法由先进先出法改为后进先出法

4. 下列事项属于会计估计变更的有（　　）。

A. 建造合同收入的确认由原来的完工合同法改为完工百分比法

B. 应收账款坏账损失核算方法的改变

C. 无形资产摊销期限的改变

D. 固定资产净残值率的改变

5. 上市公司财务报表舞弊的动机有（　　）。

A. 融资动机　　B. 避免暂停上市或退市动机

C. 市场动机　　D. 管理者获取激励报酬动机

三、判断题

1. 对于以前出现过的不具有重要性的经济业务改用新的会计政策，属于会计政策变更。（　　）

2. 变更固定资产折旧年限时，只影响变更当期和该项资产未来使用期间的折旧费用，而不影响变更前已计提的折旧费用。（　　）

3. 对于会计政策变更，当其累积影响数不能合理确定时，应采用未来适用法进行处理。(　　)

4. 决定息税前利润的因素主要有主营业务利润、其他业务利润、营业费用和管理费用。(　　)

5. 资产负债表日后发生的非调整事项，应当在报表附注中披露每项资产负债表日后非调整事项的性质、内容，以及其对财务状况和经营成果的影响。(　　)

四、简答题

1. 会计政策变更、会计估计变更的含义是什么？它们对财务分析的影响如何？

2. 关联方的概念是什么？你如何认识关联方交易对上市公司财务分析的极端重要性？

3. 资产负债表日后事项的含义如何？其对财务分析的影响怎样？

4. 上市公司舞弊的一般方法有哪些？

5. 如何有效防范上市公司财务报表舞弊？

项目实训

一、会计差错更正财务分析

实训目标：从前期会计差错更正及相关信息看企业财务状况质量。

实训资料：在宁波富达股份有限公司 2019 年度报告的“陈述董事会对公司会计政策、会计估计变更、重大会计差错更正、重大遗漏信息补充以及业绩预告修正的原因及影响的讨论结果，以及对有关责任人采取的问责措施及处理结果”中，披露了如下信息：

(一) 会计差错更正的内容

(1) 2019 年 8 月 28 日审议通过的《应收款项坏账准备计提会计估计变更议案》，现会计估计变更的时间由 2019 年 1 月 1 日变更为 2019 年 4 月 1 日。

(2) 误将预期信用损失中归属于上市公司股东净利润的 487 321.10 元冲减至期初留存收益，导致 2019 年半年度报告中“信用减值损失”等科目列报出现差错，公司决定进行差错更正。

上述两项差错更正以《公司会计差错更正的议案》形式提交公司九届十七次董事会审议通过。本次会计差错更正无须提交公司股东大会审议。

(二) 会计差错更正具体情况及对公司的影响

(1) 公司董事会于 2019 年 8 月 28 日审议通过《应收款项坏账准备计提会计估计变更议案》，会计估计变更日期为 2019 年 1 月 1 日。该变更事项处于 2019 年一季报披露后、半年报披露前，根据《企业会计准则第 28 号——会计政策、会计估计变更和差错更正》的要求，公司会计估计变更时间最早应为 2019 年 4 月 1 日，2019 年 10 月 24 日召开的公司九届十七次董事会决定进行差错更正，将会计估计变更日期由 2019 年 1 月 1 日更正为 2019 年 4 月 1 日，差错更正对本公司 2019 年 1—6 月归属于上市公司股东的净利润无影响。

(2) 公司原会计变更日期为2019年1月1日，由于工作人员疏忽，误将预期信用损失中归属于上市公司股东净利润的487 321.10元冲减至期初留存收益，导致2019年半年度报告中“信用减值损失”等科目列报及披露出现差错，公司九届十七次董事会决定进行差错更正，“信用减值损失”列报差错更正对公司2019年6月末的总资产和净资产无影响，对公司2019年1—6月的归属于上市公司股东的净利润由285 909 284.46元调整为285 421 963.36元，减少487 321.10元。

实训要求：

(1) 企业前期会计差错的出现，传递了企业在财务会计核算系统方面的哪些信息？

(2) 你如何认识企业对个别会计处理采取稳健原则的恰当性？

二、关联方现金流量往来财务分析

实训目标：与关联方现金流量往来对企业财务状况的影响。

实训资料：2019年10月15日，天夏智慧（000662，SZ）发布公告称，于10月10日收到中国证券监督管理委员会广西监管局（简称“广西证监局”）出具的《行政监管措施决定书——关于对天夏智慧城市科技股份有限公司采取出具警示函措施的决定》。据了解，广西证监局对天夏智慧进行了“双随机”检查，发现天夏智慧存在以下问题：未及时披露为关联方对外借款提供担保事项，未及时披露与关联方的共同借款事项和未及时披露重大诉讼事项。

警示函显示，2017年6月至2018年2月，天夏智慧5次为杭州秦商体育文化有限公司等关联方对外借款提供担保，相关担保合同均由时任董事长夏建统签署，并盖有天夏智慧公章，累计金额达6.58亿元，占2017年经审计净资产的11.82%。上述为关联方对外融资提供担保事项，天夏智慧未履行股东大会、董事会审议程序，也未及时进行披露。

会计师事务所就曾对天夏智慧出具否定意见的《内控审计报告》。报告显示，在审计过程中，会计师识别出天夏智慧公司的财务报告内部控制存在以下重大缺陷：天夏智慧公司存在未经董事会、股东大会批准对关联方债务提供担保而涉及诉讼事项，该事项导致天夏智慧公司及其子公司部分银行账户及股权资产被司法冻结。天夏智慧公司未及时、有效地管理与诉讼及资产冻结相关的信息，未及时履行信息披露义务。上述事项不符合天夏智慧公司章程及内部规章制度的相关规定，与之相关的财务报告内部控制设计和运行失效。

会计师事务所还指出，天夏智慧董事会秘书长期空缺造成与公司信息披露相关的内部控制及程序未得到有效执行，三会运作和内部决策机制未能完全有效运行，并导致信息披露不完整、不规范。

上述担保事项也引起了深圳证券交易所关注。6月27日，天夏智慧披露了关于2018年年报问询函的回复公告。天夏智慧表示：“除已经披露的担保情形外，公司本身未出现违规担保的情形，公司对涉诉担保案件均不知情，不是公司的真实意思表示，涉诉担保事项的具体情况还在调查中，具体情况尚需进一步核实，后续一经查实，公司将根据相关法律法规的规定，及时履行信息披露义务。”

天夏智慧指出："由于公司董事长、总经理等管理人员开拓公司业务，频繁在国内外出差，导致许多用印文件及资金审批需要远程审批审核，出现了一些疏漏问题。为防范风险，公司重新梳理了行政事务流程，制定了用章管理规范文件，建立印章管理岗位法律风险防控体系。"

除了未及时披露为关联方对外借款提供担保事项外，天夏智慧还未及时披露与关联方的共同借款事项。警示函指出，2018 年 1 月 12 日，天夏智慧与锦州恒越投资有限公司、杭州睿康体育文化有限公司（现更名为杭州秦商体育文化有限公司）、睿康文远电缆股份有限公司（现更名为远程电缆股份有限公司）作为共同借款人与湖州四信投资合伙企业签订借款合同，向其借款 3 000 万元。2018 年 1 月 12 日，锦州恒越收到借款 3 000 万元。锦州恒越持有天夏智慧 16.41%股份，上述与关联方的共同借款，天夏智慧未及时进行披露。

深圳证券交易所要求天夏智慧全面梳理并说明公司及合并范围内子公司截至目前被冻结资产的具体情况，包括但不限于：被冻结资产的名称、被冻结资产的数量及金额、冻结期限、冻结原因、是否涉及轮候冻结和对公司生产经营活动的影响等，以及公司履行临时信息披露义务的情况（如适用）。

实训要求：

（1）按照基本的会计处罚规范，对于关联方占用资金的"业务"，应当在被占用资金企业的资产负债表、现金流量表的哪些项目上反映出来？

（2）如何看待关联方占用资金对企业财务状况的影响？

三、财务报表舞弊分析

实训目标：康美药业财务报表舞弊分析。

实训资料：2018 年年底，证监会发现上市公司康美药业涉嫌财务造假，随即立案调查。2019 年 5 月 17 日，证监会通报康美药业案调查进展，确定康美药业披露的 2016 年至 2018 年度财务报告存在重大虚假。2019 年 8 月 16 日，证监会发布《证监会对康美药业等作出处罚及禁入告知》，正式通告了康美药业虚增营业收入、货币资金和固定资产等不法行径，属于有预谋、有组织，长期、系统实施财务造假行为。同日深夜，康美药业发布关于收到中国证监会《行政处罚及市场禁入事先告知书》的公告。康美药业财务造假涉案金额巨大，是我国迄今为止规模最大的财务造假案，对我国上市公司信息披露制度和政府监管、追责体系的强化与完善影响深远。

康美药业财务造假迹象：

（1）存贷双高。存贷双高问题是康美药业最受公众质疑的地方之一。存贷双高是指一家公司同时拥有高额的银行存款和银行贷款金额，公司一方面需要支付高额的贷款利息，另一方面银行账户上却拥有大量的可用资金。资金利用率低，是对公司资金的巨大浪费，与正常的公司经营逻辑不符。根据康美药业 2018 年半年报，公司的货币资金余额为 399 亿元，同时各种有息负债高达 347 亿元，占公司净资产的比例分别为 119%和 104%。在利息支出方面，康美药业 2018 年上半年净利润为 25.92 亿元，利息支出高达 8

亿元，占比 31%。公司 2017 年净利润为 40.95 亿元，利息支出为 12.18 亿元，占比 30%。存贷双高和高额利息支出现象已持续多年，其必要性与合理性让人怀疑。

（2）经营现金流不足。康美药业另外一个令人诟病的问题就是公司的净现金流量远低于公司的净利润，经营活动产生的现金流不足。净现比是评价经营现金流量的常用指标，净现比＝经营现金流量净额÷净利润，反映了企业赚一元钱的利润，会给企业带来多少现金的流入，通常来说，企业的净现比会大于 1。反观康美药业财务报表调整前的财务数据，康美药业从 2010 年至 2018 年上半年，净利润总额为 201.08 亿元，而累计产生的经营活动现金流量净额却仅有 94.65 亿元，净现比为 47.1%，即公司每取得 1 元的净利润，产生的现金流入只有 0.47 元，远低于正常水平。当然，整个中药行业的经营现金流量普遍较低，但与同行业其他主要的医药企业相比，康美药业的净现比仍处于末端，作为行业领军企业，康美药业经营现金流不足的现象让人难以理解。

（3）毛利率异常。在一个竞争充分、开放的市场中，企业能获取的利润率会与行业特征相符。无视经济波动，与市场变化关联性不大，持续稳定的毛利率、超额毛利率、较高毛利率或是极低毛利率的出现，需要引起我们的警觉。根据康美药业财务报表未调整前的 2018 年半年报，公司 2018 年上半年实现营业收入 48.03 亿元，毛利率高达 26%，虽然整个中药行业毛利率都比较高，但康美药业连续多年毛利率都超过 24%，远超常规行业的毛利率水平，让人惊叹的同时，也让人疑虑。

（4）大股东股权质押比例过高。股权质押是企业融资的方式之一，公司股东将持有的公司股票抵押给金融机构以获得资金。但是如果公司大股东质押股份的比例过高，会形成较大的风险，比如当公司股价低于股票质押价格时，公司可能会遭遇平仓，拉低股价。康美实业作为康美药业的最大股东，其所持有的康美药业 91.91%的股权已经质押，股权质押比例如此之高，需引起投资者的注意。

康美药业财务造假的内幕于 2019 年 8 月 16 日最终拉开，投资者的怀疑被证实。根据证监会发布的《证监会对康美药业等作出处罚及禁入告知》可知，康美药业 2016—2018 年度、半年度财务报告中累计虚增营业收入 291.28 亿元、多计利息收入 5.1 亿元，虚增营业利润 41.01 亿元；2016 年 1 月至 2018 年 6 月，康美药业累计虚增货币资金超过 886.80 亿元；2018 年度财务报告中，康美药业虚增固定资产 11.89 亿元，虚增在建工程 4.01 亿元，虚增投资性房地产 20.15 亿元；同时，公司还未按规定披露控股股东及其关联方非经营性占用资金的关联交易情况，属于有预谋、有组织，长期、系统实施财务造假行为，造假金额巨大，影响恶劣，为我国上市公司监管和财务造假预防敲响警钟。

实训要求：

（1）参照康美药业相关资料对文中提到的舞弊事项进行深入分析。

（2）分析康美药业的动机和主要方法。

（3）谈谈你对上市公司财务报表舞弊防范措施的看法。

项目九

财务报告综合分析

学习目标

知识目标

理解财务报告综合分析的内容

理解杜邦分析法的内涵

熟悉沃尔评分法

熟悉雷达图分析法

能力目标

能够进行财务报告综合分析

能够使用杜邦分析法进行分析

能够使用沃尔评分法进行分析

能够使用雷达图法进行分析

素质目标

引导学生树立大格局意识

培养严谨的职业态度，审慎选择财务信息

引导案例

云南白药集团净资产收益率差异原因

云南白药集团股份有限公司（股票简称“云南白药”，股票代码 000538，深圳证券交易所），经中国证券监督管理委员会批准，1993 年 12 月 15 日公司社会公众股（A 股）在深圳证券交易所上市交易。公司被评为“2009 年全国国有企业典型”，是历次评选中唯一入选的云南企业和医药行业企业。经过几十年的发展，公司已从一个资产不足 300 万元的生产企业成长为一个资产规模近 150 亿元、收入规模逾 100 亿元、以经营云南白药系列产品和天然植物药系列产品为主业的大型医药企业集团。公司产品以云南白药系列和田七系列为主，共十种剂型70余种产品，主要销往国内及东南亚等地区，并已进入日本、欧美等国家和地区市场。“云南白药”商标于2002年2月被原国家工商行政管理总局评为中国驰名商标。云南白药在2015年总资产收益率下降1.74%，是因为总资产净利率下降1%和权益乘数下降0.02共同造成的。而总资产净利率下降的主要原因为总资产周转率下降幅度稍大。另外，总资产周转率下降主要是由应收账款周转率下降造成的，虽然存货周转率稍有下降，但变化不大。因此，云南白药在2015年净资产收益率的变动主要受资产周转率的影响，其中尤以应收账款周转率影响更大。

资料来源：张先治，等．财务分析习题与案例［M］．大连：东北财经大学出版社，2019.

任务一 财务报告综合分析概述

任务描述

熟悉和掌握财务报告综合分析的概念、特点及目的，理解财务报告综合分析与单一指标分析之间的异同。

基本知识与技能

一、财务报告综合分析的概念

本书已从企业的偿债能力、营运能力、盈利能力及发展能力等角度对企业的筹资活动、投资活动、经营活动及分配活动进行了深入的分析，有助于企业债权人、投资者、政府、经营者及其他利益相关者了解企业的财务状况与经营成果，对企业在某一方面的状况与业绩的判断是十分有益的。但是，企业的生产经营活动是一个系统的整体，各环节之间密切相连，上述财务分析通常是从某一角度或某一方面来研究企业的财务状况与经营成果，很难对企业财务总体状况及水平作出综合判断。要了解这一问题，就必须进行互相关联的分析，要在财务能力单项分析的基础上进行财务综合分析。

因此，财务报告综合分析就是在偿债能力、营运能力、盈利能力及发展能力等单项分析的基础上，根据各项财务能力或经营成果之间的关系及内在联系，通过综合指标的选择，整体、全面地对企业财务状况和经营成果进行准确判断和评价。

二、财务报告综合分析的特点

财务报告综合分析与单一指标分析相比，具备以下特点：

（一）分析问题的方法不同

单项分析是由一般到个别，把企业财务活动的总体分解为具体部分，然后逐一加以分析；而综合分析是通过总结归纳，在对个别财务现象进行分析的基础上，从企业财务活动的整体上，把握企业的财务状况和经营成果。

（二）财务分析的性质不同

单项分析具有实务性，能够具体地认识每一个财务现象；而综合分析具有高度的概括性和抽象性，注重从整体上把握企业财务状况的本质特征。

（三）财务分析的比较基础和重点不同

单项分析的比较基础和重点是财务计划和财务理论标准，而综合分析的比较基础和重点是企业的整体发展战略和未来发展趋势，两者考察的出发点是有区别的。

（四）财务指标在分析中的地位不同

单项分析把每个分析的指标视为同等重要的角色来处理，它基本上不大考虑各种指标之间的关系；而综合分析的各种指标有主次之分，主次指标功能匹配，在对主要指标进行分析的基础上，再对其他次要指标进行分析。

三、财务报告综合分析的目的

财务报告综合分析的目的有以下三个：

（一）客观、全面地揭示与披露企业财务状况和经营成果

局部不能代替整体，某项指标的好坏不能说明整体企业经济业绩的高低，如果只对企业的偿债能力、营运能力、盈利能力及发展能力等单方面进行分析，得出的结果是片面的，而且结论有可能相互矛盾，使企业难以作出正确的决策。例如，通过速动比率、资产负债率等指标发现企业负债规模过高，资本结构不合理，威胁到企业的财务安全。在此情况下，应该作出调整负债总体规模的决策。通过对资产结构的调整，又会使经营者作出加大投资力度的决策。所以，如果只对企业财务进行单一分析，将整体财务指标割裂，彼此毫无关联地去分析、观察，违背相互联系的观点，就很难得到企业客观的信息，通常会使企业的经营决策产生失误。因此，只有将企业的偿债能力、营运能力、盈利能力及发展能力等各个单一的分析指标系统地联系起来，成为一套完整的体系，相互配合使用，才能从系统上指导企业的财务状况和经营成果，从而使企业经营者能系统地驾驭企业财务活动。

（二）找出影响企业发展的“瓶颈”

通过财务报告综合分析可以清楚地知晓企业的偿债能力、营运能力、盈利能力及发展能力之间的相互关系，寻找出制约企业发展的“瓶颈”所在，为企业管理与控制指明重点和方向。

（三）对企业财务报告综合能力进行评价

财务报告综合分析是全面评价企业经营业绩的基础，使企业能够明确自己的经营水平与能力。在对企业财务状况和经营成果进行分析时，绝不可孤立地进行分析，因为企业的经济现象受宏观、微观的影响，财务报告综合分析能体现有关报表及指标之间的联系，从而可以对企业经济活动总体的内在变化规律作出本质的描述。

四、财务报告综合分析的内容

财务报告综合分析从不同角度出发，有着不同的分析内容与分析思路。财务报告综合分析应从以下几方面进行：

（一）偿债能力、营运能力、盈利能力和发展能力综合分析

企业的财务目标是资本增值最大化。资本增值最大化的基础是企业的可持续增长，可持续增长必须以盈利能力为基础，而企业盈利能力又受到营运能力和财务杠杆等的影响。因此，将企业的偿债能力、营运能力、盈利能力及发展能力进行综合分析是十分必要的，它们可以相互联系地揭示企业各项能力，找出在某个方面存在的问题。

小思考

财务报告综合分析与各类单一指标分析相比，哪些方面体现了综合性？

（二）现金流量与利润综合分析

现代理财观认为，现金流量是企业的血液，能够反映比利润更广泛、更可靠的信息。因此，必须对企业现金流量来源及运用进行综合分析。现金流量特别是经营现金净流量与利润是紧密相关的，通过对两者进行综合分析，一方面可揭示现金净流量的变动，另一方面可体现企业利润的质量，这对促使企业重视利润质量、正确处理短期利益与长远利益的关系是非常有益的。

（三）筹资活动与投资活动适应情况综合分析

企业筹资活动与投资活动在企业生产经营过程中密切相关，筹资的目的在于投资并且获取资本增值。由于企业筹资来源不同，因此筹资成本、筹资风险、筹资期限都可能不同。同时，资本投资于不同资产的收益、回收期等也不同。所以，筹资结构与投资结构是否适应就成为财务分析的重要内容。通过对企业筹资结构与投资结构适应性的分析，可以判断企业的筹资结构、投资结构与投资类型，分析筹资成本、筹资风险、筹资弹性与投资报酬之间的关系，进一步分析其与企业经营周期和经营状况的适应性。

任务二

杜邦分析法

任务描述

熟悉杜邦分析指标体系的内涵，掌握杜邦分析法的分解，能够运用杜邦分析体系的方法，结合具体的企业，综合评价企业的财务状况，分析企业存在的财务问题，并给出具体可行的建议。

基本知识与技能

一、杜邦分析法的概念

杜邦分析法首先是由美国杜邦公司设计和使用的，又称为杜邦财务分析体系。它是利用各个主要财务指标之间的内在关系，建立财务分析指标体系，对企业的财务状况进行综合分析和评价的方法。

与其他财务综合分析方法相比较，杜邦分析法最大的特点是把众多单一的财务指标有机地结合起来，重点体现各指标之间的联系，因此能够深入分析企业在具体财务活动中的优缺点，为企业巩固优势、发现不足提供帮助。所以杜邦财务分析体系更适合企业内部经营管理者使用，同时也是一种简单实用、利于实施的方法。

二、杜邦分析法的分解

杜邦分析法的特点是将若干反映企业盈利状况、财务状况和营运状况的比率按其内在联系有机地结合起来，形成一个完整的指标体系，并最终通过净资产收益率（或股东权益收益率）这一核心指标来综合反映。在杜邦分析法中，有以下几种主要比率关系：

$$净资产收益率=\frac{净利润}{净资产}$$

$$=\left(\frac{\text{净利润}}{\text{总资产}}\right)\times\left(\frac{\text{总资产}}{\text{净资产}}\right)$$

$$=\text{总资产报酬率}\times\text{权益乘数}$$

式中：

$$\text{总资产报酬率}=\frac{\text{净利润}}{\text{总资产}}$$

$$=\left(\frac{\text{净利润}}{\text{销售收入}}\right)\times\left(\frac{\text{销售收入}}{\text{总资产}}\right)$$

$$=\text{销售净利率}\times\text{总资产周转率}$$

$$\text{权益乘数}=\frac{\text{总资产}}{\text{净资产}}=\frac{1}{1-\text{资产负债率}}$$

由上述公式可得：

净资产收益率＝销售净利率×总资产周转率×权益乘数

小思考

在杜邦分析体系中，每个财务指标是不是数据越大越好？

扫一扫

杜邦分析法的起源

通过这样分解以后，就可以把净资产收益率这个综合性指标发生变化的原因具体分为体现盈利状况、财务状况和营运状况的方面，总资产报酬率和权益乘数与净资产收益率成正比例关系，无论是提高总资产报酬率还是提高权益乘数，都能达到提高净资产收益率的目的。其中，权益乘数的提高则意味着企业负债的增加，反映出财务杠杆的正效应对企业的有利影响。

销售净利率和总资产周转率这两个指标还可以进行进一步的分解。销售净利率可以分解为：

税后利润＝销售净额－成本总额＋其他利润－所得税

成本总额＝销售成本＋销售费用＋管理费用＋财务费用＋税金＋其他支出

对销售净利率的分解，实际上也就是间接的权益报酬率的分解，这样，就对权益报酬率进行了部分的层层分解，当然，这种分解还可以继续进行下去。之所以进行这样的分解，实际上是要找出权益报酬率变动的真正原因，然后发扬优势、改进劣势，使企业向着更健康的方向发展。

总资产周转率可以分解为：

总资产＝流动资产＋非流动资产

流动资产＝货币资金＋有价证券＋应收款款＋预付款项＋存货＋其他流动资产

非流动资产＝固定资产＋长期投资＋无形资产＋递延资产

通过上述对指标的层层分解，就比较容易地发现企业财务问题之所在。为了更准确地体现和理解杜邦分析法的本质，杜邦分析法往往采用杜邦分析法图解的方法，将有关指标按逻辑关系进行排列，如图 9－1 所示。

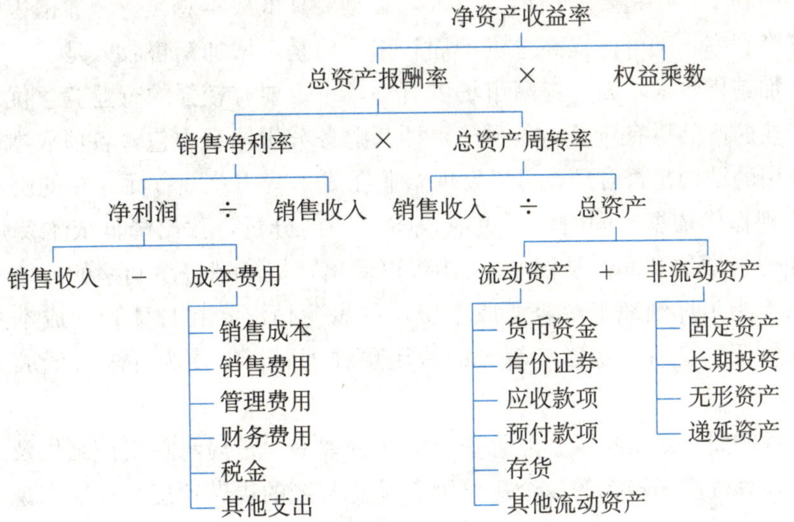

图 9-1 杜邦财务分析体系图

从图 9-1 中可以看出，杜邦分析法体现的单一指标之间有联系性，一是有层次性，二是有体系性。不同层次下的财务指标所反映的内容其综合程度是不同的，上一层次的指标综合性强，下一层次的指标综合性弱，也可以认为下层指标是因，上层指标是果。正是因为这种因果关系，我们可以把某一具体指标的变动和企业总目标指标的变动联系在一起，进而分析它们之间的关系。另外从图中也可以看出，杜邦财务分析体系有三大体系性的分支：一是从销售净利率开始，沿着这条体系反映出企业在盈利能力方面的指标；二是从总资产周转率开始，这条体系反映企业在营运能力（资产利用能力）方面的指标；三是从权益乘数开始，这条体系反映企业的偿债能力，同时也是资本结构相关财务指标。也就是说，净资产收益率与企业的销售水平、成本控制、资本营运、资本结构有着密切的关联，这些因素构成一个相互依存的系统。只有把这个系统内各个因素的关系安排好、协调好，才能使净资产收益率达到最大化，才能实现企业的理财目标。

利用杜邦财务分析体系进行综合分析应明确以下几点：

(1) 净资产收益率反映所有者投资的获利能力，说明了企业筹资、投资、资产运营等各项财务及其管理活动的能力。不断提高净资产收益率是企业所有者权益得以最大化的保证，所以这一财务指标是企业所有者、经营者都异常关注的。影响净资产收益率高低的决定性因素主要有三个，即销售净利率、总资产周转率和权益乘数。这样，在进行层层解析之后，就可以使净资产收益率这个综合性指标发生变化的原因具体化，因此，它比只用一项综合性指标更能体现问题所在。

(2) 总资产报酬率也是一个重要的财务比率，综合性也较强。它是销售净利率和总资产周转率的乘积，因此，要进一步从销售成果和资产营运两方面来分析。

(3) 销售净利率反映了企业净利润与销售收入之间的关系，是提高净资产收益率的关键指标，也是企业生存的关键因素之一。它的高低取决于销售收入与成本总额的高低。

要提高销售净利率，一是要增加销售收入，二是要降低成本总额。增加销售收入既有利于提高销售净利率，又可以提高总资产周转率。但是，增加销售收入是一个系统性的问题。要想增加销售收入，就要提高市场占有率，一定要有较强的行业竞争优势，综合能力要比同行业的产品更有竞争力。另外，杜邦财务分析体系中包含各项成本费用，通过了解成本费用的结构是否合理，可以发现企业在成本费用总额方面存在的问题，为加强成本费用管理提供依据。同时，通过对成本费用的分析，找出降低成本费用的关键所在，降低耗费、增加利润。从图 9－1 还可以看出，提高销售净利率的另一个途径是提高其他利润。为了详细地了解企业成本费用的发生情况，在具体列示成本总额时，还可根据重要性原则，将那些影响较大的费用单独列示，以便为寻求降低成本的途径提供依据。

（4）总资产周转率反映了企业总资产周转的效率，是揭示总资产结构及运用效果等的指标。影响总资产周转率的一个重要因素是总资产的周转速度。一般来说，流动资产直接体现企业的偿债能力和变现能力，而非流动资产则体现企业的经营规模和未来发展能力，两者之间应有一个合理的比例关系。如果发现某项资产比重过大，使资金周转受到影响，就应深入分析其原因，以便有的放矢地加以改进或调整。因此，还应进一步分析各项资产的占用数额和周转速度。

（5）权益乘数是（1－资产负债率）的倒数，是资产负债率指标的另一种表现形式，主要受负债率指标的影响。资产负债率大，权益乘数就高，说明企业的负债程度较高，给企业带来了较多的杠杆利益，同时，也带来了更多的财务风险。在资产总额既定的情况下，负债总额越大，权益乘数就越高。如果企业的总资产报酬率高于借款利息率，在财务杠杆的作用下，负债比率越高，净资产收益越大，同时企业的财务风险也相对提高。因此，在企业总资产报酬率既定的情况下，既要合理使用全部资产，又要妥善安排资本结构，合理确定企业的负债比率，充分利用财务杠杆效应，这样可以达到提高权益净利率的目的。权益乘数既可以反映企业的偿债能力，也可以反映企业的资本结构，考察企业利用财务杠杆的效果。

三、杜邦分析法的应用

因为杜邦分析法的作用是揭示指标变动的原因和变动的趋势，从而为采取措施指明方向，所以，在进行企业内部财务状况分析时应该采用至少两年的资料进行分析，计算出相同的比率以便进行比较，分析差异形成的原因。另外，通过对同行业或同类企业的平均指标进行比较，杜邦财务分析体系有助于解释同行业或同类企业财务状况的变动趋势，以便对行业前景进行判断。

企业可以使用杜邦分析法来分析企业状况，提高经营业绩。市场营销人员通过关注杜邦财务分析表的左方，即销售净利率，可以研究提高销售价格（或降低销售价格以扩大销售量）、转产利润更高的产品等的效果。公司的成本会计人员可研究各项支出，并和工程师、采购人员、其他经营人员共同探讨降低成本的方法，财务分析师和生产、营销人员可共同研究提高各类资产周转率的方法。同时，财务人员可分析不同融资战略的效果，寻找降低利息开支和负债风险的方法，同时仍能使用杠杆作用提高净资产收益率。

杜邦财务分析体系还可以用于企业经营目标的分解。企业在经营活动中，要规划企业的生产经营目标。当然，企业年度的生产经营目标是根据企业目前的资源（包括财务资源的约束及企业发展战略）来确定的。

【例 9-1】 甲公司有关财务指标见表 9-1，请用杜邦分析法对其进行分析。

表 9-1　甲公司相关财务指标

项目	2021 年	2022 年
资产负债率	62%	65%
应收账款周转率	6.35	8.84
存货周转率	8.54	4.11
总资产周转率	0.58	0.55
销售净利率	15%	15%
总资产报酬率	8.70%	8.25%
权益乘数	2.63	2.85

根据表 9-1 的数据可得：

2021 年净资产收益率＝8.7%×2.63＝22.88%

2022 年净资产收益率＝8.25%×2.85＝23.51%

通过分解可以看出，该公司 2022 年净资产收益率有所上升，原因在于权益乘数上升对净资产收益率的影响大于总资产报酬率下降对净资产收益率的影响。权益乘数越大，意味着负债程度越高，财务风险就越大。因此经营者应全面考虑，充分估计预期利润和增加的风险，在两者之间作出权衡。下面可对总资产报酬率作进一步的分解：

2021 年总资产报酬率＝15%×0.58＝8.7%

2022 年总资产报酬率＝15%×0.55＝8.25%

通过分解可以看出，总资产报酬率的下降是因为资产的使用效率降低了，再进一步分析可以看出，存货周转率下降但应收账款周转率在上升，说明企业加强了应收账款的管理力度，采取了更为严格的信用政策，从而缩短了应收账款的回收期。但过紧的信用政策可能使企业因此而失去暂时存在资金困难的客户，本例中出现的结果便极有可能是因为这种内在因素的影响，但也不排除存货管理本身存在的问题。

应该说明的一点是，杜邦分析法是一种分解财务比率的方法，而不是另外建立新的财务指标，它用于各种财务比率的分解。例 9-1 是通过总资产报酬率的分解来说明问题的，其实也可以通过分解利润总额相对于全部资产的比率来分析问题。总之，杜邦分析法和其他财务分析法一样，关键不在于指标的计算而在于指标的理解和运用。

任务三

沃尔评分法

任务描述

熟悉沃尔评分法所涉及的指标体系，了解沃尔评分法的计算步骤，能够运用沃尔评分法，结合具体的企业财务状况以及行业的具体情况，分析企业存在的财务问题，并给出改进意见。

基本知识与技能

企业采用一定的方法和步骤对企业进行财务报告综合分析时，经常会遇到这样的困难：在计算出各项财务比率后，无法判断其数值是否合理。例如，计算出的流动比率数值是 1.5，单凭此数值无法判断这个公司的短期偿债能力到底怎么样，只有拿这个数值和本公司的历史水平相比较，才能看出公司在一段时间内的变化，并且单凭此数值难以评价公司在本行业、在整个市场中的地位。同时，各个指标分别评价某一个方面的状况，不能对全局作出一个总体的、综合的评价。

为了改变这种状况，财务状况综合评价者亚历山大·沃尔教授提出了沃尔评分法。他在 20 世纪初出版的《信用晴雨表研究》和《财务报表比率分析》中提出了信用能力指数的概念，将若干个财务比率用线性关系结合起来，以此来评价企业的信用水平。沃尔选用流动比率、产权比率、固定资产比率、存货周转率、应收账款周转率、固定资产周转率和净资产周转率这 7 个财务比率指标，并分别给予权重 25%、25%、15%、10%、10%、10%和 5%，总和为 100 分，然后进行比较，确定各项指标的得分及总体指标的累计分数，从而得出财务状况信用水平，作出整体评价。

一、沃尔评分法的步骤

（一）选择财务指标

在选择财务指标时要符合下列要求：

（1）具有全面性，要求能反映企业的偿债能力、营运能力、盈利能力和发展能力的财务指标都应当包括在内。

（2）具有代表性，即要选择能够说明问题的重要的财务比率。

（3）具有变化方向的一致性，即当财务指标增大时，表示财务状况良好；当财务指标减小时，表示财务状况恶化。

（二）确定财务指标的权重

综合系数不是财务指标的简单平均数，而是一个加权平均数。因此就需要了解各项财务指标的重要性，确定其权重。指标越重要，其权重就越大；反之，其权重就越小。各项财务指标的权重之和应等于1（100%）。分析者不同，对此会有截然不同的态度，但一般来说，应根据企业的经营情况、管理战略、发展趋势及分析的目的性等具体情况而定。

（三）确定财务指标的标准和实际值

进行财务分析时，必须选定财务指标的标准值作为比较的标准。财务指标标准值是各指标在本行业现实条件下的理想数值，是指特定的国家、特定的行业、特定的时期的财务指标体系及其标准值，通常是行业平均水平或行业先进水平。行业平均指标一般根据对行业中部分企业的抽样调查得来。因为行业中不同企业所采用的会计方法不一定相同，每个企业的经营状况也可能存在较大差异，这些都会影响指标标准值的代表性，所以要根据实际情况对行业平均财务指标进行必要的修正，尽量确保财务指标标准值的科学性和合理性。另外，还要根据企业的财务报表，分项计算财务指标的实际值。

（四）计算关系比率

关系比率是分析某项财务指标的实际值与标准值之间的比值。需要注意的是，在计算关系比率时，要注意正指标和逆指标的不同处理方法。正指标数值越高越好；而逆指标有的是越低越好，有的则是高于或低于标准值都不好。评价指标体系中一般为正指标（如总资产利润率、存货周转率等），但是，如果评价指标为资产负债率、流动比率等，则为逆指标，其标准值具有约束性，即大于或小于标准值都不好。其计算公式如下：

（1）正指标：

$$关系比率=\frac{实际值}{标准值}\times 100\%$$

（2）逆指标：

$$关系比率=1-\frac{实际值-标准值}{标准值}\times 100\%$$

关系比率的计分规则见表9-2。

表9-2　关系比率的计分规则表

指标	正指标		逆指标					
			资产负债率（%）			流动比率（倍）		
标准值	100		50			2		
实际值（X）	$X<100$	$X\geqslant 100$	$X<50$	$X=50$	$X>50$	$X<2$	$X=2$	$X>2$
得分	$X/100$	1	$X/50$	1	$(100-X)/50$	$X/2$	1	$(4-X)/2$

（五）计算综合系数

综合系数是以关系比率为基数，以该指标的重要性程度为权重，加权计算出来的平均数。其计算公式为：

$$综合系数=\sum(权重\times关系比率)$$

通常，综合财务指数如为1（100%）或接近于1（100%），则表明该企业财务状况基本符合标准要求，如与1（100%）有较大差距，则表明企业财务状况不好。

二、沃尔评分法的运用

【例9-2】 假定某公司2022年度的财务指标见表9-3，我们可以用沃尔评分法对其进行综合分析和评价。

表9-3 某公司2022年度沃尔评分法运用表

财务比率	权重（%）	标准值	实际值	关系比率	综合系数（%）
流动比率	25	2	2.18	0.91	22.75
资产负债率	25	0.5	0.46	0.92	23
资产/固定资产	15	2.5	3.21	1.284	19.26
存货周转率	10	5	3.86	0.77	7.7
应收账款周转率	10	6	5.63	0.94	9.4
固定资产周转率	10	5	4.28	0.86	8.6
净资产周转率	5	3	3.28	1.09	5.45
合计	100				96.16

从计算结果来看，综合系数为96.16%，略低于100%，即略低于行业平均水平，表明该企业财务状况基本符合标准要求。

沃尔评分法因为操作简便，并能够在一定程度上评价企业的综合财务状况，所以实际应用较广泛。这种方法依赖于权重和标准值的确定，但这两个因素在确定时，往往带有一定的主观性，因此，这两项因素应根据历史经验和现实情况合理地判断确定，只有这样才能得出正确的结果。在应用沃尔评分法进行分析时应注意将定量分析与定性分析相结合，这样才具有较强的指导意义。

任务四 雷达图分析法

任务描述

熟悉雷达图分析法所涉及的指标体系，掌握雷达图分析法所涉及的行业平均值的获取过程，能够结合 Excel 来绘制雷达图，结合具体的企业财务状况以及行业的具体情况，查找企业存在的财务问题，并提出相关的改进意见。

基本知识与技能

一、雷达图分析法的内涵

“雷达图”正式名称为“判断企业财务状况图”，是将主要财务分析指标进行汇总，绘制成一张直观的财务分析雷达图，从而达到综合反映企业总体财务状况目的的一种方法。为了充分发挥雷达图的分析功能和作用，通常将被分析的各项财务比率指标与行业平均水平或企业自身希望达到的水平或历史最高水平相比较，从而进一步反映企业财务状况的优劣，找出原因，并有针对性地提出改进措施。财务指标分为收益性指标、安全性指标、流动性指标和成长性指标。

（一）收益性指标

分析收益性指标，目的在于观察企业一定时期的收益及获利能力。主要指标含义及计算公式见表 9-4。

表 9-4 收益性指标汇总表

收益性比率	基本含义	计算公式
总资产报酬率	反映企业总资产的利用效率	（利润总额＋利息支出）/平均资产总额
总资产净利率	反映企业总资产的利用效率	净利润/平均资产总额
净资产收益率	反映所有者权益的回报	净利润/平均净资产
普通股每股收益	反映股东权益的报酬	（净利润－优先股股利）/发行在外的普通股平均股数
股利支付率	反映股东权益的报酬	每股股利/每股收益
市盈率	反映股东权益的报酬	每股市价/每股收益
销售毛利率	反映销售收入收益水平	销售毛利/销售收入
营业收入利润率	反映销售收入收益水平	营业利润/销售收入
销售净利率	反映销售收入收益水平	净利润/销售收入
成本费用利润率	反映企业为取得利润所付出的代价	利润总额/成本费用总额

（二）安全性指标

安全性指标是指企业经营的安全程度。分析安全性指标，目的在于观察企业在一定时期内的偿债能力。主要指标含义及计算公式见表 9-5。

表 9-5 安全性指标汇总表

安全性比率	基本含义	计算公式
流动比率	反映企业短期偿债能力和信用状况	流动资产/流动负债
速动比率	反映企业立刻偿付流动负债的能力	速动资产/流动负债

续表

安全性比率	基本含义	计算公式
资产负债率	反映企业总资产中有多少负债	负债总额/资产总额
所有者（股东）权益比率	反映企业总资产中有多少是所有者权益	所有者权益总额/资产总额
利息保障倍数	反映企业经营所得偿付借债利息的能力	（利润总额＋利息费用）/利息费用

流动负债率说明每1元负债有多少流动资金作为保证，流动负债率越高，流动负债得到偿还的保障就越大。但比率过高，则反映企业滞留在流动资产上的资金过多，未能有效利用，可能会影响客户获利。

资产负债率越高，企业借债资金在全部资金中所占比重越大，在负债所支付的利息率低于资产报酬率的条件下，股东的投资收益率就越高，对股东有利，说明经营有方，善用借债。但是，比率越高，借债越多，偿债能力就越差，财务风险就越大；而比率越低，说明企业在偿债时存在资金缓冲。

所有者（股东）权益比率与资产负债率之和等于1，所有者权益比率越大，资产负债率越小，财务风险就越小；利息保障倍数如果比率低于1，说明企业经营所得还不够偿付借债利息，因此比率至少应大于1，该比率越高，说明按时按量支付利息就越有保障。

（三）流动性指标

分析流动性指标，目的在于观察企业在一定时期内的资金周转能力，掌握企业资金的运用效率。主要指标含义及计算公式见表9-6。

表9-6 流动性指标汇总表

流动性比率	基本含义	计算公式
总资产周转率	反映全部资产的使用效率	主营业务收入净额/平均资产总额
固定资产周转率	反映固定资产的使用效率	主营业务收入净额/平均固定资产总额
流动资产周转率	反映流动资产的使用效率	主营业务收入净额/平均流动资产总额
应收账款周转率	反映年度以内应收账款的变现能力	主营业务收入净额/应收账款平均余额
存货周转率	反映存货的变现能力	主营业务成本/存货平均余额

总资产周转率、固定资产周转率、流动资产周转率分别反映全部资产、固定资产和流动资产的使用效率，比率越高，说明资产运营能力越高，获利能力越强；应收账款周转率反映年度内应收账款转为现金的平均次数，比率越高，说明企业催收账款的速度越快，坏账损失的可能性越小；存货周转率越高，说明投入存货至销售收回的平均期间越短，资金回收越快，效率也就越高。

（四）成长性指标

分析成长性指标，目的在于观察企业在一定时期内经营能力的未来发展变化趋势。一个企业收益性高，但未来成长性不好，也表明其未来盈利能力下降。计算这类指标比较简单，主要指标含义及计算公式见表9-7。

表9-7 成长性指标汇总表

成长性比率	基本含义	计算公式
净利润增长率	反映净利润变化趋势	（本期净利润－基期净利润）/基期净利润
销售增长率	反映销售收入变化趋势	（本期主营业务收入－上期主营业务收入）/上期主营业务收入
总资产增长率	反映总资产变化趋势	（总资产期末余额－总资产期初余额）/总资产期初余额
固定资产成新率	反映固定资产新旧程度	平均固定资产净值/平均固定资产原值
人员增长率	反映人员变化趋势	（本期职工人数－基期职工人数）/基期职工人数
产品成本降低率	反映产品成本变化趋势	（本期产品成本－基期产品成本）/基期产品成本

二、雷达图的绘制方法

雷达图的绘制步骤如下：

首先，画出3个同心圆，同心圆的最小圆圈代表同行业平均水平的1/2值或最低水平；中间圆圈代表同行业平均水平，又称标准线；最大圆圈代表同行业先进水平或平均水平的1.5倍。这3个圆圈分成5个扇形区，分别为收益性、安全性、流动性、成长性和生产性指标区域。

其次，从5个扇形区的圆心开始以放射线的形式分别画出相应的财务指标线，并标明指标名称及标度。财务指标线的比例尺及同心圆的大小由该经营比率的数量与同行业的水平来决定。

最后，将企业同期的相应指标值用点标在图上，以线段依次连接相邻点，形成的多边形折线闭环就代表了评价对象的现实财务状况。

雷达图的重要特点是直观，从雷达图可以看出评价对象的状况，因而可以直接用雷达图进行定性评价。评价对象雷达图图形的大小反映了评价对象状况的好坏，可以进行评价对象的诊断和控制。

根据所绘制出的雷达图可以了解到，若指标值处于标准线以内，则说明该指标低于同行业水平，需要加以改进；若接近小圆圈或处于其内，则说明该指标处于极差状态，是经营的危险标志；若处于标准线外侧，则说明该指标处于较理想的状态，是企业的优势所在。当然，并不是所有指标都处于标准线外侧就是最好，还要具体指标具体分析。

三、雷达图分析法的运用实例

【例9-3】 某公司2022年的相关计算指标见表9-8，请绘制该公司财务分析雷达图。

表9-8　某公司2022年度财务状况比较表

指标名称	行业平均水平	指标实际值	比率＝实际值/行业平均水平
资产负债率	60％	54％	90％
流动比率	2.15	2.4	111.63％
速动比率	1.32	1.1	83.33％
劳动生产率（万元）	1.4	1.6	114.29％
成本费用利润率	4.85％	6.80％	140.21％
应收账款周转率（次）	2.11	2.38	112.80％
固定资产周转率（次）	1.21	1.43	118.18％
流动资产周转率（次）	1.22	1.12	91.80％
总资产报酬率	5.65％	6.14％	108.67％
利润增长率	3.43％	2.11％	61.52％
平均净资产增长率	3.25％	3.54％	108.92％
权益净利率	6.22％	7.65％	122.99％

根据表9-8绘制雷达图如图9-2所示。

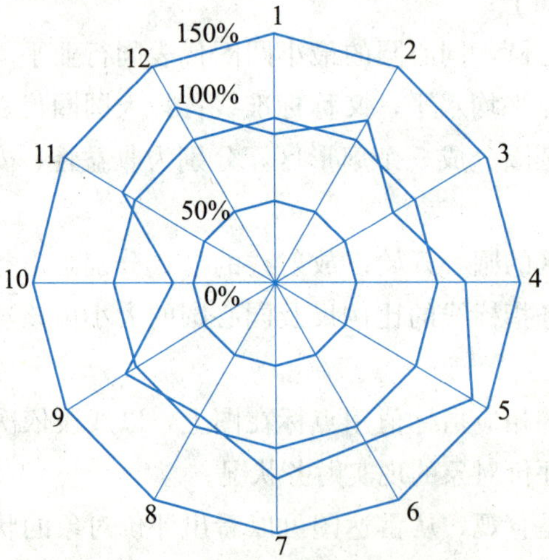

图9-2　某公司财务分析雷达图

从绘制出的雷达图可以发现，该公司的资产负债率稍低于行业平均水平，速动比率、利润增长率和权益净利率均有待提高，但是该公司的财务指标大多位于标准线外侧，说明该公司的财务状况处于较为理想状态。

四、雷达图分析法评析

通过例9-3可以得到，雷达图分析法通过图表能够清晰地体现数据的各种特征，如最大值、最小值、变化趋势、变化速度以及多组数据间的相互关系等，因而能够比较全面、直观、准确地反映企业的实际运行轨迹与企业预定发展方向的差距。雷达图分析法虽然具有直观明了的特点，但也存在不足之处：一是各个指标的重要性难以区分反映；二是并没有对企业财务状况给出一个整体性的评价结论，没有发挥综合评价对企业财务状况趋势把握的功能。

学思之窗

拥抱数字时代，共享财务未来，蒙牛集团与海尔集团的数字化转型

大型集团企业推动财务数字化的动力较强，而企业运营和竞争的核心正是基于强大的数字化财务支撑。技术迭代和大数据进入更广阔的商业领域，数字化的优势在于打通集团企业的产业链，将企业的财务纳入战略决策层，智能化运营、大数据平台等迅速成为如蒙牛、海尔、TCL等领先集团企业的创新领地。

一、蒙牛集团财务共享服务中心模式

蒙牛集团作为乳业龙头企业，有着极长的产业链，生产加工等各环节流程复杂，所需分析的数据众多，数字化转型成为必然。蒙牛集团率先建立了财务共享服务中心，这与其财务组织的形成及战略紧密相关。

蒙牛集团对于财务组织的整体定位是“三位一体”的支柱化结构，即专业支柱——战略财务、支持支柱——运营财务、高效支柱——共享财务。由共享中心开道，把大量重复的财务工作集中起来规模化、高效化运作，促进业务财务、核算财务的权责分离，真正让业务财务走近业务，为业务发展及战略提供支持。

蒙牛集团财务共享服务中心于2015年11月成功上线投入运营。其具有明确的四大定位：人才中心、数据中心、知识中心、服务中心。基于集团国际化、数字化、生态圈建设的发展战略，财务共享服务中心进行多方位赋能，包括构建大数据共享平台、形成可复制的支撑国际化业务扩展的团队组织，与生态圈的合作伙伴共享交易数据，实现高效共赢。

二、海尔集团业财税一体化智能财务模式

海尔集团的大共享平台秉承共创、共享、共治的理念，采用非线性管理的小微创业平台模式，囊括了财务共享、全球资金、税务、人力共享、商务法律等10个平台。这些平台为小微公司从初创期到成熟期提供全流程解决方案和增值服务，有效赋能小微企业，引爆和引领各行业。

海尔集团通过财务共享平台的建设和智能化的技术运用实现了三方面的有机结合，完成了端到端的智能核算。利用“互联网+”，海尔集团在云端搭建“财务云平台”，链接差旅服务、办公用品、大宗采购以及内部资源采购“互联网化、云化”，实现企业消费业务和采购业务对供应商的直接结算。

同时，基于电子发票信息，实时抽取归集集团各法人的进、销项数据，为业务用户提供数据及决策支持，规避税务和经营风险。全球资金管理能力的提升离不开数字化和数据挖掘、机器学习、智能引擎、人工智能等新技术的应用。技术赋能使得资金管理更加敏捷和智能。

海尔集团提倡平台上的各个中心、服务模块通过自动化、智能化的方式来实现。基于互联网模式的“资金通”平台，利用新模式、新技术连接资源与用户，实现了资源整合、无感体验的需求定制和无缝安全以及全面实时的智慧链接。“资金通”平台通过风险评估模型、敏感性分析、用户画像、关键绩效指标等，形成资金大数据，制定资金解决方案，降低金融风险，实现高效的融资、全球结算、结售汇和现金池管理，从而为小微企业赋能增值。

资料来源：邓宇．企业财务数字化的发展趋势案例和未来远景．(2020-04-15)．https://www.sohu.com/a/388271647_467789.

项目小结

本项目首先讨论财务报告综合分析的概念、特点和相关的主要内容。然后在理论知识的基础上，讲解了三种综合分析方法，分别是杜邦分析法、沃尔评分法和雷达图分析法。重点是掌握杜邦分析体系等在财务报表综合分析中的应用，进一步针对企业在经营过程中的偿债能力、营运能力、盈利能力及发展能力，进而针对企业生产经营过程中存在的问题进行改善。

项目训练

一、单项选择题

1. 若企业连续几年的现金流量适合比率为1，则表明企业经营活动所形成的现金流量（　　）。

A. 不能满足企业日常基本需要　　B. 恰好满足企业日常基本需要

C. 大于日常需要　　D. 以上都不对

2. ABC公司2022年的经营活动现金净流量为50 000万元，同期资本支出为100 000万元，同期现金股利为45 000万元，同期存货净投资额为－5 000万元，则该企业的现金流量适合比率为（　　）。

A. 50%　　B. 34.48%　　C. 35.71%　　D. 52.63%

3. 当财务杠杆系数不变时，净资产收益率的变动率取决于（　　）。

A. 资产周转率的变动率　　B. 销售利润率的变动率

C. 资产收益的变动率　　D. 销售净利率的变动率

4. 下列选项中不会导致企业应收账款周转率下降的是（　　）。

A. 客户故意拖延　　B. 客户财政困难

C. 企业的信用政策过宽　　D. 企业主营业务收入增加

5. 财务报表分析采用的技术分析方法日渐增多，但主要的分析方法是（　　）。

A. 模拟模型分析法　　B. 因素分析法

C. 回归分析法　　D. 比较分析法

二、多项选择题

1. 财务分析的主体包括（　　）。

A. 企业所有者或潜在投资者　　B. 企业债权人

C. 企业经营者　　D. 企业供应商和客户

2. 每股收益的计算公式中正确的是（　　）。

A. 每股收益=净资产收益率×权益乘数×平均每股净资产

B. 每股收益=总资产净利率×权益乘数×平均每股净资产

C. 每股收益=主营业务净利率×总资产周转率×权益乘数×平均每股净资产

D. 每股收益=总资产净利率×平均每股净资产

3. 下列各项经济业务中不会使流动比率提高的经济业务是（　　）。

A. 将购买股票作为短期投资　　B. 将无形资产作为企业长期投资

C. 接受原材料捐赠　　D. 出售固定资产并取得现金

4. 在计算速动资产时需要在流动资产中减掉（　　）。

A. 存货　　B. 应付账款

C. 待摊费用　　D. 待处理流动资产损失

5. 存货周转率偏低的原因可能是（　　）。

A. 企业为囤积货物，等待有利机会出售

B. 降价销售

C. 产品滞销

D. 产品过时

三、判断题

1. 某公司上年度和本年度的流动资产年均占用额分别为110万元和120万元，流动资产周转率分别为6次和8次，则本年比上年销售收入增加300万元。（　　）

2. 在主营业务净利率、总资产周转率不变的情况下，提高资产负债率可以提高净资产收益率。（　　）

3. 趋势分析只能评价和判断企业各项指标在过去连续几个会计年度或会计期间的变动趋势及其合理性，不能对各项目的未来发展进行预测。（　　）

4. 息税前利润是指没有扣除利息和所得税前的利润，即等于净利润加利息支出和所得税之和。（　　）

5. 资产负债表结构分析通常采用垂直分析法。（　　）

四、简答题

1. 简述财务报表综合分析的方法有哪些。

2. 简述杜邦分析体系的优缺点，结合企业的实际情况分析该方法应用中的注意事项。

3. 如何运用雷达图分析法对企业的财务报表进行综合分析？

4. 简述沃尔评分法在企业财务报表综合分析的应用中要点有哪些。

5. 利用因素分析法进行财务报表综合分析过程中应当注意哪些内容？

项目实训

一、杜邦分析法

实训目标：掌握杜邦分析法的应用。

实训资料：已知A公司有关资料见表9-9。

表9-9 A公司资产负债表（简表）

编制单位：A公司　　2022年12月31日　　单位：万元

资产	年初数	年末数	负债及所有者权益	年初数	年末数
流动资产：			流动负债合计	175	150
货币资金	50	45	非流动负债合计	245	200
应收账款	60	90	负债合计	420	350
预付账款	23	36	所有者权益合计	380	500
存货	92	144			
流动资产合计	225	315			
固定资产	475	535			
总计	8 000	8 500	总计	800	850

该公司2021年度销售净利率为16%，总资产周转率为0.5次（年末总资产），权益乘数为2.5（年末数），净资产收益率为20%（年末净资产），2022年度销售收入为420万元，净利润为63万元。

实训要求：

（1）计算2022年年末的资产负债率和权益乘数。

（2）计算2022年总资产周转率、销售净利率和净资产收益率（按期末数计算）。

（3）计算2022年年末产权比率。

（4）通过因素分析法，结合已知资料和（1）、（2）两题的计算结果，分析销售净利率、总资产周转率和权益乘数变动对净资产收益率的影响（假设按顺序分析）。

二、雷达图分析法

实训目标：熟悉雷达图分析法的运用。

实训资料：GL公司财务指标汇总表见表9-10。

表9-10 GL公司财务指标汇总表

需考察的方面	指标名称	实际值	行业平均值	对比值
流动性	流动比率	2.410	2.130	1.131
	速动比率	0.730	0.300	2.433
	应收账款周转率	20.950	7.895	2.654
	存货周转率	0.550	0.630	0.873

续表

需考察的方面	指标名称	实际值	行业平均值	对比值
收益性	销售利润率	0.115	0.085	1.347
	资产经营利润率	0.081	0.079	1.031
	净资产收益率	0.115	0.115	0.996
成长性	主营业务收入增长率	0.202	0.395	0.511
	净利润增长率	0.619	0.418	1.481
	权益资本增长率	0.319	0.391	0.816
安全性	资产负债率	0.594	0.549	0.925
	经营净现金流量与总资产比率	2.386	0.445	5.362
	利息保障倍数	13.765	7.632	1.804

实训要求：根据 GL 公司财务状况表，绘制雷达图。

注意：表 9－10 可以复制到 Excel 表中进行操作演示，其中资产负债率为反向指标，故计算对比值时将分子、分母倒置，确保所有的对比值同向。

三、沃尔评分法

实训目标：掌握沃尔评分法的应用。

实训资料：某企业采用行业平均值为评价的标准值，其所处行业各指标的重要性系数、标准值及该企业实际值分别见表 9－11。

表 9－11　某企业各指标重要性系数一览表

指标	权重	标准值	实际值	相对值	评分
销售利润率	0.13	12%	10%		
总资产报酬率	0.15	10%	11%		
资本收益率	0.14	13%	12%		
资本保值增值率	0.11	8%	10%		
资产负债率	0.06	50%	45%		
流动比率	0.06	1.9	1.8		
应收账款周转率	0.08	6 次	5 次		
存货周转率	0.07	3 次	2.9 次		
社会贡献率	0.1	22%	24%		
社会积累率	0.1	25%	30%		
合计	1				

实训要求：运用沃尔评分法计算各指标的相对值、评分及综合分数，并对该企业的实际财务状况进行评价。（计算结果保留三位小数）

项目十

财务分析报告

学习目标

知识目标

理解财务分析报告的含义

熟悉财务分析报告的编制程序

掌握财务分析报告的格式

能力目标

能够搜集财务分析报告编制的基础资料

熟悉财务分析的指标体系

能够编制财务分析报告

素质目标

培养诚实守信、廉洁自律、遵纪守法、严谨认真的职业态度

引导学生思考问题要全面、综合、系统

引导案例

美的集团的财务分析报告

美的集团（SZ.000333）是一家集消费电器、暖通空调、机器人与自动化系统、智能供应链、芯片产业、电梯产业的科技集团。美的集团于1968年成立于中国广东顺德，现总部位于广东顺德北滘新城内，在世界范围内拥有约200家子公司、60多个海外分支机构及10个战略业务单位，同时为德国库卡集团最主要股东（持股约95%）。2013年9月18日，美的集团在深圳证券交易所上市。

美的集团连续四年上榜《财富》世界500强，2019年排名第312位。在深圳证券交易所整体上市以来，美的集团的发展健康且稳健，2018年实现营业收入约2 618亿元，

同比增长约8%；净利润约217亿元，同比增长约16%；纳税约175亿元，同比增长约17%。同时，美的集团保持持续稳定分红，累计派现将达约357亿元。按照“产品领先、效率驱动、全球经营”三大战略，美的集团坚定地投资研发创新，提升产品核心竞争力。2014—2018年，美的集团累计科研投入超300亿元在包括中国在内的11个国家设立28个研发中心，是唯一在美国硅谷设立AI人工智能研发中心的中国家电企业。美的集团的全球研发人员超过10 000人，外籍资深专家超过500人。美的集团在家电领域发明专利数量连续三年稳居全球第一，授权专利约4.4万件。2019年，美的集团全年营业收入2 782亿元，居中国家电行业第一位。美的集团累计专利申请量已突破10万件，连续四年保持家电领域全球第一。2020年11月13日，美的集团股价创历史新高，股价报94.76元，总市值达6 657.72亿元。股价较其2013年9月18日上市开盘价3.7元上涨2 453%，7年涨幅超24倍，投资年化收益率近59%。

资料来源：鲍新中，等．财务报表分析案例解析与训练［M］．北京：电子工业出版社，2020.

任务一

财务分析报告概述

任务描述

熟悉财务分析报告的含义，了解不同的报表使用者关注的财务分析报告的侧重点，熟悉财务分析报告的常见分类方法。

基本知识与技能

一、财务分析报告的含义

财务分析报告是以财务报表及财务报表附注的资料为主要依据，根据计划指标、会计核算、统计资料和通过调查研究获得的资料，对某一部门或某一单位的财务活动状况进行分析、找出差距、指出方向和提出建议，指导企业财务会计工作的一种书面报告。

编制财务分析报告的目的是向财务报告的使用者提供相关的财务信息，以方便报表使用者进行决策。财务分析报告是对财务报表的深入分析和总结概括，它能全面提供公司、企业和其他单位生产经营、业务活动情况，分析总结经营业绩和存在的不足。

二、财务分析报告的作用

对于使用者来讲，财务报表的数据是原始的、初步的，是具备一定的专业性的，还不能够直接为经营决策服务。因此，对于企业不同的财务报表的使用者而言，他们通过阅读财务报表，获取企业经营的相关信息，进行科学的决策，作出正确的判断尤为重要。财务分析报告对于企业股东、债权人、经营者、政府、职工相关方面都是必不可少的资料，会计报表的使用者不同，财务分析报告的作用也不同。

1. 业主或股东

企业业主或股东是企业的入资者或购买（持有）企业股票的人。他们是企业净资产的所有者，自然对企业的财务分析报告表现出浓厚的兴趣，这是因为他们是永久性资本的投资人，所以更为关注对自己的投资风险和投资回报进行判断和估计。在所有权与经营权相对分离的情况下，企业的财务分析报告提供了被投资企业的获利能力、运营能力、投资风险以及企业未来的发展趋势，可以据此判断企业经营者的经营管理水平，以便决定是否进一步投资。

2. 债权人

企业的债权人通常包括向企业提供信贷的银行及其他金融机构、债券持有人以及商品和劳务供应商等。债权人通过阅读企业的财务分析报告，可以了解企业偿债能力、盈利能力、资本结构以及资产的流动性等状况，作为判断企业偿债能力、对企业进行信用评级及本身进行信贷决策、商品交易决策的重要依据。

3. 政府、社会机构代表

政府、社会机构代表主要是指和企业发生经济关系的政府机构，如税务、工商、财政、保险机构、社会福利机构等。他们通过阅读和利用企业的财务分析报告，了解企业是否合法经营，以及财务状况和经营成果如何。其中，税务机关可以通过研究企业的财务分析报告，了解企业纳税申报的执行情况，据以监督企业；工商、财政等机构通过研究财务分析报告，可以获得与制定国家宏观经济政策有关的信息。

4. 企业经营管理者

企业经营管理者受企业业主或股东的委托，对企业业主或股东投入企业资本的保值增值负有责任，他们是企业财务分析报告的直接用户。企业经营管理者可以利用财务分析报告来评价企业的财务状况和经营成果，以及企业在历年中的经营管理水平的高低，评估自己作为受托管理者的经营业绩，同时，通过研究财务分析报告可以发现企业在经营、理财上存在的问题，从而对企业经营方针与投资策略进行调整，不断提高经营管理水平。

5. 职工代表（工会）

企业的职工通常与企业之间存在长久、持续的关系，他们关心工作岗位的稳定性、工作环境的安全性以及获得报酬的前景。企业职工更为关注财务分析报告当中的获利能力以及未来的发展趋势。

小思考

不同的财务报表使用者在利用财务分析报告时关注点有何不同，企业的财务分析人员如何满足不同的利益相关者的需要?

三、财务分析报告的分类

1. 按编制的时间不同分类

按编制的时间的不同，财务分析报告可分为定期分析报告和不定期分析报告。定期分析报告一般是由上级主管部门或企业内部规定的每隔一段相等的时间（每年、每半年）应予编制和上报的财务分析报告；不定期分析报告是从企业财务管理和业务经营的实际需要出发，不做时间规定而编制的财务分析报告。

2. 按编制的内容范围不同分类

按编制的内容范围的不同，财务分析报告可分为综合分析报告、专题分析报告和项目分析报告。综合分析报告是对公司整体运营及财务状况的分析评价报告，专题分析报告是针对企业经营管理中的某些关键问题、重大经济措施或薄弱环节等专门的分析报告，项目分析报告是对公司的局部或一个独立动作项目的分析评价报告。

任务二 财务分析报告的基本规范

任务描述

熟悉财务分析报告的编制程序，掌握财务分析报告的格式，能够针对企业的具体情况搜集整理相关的基础资料，结合财务分析的理论知识点，能够对企业具体存在的财务状况作出初步的评价。

基本知识与技能

一、财务分析报告的编制

通常企业应按半年、全年财务决策的要求分别编写综合分析报告，专题分析报告和项目分析报告可根据需要随时编写。编制财务分析报告大体有以下几个步骤：

（一）编写前的准备工作

1. 搜集资料

搜集资料是一个调查过程，深入全面的调查是进行科学分析的前提，但调查要有目的地进行。分析人员可以在日常工作中，根据财务分析报告的内容要点，经常搜集积累有关资料。这些资料既包括间接的书面资料，又包括直接可以从企业取得的第一手资料，具体包括：

（1）各类政策、法规性文件；

（2）历年财务会计报告；

（3）财务分析报告；

（4）各类报纸、杂志公布的有关资料；

（5）统计资料或年度财务计划。

2. 整理核实资料

各种资料搜集齐全后，要加以整理核实，保证其合法性、正确性和真实性。整理核实资料是财务分析工作的中间环节，起着承上启下的作用。在这一阶段，分析人员应根据分析的内容要点做些摘记、分类，以便查找和使用。

应该指出，搜集资料和整理核实资料不是截然分离的两个阶段，一般可以边搜集边核实整理，相互交叉进行。但切忌临近编写分析报告时才搜集，应把这项工作贯穿在日常活动中进行，这样才能搜集到内容丰富、涉及面广和有参考价值的资料，在进行分析时就会胸有成竹，忙而不乱。

（二）财务分析报告标题的确定

标题是对财务分析报告最精炼的概括，因此，财务分析报告的标题应准确、简明和醒目。由于财务分析报告的内容不同，因此其标题也就没有统一标准和固定模式，应根据具体的分析内容而定。如“某月份简要财务分析报告”“某年度综合财务分析报告”“资产使用效率分析报告”等都是较合适的标题。财务分析报告一旦拟定了标题，就应围绕它利用所搜集的资料进行分析并编写报告。

（三）财务分析报告的起草

确定财务分析报告的标题后，就可以根据企业经营管理的需要进入编制财务分析报告的阶段。这一阶段的首要工作就是报告的起草，起草报告应围绕标题并按报告的结构进行。特别是专题分析报告，要将问题分析透彻，真正地分析问题、解决问题。对综合分析报告的起草，最好先拟定报告的编写提纲，然后在提纲框架的基础上，依据所搜集整理的资料，选择恰当的分析方法，起草综合分析报告。

（四）财务分析报告的修改和审定

财务分析报告的初稿应先交主管领导审阅，并征求其意见和建议，经反复推敲、不断修改和充实新的内容，使之更加完善，更能反映出所编制财务分析报告的特点。经主管领导审定后的财务分析报告，应填写编制单位和编制日期，并加盖单位公章。

小思考

一份完整的财务分析报告在编制时，应当准备哪些具体的资料？

二、报表分析报告的格式

财务分析报告的写作一般不必拘泥于形式，而重在分析内容，真实地揭示财务活动的情况，作出客观、中肯的分析，做到有情况、有分析、有结论和有措施。

财务分析报告没有固定不变的格式，一般包括以下几个部分。

（一）标题

标题应简明扼要，准确反映报告的主题思想。

（二）基本情况

首先注明财务分析报告的分析期，即分析报告的时间范围；其次，应对企业分析期内的经营状况作简要说明，对企业计划执行情况和各项经济指标完成情况作大致介绍，概括地反映分析期内企业经营的基本面貌。

（三）各项财务指标的完成情况和分析

这是分析报告的主要部分，一般要对企业的盈亏额、营业收入额、成本费用水平、资产运营情况及偿债能力等项目的实际指标与其各项计划指标进行对比分析，与上年同期各项指标进行对比分析，与历史同期最高水平进行对比分析，也可与同行业其他企业进行简要的对比分析。例如，采用绝对数与相对数指标相结合的方法，分析各项经济指标已完成情况、未完成的原因，采取的措施及取得的成绩、成功的经验，存在的问题。另外，还可根据分析的目的，将财务报表及有关经营资料经过科学再分类、再组合，适当补充资料，配以分析计算项目，采用表格形式，既简明扼要地表达资料各项目间的内在联系，又清晰地显示各指标之间的差异及变动趋势，使分析更形象、具体。总之，做到有数据、有比较、有分析。

扫一扫

撰写财务分析报告的基本要素

（四）建议和要求

财务分析报告应根据企业的具体情况，有针对性地提出一些建议。对企业经营管理中的成绩和经验，应加以推广。对发现的问题，应提出一些切实可行的建议，以利于问题的解决。

（五）署名和日期

署名写在结尾的右下方，在署名下面写上财务分析报告的年、月、日。若为了突出单位，把单位名称写在标题下面，则结尾只写上日期即可。

任务三

财务分析报告范例

任务描述

熟悉财务分析报告的编制方法，能够结合企业所处的宏观经济形势、具体的行业以及企业的具体情况，对企业的资产负债表、利润表、现金流量表和具体的比率进行分析，对企业的财务状况进行综合评价，分析企业存在的经营问题，并给出切实可行的改进意见。

基本知识与技能

一、财务状况总体评述

2022 年，A 公司累计实现营业收入 99 316 196 265.19 元，去年同期实现营业收入 83 155 474 504.59 元，同比增加 19.43%；实现利润总额 8 762 709 272.27 元，较去年同期增加 38.46%；实现净利润 7 445 927 982.7 元，较去年同期增加 40.55%。

由此资料可以看出，企业财务状况良好，财务综合能力处于同业领先水平，但仍有采取积极措施以进一步提高财务综合能力的必要。首先，盈利能力方面，企业应该加强新产品的提升，加强科研能力，关注其现金收入情况，并留意其是否具备持续盈利的能力与新的利润增长点；其次，偿债能力方面，自有资本与债务结构合理，不存在债务风险，但仍有采取积极措施以进一步提高偿债能力的必要；再次，现金流量的安全性方面，应当改善现金流量，投资者应当关注其现金管理状况，了解发生现金不足的具体原因；最后，运营能力方面，企业应当加强营运能力的管理，充分发掘企业的经营潜力，使企业发展再上新台阶，给股东更大的回报。总之，企业在同行业中有较强的成长能力，发展前景也较为乐观，但企业管理者应当对企业经营方面的薄弱环节加以改进，提高企业的核心竞争能力。

二、财务报表分析

（一）资产负债表分析

1. 资产状况及资产结构变动分析

A 公司资产状况变动见表 10－1。

表 10-1　A 公司资产状况变动表　　金额单位：元

科目（合计）	2022 年 12 月 31 日	2021 年 12 月 31 日	增减额	增减率
流动资产	85 087 645 122.13	71 755 610 465.43	13 332 034 656.70	18.58%
非流动资产	22 479 254 797.82	13 455 983 741.87	9 023 271 056.00	67.06%
资产总计	107 566 899 919.95	85 211 594 207.30	22 355 305 712.70	26.24%
流动负债	78 830 359 476.58	64 193 015 605.56	14 637 343 871.00	22.80%
非流动负债	1 156 338 314.72	2 641 424 059.13	−1 485 085 744.40	−56.22%
所有者权益	27 580 202 128.65	18 377 154 542.61	9 203 047 586.00	50.08%

A 公司资产结构变动分析见表 10-2。

表 10-2　A 公司资产结构变动分析表　　金额单位：元

科目	2022 年 12 月 31 日	2021 年 12 月 31 日	本期结构比	同期结构比	增长率
流动资产合计	85 087 645 122.13	71 755 610 465.43	79.10%	84.21%	18.58%
非流动资产合计	22 479 254 797.82	13 455 983 741.87	20.89%	15.79%	67.06%
资产总计	107 566 899 919.95	85 211 594 207.30	100%	100%	26.24%

2022 年，A 公司总资产达到 107 566 899 919.95 元，比去年同期增加 22 355 305 712.7 元，增加 26.24%。其中，流动资产达到 85 087 645 122.13 元，占资产总量的 79.10%，同比增加 18.58%，非流动资产达到 22 479 254 797.82 元，占资产总量的 20.89%，同比增加 67.06%。

2. 流动资产结构变动分析

A 公司流动资产结构变动分析见表 10-3。

表 10-3　A 公司流动资产结构变动分析表　　金额单位：元

科目	2022 年 12 月 31 日	2021 年 12 月 31 日	本期结构比	同期结构比	增长率
货币资金	28 943 921 701.45	16 040 809 751.08	34.02%	22.35%	80.44%
交易性金融资产	263 460 017.40	16 489 122.00	0.31%	0.02%	1 497.78%
应收票据	34 292 168 999.90	33 665 090 026.64	40.30%	46.92%	1.86%
应收账款	1 474 872 971.56	1 226 793 775.32	1.73%	1.71%	20.22%
预付款项	1 739 713 886.10	2 315 615 532.19	2.04%	3.23%	−24.87%
其他应收款	290 356 401.60	634 476 234.68	0.34%	0.88%	−54.24%
应收利息	710 865 583.57	242 739 720.96	0.84%	0.34%	192.85%
存货	17 235 042 562.70	17 503 107 339.56	20.26%	24.39%	−1.53%
其他流动资产	137 242 997.76	110 488 963.00	0.16%	0.15%	24.21%
流动资产合计	85 087 645 122.13	71 755 610 465.43	100%	100%	18.58%

2022 年，A 公司流动资产规模达到 85 087 645 122.13 元，比去年同期增加 18.58%。其中，货币资金同比增加 80.44%，应收利息同比增加 192.85%，交易性金融资产同比增加 1 497.78%。

3. 非流动资产结构变动分析

A 公司非流动资产结构变动分析见表 10-4。

表 10-4 A公司非流动资产结构变动分析表

金额单位：元

科目	2022年12月31日	2021年12月31日	本期结构比	同期结构比	增长率
可供出售金融资产	554 912 450.00		2.47%		
持有至到期投资					
长期应收款					
长期股权投资	28 159 992.30	16 876 644.41	0.13%	0.13%	66.86%
投资性房地产	208 009 129.76	197 630 453.93	0.93%	1.47%	5.25%
固定资产	12 700 394 289.32	7 709 137 076.07	56.50%	57.29%	64.74%
在建工程	2 304 317 913.92	2 171 661 342.21	10.25%	16.14%	6.11%
工程物资					
固定资产清理	110 093.59	624 698.11	0.00%	0.00%	−82.38%
生产性生物资产					
油气资产					
无形资产	1 635 272 965.12	1 622 164 402.29	7.27%	12.06%	0.81%
开发支出					
商誉					
长期待摊费用	48 089 330.59	48 156 578.28	0.21%	0.36%	−0.14%
递延所得税资产	2 911 085 198.23	1 689 732 546.57	12.95%	12.56%	72.28%
其他非流动资产	2 088 903 434.99		9.29%		
非流动资产合计	22 479 254 797.82	13 455 983 741.87	100%	100%	67.06%

2022年，A公司非流动资产达到22 479 254 797.82元，比去年同期增加67.06%。其中，长期股权投资达到28 159 992.30元，同比增加66.86%；递延所得税资产达到2 911 085 198.23元，同比增加72.28%；固定资产达到12 700 394 289.32元，同比增加64.74%；固定资产清理达到110 093.59元，同比减少82.38%。

4. 负债及所有者权益变动分析

A公司负债及所有者权益变动分析见表10-5。

表 10-5 A公司负债及所有者权益变动分析表

金额单位：元

科目	2022年12月31日	2021年12月31日	本期结构比	同期结构比	增长率
流动负债合计	78 830 359 476.58	64 193 015 605.56	73.28%	75.33%	22.80%
非流动负债合计	1 156 338 314.72	2 641 424 059.13	1.07%	3.10%	−56.22%
所有者权益合计	27 580 202 128.65	18 377 154 542.61	25.64%	21.57%	50.08%
负债及所有者权益合计	107 566 899 919.95	85 211 594 207.30	100%	100%	26.24%

2022年，A公司负债及所有者权益总额达到107 566 899 919.95元，同比增加26.24%。其中，流动负债达到78 830 359 476.58元，同比增加22.80%；非流动负债达到1 156 338 314.72元，同比减少56.22%；所有者权益达到27 580 202 128.65元，同比增加50.08%。资产负债率为74.36%，同比减少4.07个百分点。

从负债及所有者权益占总资产比重看，企业的流动负债的比重为73.28%，非流动负债的比重为1.07%，所有者权益的比重为25.64%。企业负债的变化中，流动负债增加 22.80%，非流动负债减少 56.22%。

（二）利润表分析

1. 利润表变动分析

A 公司利润表变动分析见表 10-6。

表 10-6　A 公司利润表变动分析表　　金额单位：元

项目	2022 年度	2021 年度	增减额	增减率
营业收入	99 316 196 265.19	83 155 474 504.59	16 160 721 760.60	19.43%
营业成本	73 203 077 425.32	68 132 115 324.93	5 070 962 100.39	7.44%
税金及附加	589 953 598.68	497 908 049.44	92 045 549.24	18.49%
销售费用	14 626 228 488.10	8 050 408 236.13	6 575 820 251.97	81.68%
管理费用	4 055 809 619.26	2 783 266 091.12	1 272 543 528.14	45.72%
财务费用	−461 347 589.66	−452 707 594.56	−8 639 995.10	1.91%
营业利润	8 026 307 883.07	4 542 306 424.20	3 484 001 458.87	76.70%
利润总额	8 762 709 272.27	6 328 560 425.48	2 434 148 846.79	38.46%
净利润	7 445 927 982.70	5 297 340 543.07	2 148 587 439.63	40.56%

2022 年，A 公司累计实现营业收入总额为 99 316 196 265.19 元，同比增加 19.43%；实现净利润 7 445 927 982.70 元，同比增加 40.56%。从净利润的形成过程来看，营业利润为 8 026 307 883.07 元，同比增加 76.70%；利润总额为 8 762 709 272.27 元，同比增加 38.46%。

2. 成本费用变动分析

A 公司成本费用变动分析见表 10-7。

表 10-7　A 公司成本费用变动分析表　　金额单位：元

项目	2022 年度	2021 年度	增减额	增减率
营业收入	99 316 196 265.19	83 155 474 504.59	16 160 721 760.60	19.43%
成本费用总额	92 013 721 541.70	79 010 990 107.06	13 002 731 434.64	16.46%
营业成本	73 203 077 425.32	68 132 115 324.93	5 070 962 100.39	7.44%
税金及附加	589 953 598.68	497 908 049.44	92 045 549.24	18.49%
销售费用	14 626 228 488.10	8 050 408 236.13	6 575 820 251.97	81.68%
管理费用	4 055 809 619.26	2 783 266 091.12	1 272 543 528.14	45.72%
财务费用	−461 347 589.66	−452 707 594.56	−8 639 995.10	1.91%

2022 年，A 公司累计发生成本费用总额为 92 013 721 541.70 元，同比增加 16.46%。其中，营业成本为 73 203 077 425.32 元，占成本费用总额的 79.56%；销售费用为14 626 228 488.10 元，占成本费用总额的 15.90%；管理费用为 4 055 809 619.26 元，占成本费用总额的 4.41%；财务费用为−461 347 589.66 元，占成本费用总额的−0.50%。财务费用为负值是因为 A 公司采用先付款后提货的销售模式，产生了大量的应收票据利息收入。

公司营业收入较去年同期增加 19.43%，成本费用总额较去年同期增加 16.46%。其中，营业成本同比增加 7.44%，销售费用同比增加 81.68%，管理费用同比增加 45.72%，财务费用同比增加 1.91%。变化幅度最大的是销售费用。

3. 收入质量变动分析

A 公司收入质量变动分析见表 10-8。

表 10-8　A 公司收入质量变动分析表　　金额单位：元

项目	2022 年度	2021 年度	增减额	增减率
营业收入	99 316 196 265.19	83 155 474 504.59	16 160 721 760.60	19.43%
应收账款	1 474 872 971.56	1 226 793 775.32	248 079 196.24	20.22%
营业利润	8 026 307 883.07	4 542 306 424.20	3 484 001 458.87	76.70%
经营活动现金净流量	18 408 746 271.56	3 356 159 992.13	15 052 586 279.43	448.51%

2022 年，A 公司累计营业收入同比增加 19.43%，同时应收账款同比增加 20.22%。营业收入和营业利润同比都在增加，营业利润增幅为 76.70%，在收入扩大的同时经营活动现金净流量也得到大幅度增加，增加比例为 448.51%。

（三）现金流量表分析

1. 现金净流量变动趋势分析

A 公司现金流量变动分析见表 10-9。

表 10-9　A 公司现金流量变动分析表　　金额单位：元

项目	2022 年度	2021 年度	增减额	增减率
经营活动现金净流量	18 408 746 271.56	3 356 159 992.13	15 052 586 279.43	448.51%
投资活动现金净流量	−4 212 523 966.37	−2 767 272 507.87	−1 445 251 458.50	52.23%
筹资活动现金净流量	815 216 460.30	−794 600 707.98	1 609 817 168.28	−202.59%
现金净增加额	33 420 185 037.05	3 150 446 768.41	30 269 738 268.64	960.81%

2022 年，A 公司现金净增加额增加 30 269 738 268.64 元，同比增加 960.81%。其中，经营活动现金净流量增加 15 052 586 279.43 元，同比增加 448.51%；投资活动现金净流量减少 1 445 251 458.50 元，同比减少 52.23%；筹资活动现金净流量增加 1 609 817 168.28 元，同比增加 202.59%。

2. 现金流入流出结构对比分析

A 公司现金流入流出变动分析见表 10-10。

表 10-10　A 公司现金流入流出变动分析表　　金额单位：元

项目	2022 年度	2021 年度	增减额	增减率
经营活动现金流入	75 551 680 095.74	56 750 478 165.11	18 801 201 930.63	33.13%
经营活动现金流出	57 142 933 824.18	53 394 318 172.98	3 748 615 651.20	7.02%
投资活动现金流入	1 060 231 953.32	2 320 906 832.10	−1 260 674 878.78	−54.32%
投资活动现金流出	5 272 755 919.69	5 088 179 339.97	184 576 579.72	3.63%
筹资活动现金流入	8 088 806 065.99	4 910 751 045.33	3 178 055 020.66	64.72%
筹资活动现金流出	7 273 589 605.69	5 705 351 753.31	1 568 237 852.38	27.49%

2022 年，A 公司实现现金总流入为 84 700 718 115.05 元。其中，经营活动产生的现金流入为 75 551 680 095.74 元，占现金总流入的比例为 89.20%；实现现金总流出为 69 689 279 349.56 元，其中经营活动产生的现金流出为 57 142 933 824.18 元，占总现金流出的比例为 82.00%。

3. 现金流量质量分析

由上述资料可知，A 公司经营状况较为稳定，经营活动带来的稳定现金流入可在偿还债务的同时继续满足投资需求，应注意投资合理性。

三、财务分项分析

（一）盈利能力分析

1. 以销售收入为基础的利润率指标分析

A 公司主要利润指标变动分析见表 10-11。

表 10-11　A 公司主要利润指标变动分析表

项目	2018 年	2019 年	2020 年	2021 年	2022 年
销售毛利率	19.74%	24.73%	21.55%	18.07%	26.29%
营业利润率	5.56%	7.01%	4.54%	5.46%	8.08%
销售净利率	5.06%	6.90%	7.12%	6.37%	7.50%

截至 2022 年年末，A 公司的销售毛利率为 26.29%，营业利润率为 8.08%，销售净利率为 7.50%。获利能力在提升，虽然销售毛利率增加较为明显，但费用开支和营业外支出的增加使销售净利率的增加不显著，对盈利状况造成一定的影响。

2. 成本费用对获利能力的影响分析

（1）成本费用与利润总额的配比分析。

A 公司成本费用利润比率变动分析见表 10-12。

表 10-12　A 公司成本费用利润比率变动分析表　　金额单位：元

项目	2018 年	2019 年	2020 年	2021 年	2022 年
利润总额	2 406 250 000.00	3 380 280 000.00	5 056 320 000.00	6 328 560 425.48	8 762 709 272.27
成本费用总额	39 869 800 000.00	39 671 800 000.00	58 191 800 000.00	79 010 990 107.06	92 013 721 541.70
比率	6.04%	8.52%	8.69%	8.01%	9.52%

2022 年，A 公司成本费用利润率为 9.52%。影响成本费用利润率变动的因素是：利润总额比去年同期增长 2 434 148 846.79 元，增长率为 38.46%；本期成本费用合计数为 92 013 721 541.70 元，同比增长 13 002 731 434.64 元，增长率为 16.46%。

（2）成本费用结构分析。

A 公司成本费用结构变动分析见表 10-13。

表 10-13　A 公司成本费用结构变动分析表

项目	2018 年	2019 年	2020 年	2021 年	2022 年
营业成本/成本	84.61%	80.55%	81.47%	86.23%	79.56%
税金附加/成本	0.91%	1.02%	0.93%	0.63%	0.64%
销售费用/成本	11.04%	14.61%	14.45%	10.19%	15.90%
管理费用/成本	3.19%	3.95%	3.40%	3.52%	4.41%
财务费用/成本	0.21%	−0.24%	−0.53%	−0.57%	−0.50%

2022 年，从绝对金额来看，占成本费用构成比率最大的是营业成本，约占总成本费用的 80%，所以控制成本费用应从营业成本着手。与去年同期相比，营业成本增长额为 5 070 962 100.39 元，增长率为 7.44%。

(3) 收入、成本、利润增长的协调性分析。

A 公司增长协调性分析见表 10-14。

表 10-14　A 公司增长协调性分析表

项目	2018 年	2019 年	2020 年	2021 年	2022 年
营业收入增长率	10.58%	1.01%	42.33%	37.60%	19.43%
营业成本增长率	8.41%	−5.27%	48.36%	43.71%	7.44%
营业利润增长率	70.15%	27.16%	−7.66%	65.37%	76.70%

2022 年，A 公司本期营业成本增长率为 7.44%，营业收入增长率为 19.43%，营业利润增长率为 76.70%。营业成本的增长小于营业收入的增长，说明企业投入产出效率有所提高，营业收入与营业成本的协调性增强；同时，营业利润的增长大于营业收入的增长，说明成本费用控制环节得到了加强。同期比继续扩大的同时，也实现了企业资本的保值增值，企业成长性较好。

3. *以资产/股东权益为基础的获利能力分析*

A 公司资产获利能力变动分析见表 10-15。

表 10-15　A 公司资产获利能力变动分析表

项目	2018 年	2019 年	2020 年	2021 年	2022 年
总资产报酬率	6.91%	5.69%	6.56%	6.45%	7.72%
净资产收益率	50.97%	47.99%	48.93%	32.56%	32.40%

总资产报酬率表示企业全部资产获取收益的水平，全面反映了企业的获利能力和投入产出状况。A 公司本期总资产报酬率为 7.72%，去年同期总资产报酬率为 6.45%。

净资产收益率是评价企业自有资本及其积累获取报酬水平的最具综合性与代表性的指标，充分反映了企业资本运营的综合效益，可以用于不同行业间的比较。A 公司本期净资产收益率为 32.40%，与去年同期相比，净利润的增长率为 40.56%，所有者权益增长率为 50.08%。

（二）成长性分析

1. 资产增长情况分析

截至报告期末，A公司总资产增长率达到26.24。从增减率上来看，流动资产增长率为18.58%，固定资产增长率为64.74%；从流动资产结构上看（见表10－3），货币资金比例为34.02%，应收账款比例为1.73%，存货所占比例为20.26%。

2. 资本保值增值能力分析

（1）所有者权益的增长稳定性分析。A公司所有者权益增长情况分析见表10－16。

表10－16　A公司所有者权益增长情况分析表

项目	2018年	2019年	2020年	2021年	2022年
资本积累率	31.86%	37.86%	31.53%	31.16%	50.08%
实收资本增长率	50.00%	50.00%	50.00%	0.00%	6.74%
资本公积增长率	0.49%	3.89%	23.56%	14.00%	0.97%
盈余公积增长率	9.83%	14.61%	13.62%	11.85%	18.27%
未分配利润增长率	88.54%	57.79%	36.06%	51.37%	44.56%

2022年，A公司本期所有者权益为27 580 202 128.65元，期初所有者权益为18 377 154 542.61元，增长率为50.08%。从所有者权益各组成项目的相对增长比率看，近五年未分配利润增长率变化最大。

（2）所有者权益的结构分析。A公司所有者权益结构变动分析见表10－17。

表10－17　A公司所有者权益结构变动分析表

项目	2018年	2019年	2020年	2021年	2022年
实收资本/所有者权益	16.21%	18.00%	20.11%	15.33%	10.91%
资本公积/所有者权益	10.09%	2.00%	1.37%	0.60%	11.56%
盈余公积/所有者权益	22.37%	18.00%	15.96%	13.61%	10.72%
未分配利润/所有者权益	48.41%	55.00%	57.31%	66.14%	63.71%

从所有者权益构成来看，未分配利润占比逐年提升，盈余公积占比逐年下降。2022年，实收资本、资本公积、盈余公积、未分配利润分别占所有者权益的10.91%、11.56%、10.72%、63.71%。

3. 盈利能力增长情况分析

A公司盈利能力增长情况分析见表10－18。

表10－18　A公司盈利能力增长情况分析表

项目	2018年	2019年	2020年	2021年	2022年
营业利润增长率	70.15%	27.16%	−7.66%	65.37%	76.70%
利润总额增长率	68.70%	40.48%	49.58%	25.16%	38.46%
净利润增长率	65.32%	37.76%	46.78%	23.10%	40.56%

截至报告期末，A公司净利润增长率为40.56%，利润总额增长率为38.46%，营业

利润增长率为 76.70%。营业利润的增长高于利润总额的增长，说明营业外收支对利润总额产生负面影响。需要说明的是，营业外收支不属于企业的经常收益。

4. 现金流成长能力分析

(1) 现金流量增长稳定性分析。

a. 现金流入增长分析。A公司现金流入增长情况分析见表 10-19。

表 10-19　A公司现金流入增长情况分析表

项目	2018 年	2019 年	2020 年	2021 年	2022 年
经营活动现金流入	17.19%	117.47%	−4.52%	31.55%	33.13%
投资活动现金流入	175.75%	−54.68%	2 460.42%	113.45%	−54.32%
筹资活动现金流入	−66.59%	292.07%	140.34%	37.22%	64.72%
总现金流入量	12.44%	119.83%	2.33%	33.83%	32.38%

根据表 10-10 所示，本期总现金流入量为 84 700 718 115.05 元，上期现金总流入量为 63 982 136 042.54 元，同比增长 32.38%。从增长速度来看，变动幅度最大的是筹资活动现金流入。

b. 现金流出增长分析。A公司现金流出增长情况分析见表 10-20。

表 10-20　A公司现金流出增长情况分析表

项目	2018 年	2019 年	2020 年	2021 年	2022 年
经营活动现金流出	36.63%	75.09%	19.00%	25.56%	7.02%
投资活动现金流出	−11.47%	202.69%	−5.14%	71.07%	3.63%
筹资活动现金流出	910.87%	132.17%	218.16%	14.25%	27.49%
总现金流出量	36.77%	82.81%	24.86%	27.12%	8.57%

根据表 10-10 所示，本期总现金流出量为 69 689 279 349.56 元，去年同期总现金流出量为 64 187 849 266.26 元，同比增长 8.57%。从增长速度来看，变动幅度最大的是筹资活动现金流出。

(2) 现金流量结构变动趋势分析。

a. 现金流入结构分析。A公司现金流入变动情况分析见表 10-21。

表 10-21　A公司现金流入变动情况分析表

项目	2018 年	2019 年	2020 年	2021 年	2022 年
经营现金/总现金	93.81%	97.77%	96.72%	88.70%	89.20%
投资现金/总现金	0.18%	0.44%	0.09%	3.60%	1.25%
筹资现金/总现金	6.01%	1.79%	3.19%	7.70%	9.50%

本期经营现金流入、投资现金流入、筹资现金流入分别占总现金流入的 89.20%、1.25%、9.50%。

b. 现金流出结构分析。A公司现金流出变动情况分析见表 10-22。

表 10-22　A 公司现金流出变动情况分析表

项目	2018 年	2019 年	2020 年	2021 年	2022 年
经营现金/总现金	92.35%	92.26%	88.37%	83.18%	82.00%
投资现金/总现金	7.23%	4.68%	7.75%	7.00%	7.60%
筹资现金/总现金	0.41%	3.06%	3.88%	8.90%	10.44%

本期经营现金流出、投资现金流出、筹资现金流出分别占总现金流出的 82.00%、7.60%、10.44%。经营现金流出占总现金流出量的占比逐年下降。

（三）现金流指标分析

1. 现金偿债比率

A 公司现金偿债情况分析见表 10-23。

表 10-23　A 公司现金偿债情况分析表

项目	2018 年	2019 年	2020 年	2021 年	2022 年
现金流动负债比	159.76%	2 313.85%	124.01%	5.20%	23.35%
现金债务总额比	1.60%	23.12%	1.19%	5.02%	23.01%

A 公司现金流动负债比从 2019 年的 2 313.85%下降至 2022 年的 23.35%，下降的趋势非常明显，说明企业利用经营活动产生的现金流量偿还短期债务的能力直线下降，偿还短期债务的能力逐步变弱，应当引起足够的重视。

现金债务总额比近 5 年来处于波动的趋势，说明企业利用经营现金流量偿付所有债务的能力较为被动，如果该比率低于银行贷款利率就难以维持当前债务规模，给企业造成一定的财务风险，要适当地调整企业的债务规模。

2. 现金收益比率

A 公司现金收益情况分析见表 10-24。

表 10-24　A 公司现金收益情况分析表

项目	2018 年	2019 年	2020 年	2021 年	2022 年
销售现金比率	0.88%	22.26%	1.02%	4.04%	18.54%
资产现金回收率	1.20%	18.34%	0.94%	3.94%	19.10%
盈余现金保障倍数	0.17	0.22	0.14	0.63	2.47

在获取现金能力方面，从表 10-24 中可以看出 A 公司近三年的销售现金比率分别为 1.02%、4.04%和 18.54%，说明其通过销售所得到的净现金量越来越大。资产现金回收率也从近三年的变化佐证了企业的发展，从三年前的 0.94%增加至 19.10%，说明其利用总资产可以获取更多的现金。A 公司近三年的盈余现金保障倍数分别为 0.14、0.63 和 2.47，说明近三年的现金收益能力在不断加强。

（四）偿债能力分析

1. 短期偿债能力分析

A 公司短期偿债能力分析见表 10-25。

表 10-25 A公司短期偿债能力分析表

项目	2018年	2019年	2020年	2021年	2022年
流动比率	1.01	1.041	1.10	1.12	1.08
速动比率	0.80	0.90	0.86	0.851	0.86
现金比率	0.16	0.56	0.30	0.25	0.37

截至报告期末，A公司流动比率为1.08，速动比率为0.86，现金比率为0.37。综合三项指标分析，认为该企业的短期偿债能力相对较弱，有一定的财务风险。

2. 长期偿债能力分析

A公司长期偿债能力分析见表10-26。

表 10-26 A公司长期偿债能力分析表

项目	2018年	2019年	2020年	2021年	2022年
资产负债率	74.91%	79.33%	78.64%	78.43%	74.36%
产权比率	298.54%	383.37%	367.75%	363.68%	290.01%
已获利息倍数	2 931.04	−3 384.03	−1 536.51	−1 297.94	−1 799.37

资产负债率反映企业资产对债权人权益的保障程度，A公司本期该比率为74.36%。截至报告期末，产权比率为290.01%。已获利息倍数不仅反映了企业获利能力的大小，而且反映了对偿还到期债务的保障程度，是衡量长期偿债能力的重要标志，本期该指标为−1 799.37倍。与上年同期相比，虽然资产负债率、产权比率有所降低，但整体负债规模仍偏高，说明企业长期偿债能力较低，在防范债务风险方面应引起足够的重视。

（五）营运能力分析

1. 资产使用效率分析

A公司资产营运能力分析见表10-27。

表 10-27 A公司资产营运能力分析表

项目	2018年	2019年	2020年	2021年	2022年
总资产周转率	1.49	1.03	1.03	1.10	1.03
流动资产周转率	1.90	1.29	1.24	1.32	1.27
固定资产周转率	1.49	1.03	1.03	1.10	1.24

从投入产出角度来看，本年的总资产周转率与去年同期相比下降了，说明投入相同资产产生的收入有所减少，即全部资产的使用效率有所下降。总的来说是营业收入增长快于平均资产增长，具体来看，本期的流动资产周转率为1.27，总资产周转率为1.03，流动资产的周转速度快于非流动资产的周转速度。

2. 存货/应收账款使用效率分析

A公司存货/应收账款使用效率分析见表10-28。

表 10－28　A 公司存货/应收账款使用效率分析表

项目	2018 年	2019 年	2020 年	2021 年	2022 年
应收账款周转率	57.57	57.37	57.19	68.56	73.52
存货周转率	5.61	6.02	5.45	4.69	4.21

截至报告期末，A 公司存货周转率为 4.21，应收账款周转率为 73.52。从表中可知，存货周转率降低，存货管理水平下降，给企业资产的运营形成了一定的阻力。

四、综合评价分析

（一）杜邦分析

杜邦分析法是一种从财务角度评价企业绩效的经典方法，用来评价公司盈利能力和股东权益回报水平。其基本思想是将企业净资产收益率逐级分解为多项财务比率乘积。投资者可以清晰地看到权益资本收益率的决定因素，以及销售净利润率与总资产周转率、债务比率之间的相互关联关系，以解释指标变动的原因和变动趋势，为采取进一步的改进措施指明方向。A 公司杜邦财务分析图如图 10－1 所示。

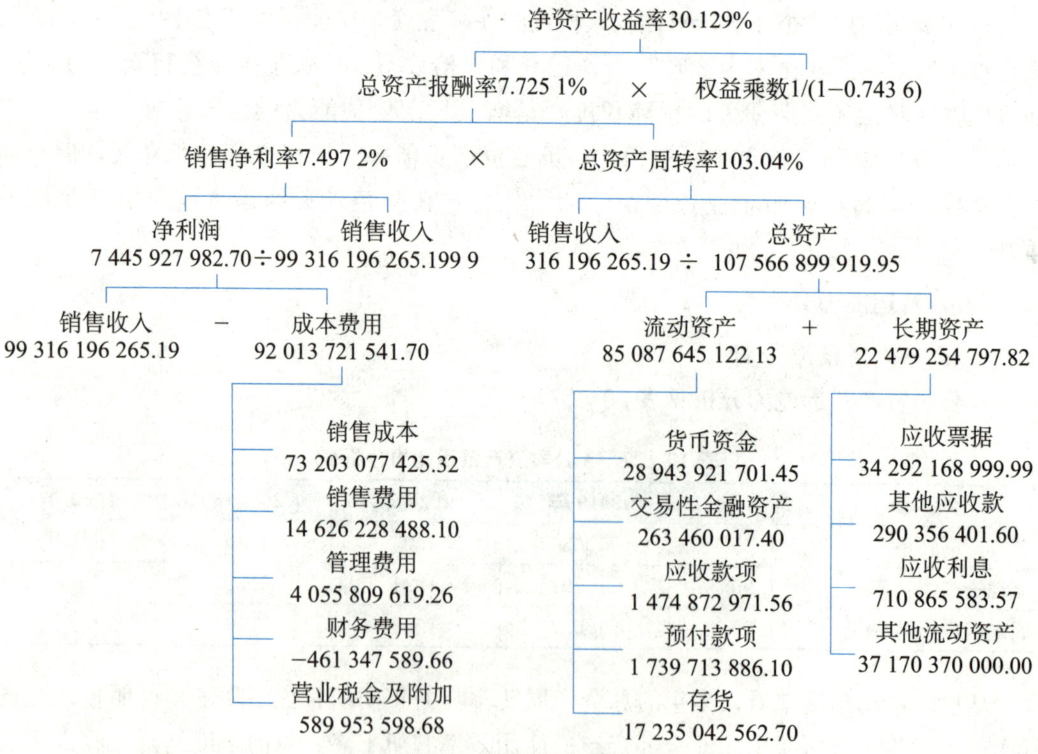

图 10－1　A 公司杜邦财务分析图

（二）净资产收益率的影响因素分析

A 公司杜邦分析体系影响因素变动分析见表 10－29。

表 10-29　A公司杜邦分析体系影响因素变动分析表

项目	2022年	2021年	因素分析
净资产收益率（%）	30.129 1	32.566 2	−2.435 1
销售净利率（%）	7.497 2	6.370 4	5.760 4
总资产周转率（次）	1.030 4	1.102 7	−2.513 0
权益乘数	3.900 1	4.636 0	−5.684 5

2022年，公司净资产收益率为30.129 1%，上年净资产收益率为32.566 2%，较去年下降了2.435 1个百分点。进一步分析，由于销售净利率的增加所引起的净资产收益率的变化值为5.760 4个百分点，总资产周转率产生变化对于净资产收益率的影响变化值下降了2.513个百分点，而权益乘数的变化则是由于资本结构产生了变化引起的，影响的程度为下降了5.684 5个百分点。

学思之窗

重视财务分析，加强业务素质，巴林银行倒闭案

巴林银行在20世纪90年代前是英国最大的银行之一，有超过200年的历史。1992—1994年，巴林银行新加坡分行总经理里森在日本大阪以及新加坡交易所之间的日经指数期货到期对冲和债券买卖活动中，累计亏损超过10亿美元，导致巴林银行于1995年2月破产，最终被荷兰国际集团收购。调查中发现：巴林银行的高层对里森在新加坡的业务并不了解，事发三年内居然无人看出里森的问题。其实，巴林银行1994年就已经发现里森在账上有5 000多万英镑的差额，并对此进行了几次调查，但都被里森以非常轻易的解释蒙骗过去。

造成巴林银行灾难性厄运的原因，除了其内部控制缺失以外，一个致命问题是，巴林银行高层对财务报告不重视。巴林银行董事长在1994年说：若认为审视更多资产负债表的数据就可以增加对一个集团的了解那真是幼稚无知。但如果有人在1995年2月之前，认真看一下巴林银行任何一天的资产负债表，里面都有明显记录，可以看出里森的问题。遗憾的是，巴林银行高层对财务报表的不重视，使之付出了高昂的代价。

财务分析既是财务预测的前提，也是过去经营活动的总结，具有承上启下的作用。随着市场外部环境的不断变化，企业要结合自身发展实际和财务管理现状，不断优化内部业务结构，提高财务管理和运营水平。针对财务分析成果中存在的问题，认真剖析问题成因，提出改进和完善策略。同时，进一步健全企业财务指标体系，建立与企业实际相符的财务指标体系，将非财务指标与财务指标有机关联起来，制定科学、可行的财务管理方法，不断丰富财务指标体系内容，改变传统单一的财务指标体系，注重财务指标成果的转化和应用。

同时，企业财务管理离不开财务分析人员，随着企业的持续发展，需要引进和培养更多的专业化、综合型人才。财务人员需要不断地充实自己的业务知识，努力提高自己的业务技术能力以适应时代。

资料来源：八大经典案例告诉你，什么是“致命”的内控缺陷．(2021-10-19)．https：//www.sohu.com/a/495844794_121123768.

项目小结

本项目首先讲述了企业财务分析报告的概念和作用；然后在此基础上重点讨论了财务分析报告的种类及其构成内容，介绍了财务分析报告的基本格式和编制时需要注意的问题；最后给出了一个财务分析报告的范文。本项目的重点是财务分析报告的基本格式及撰写中应注意的问题。

项目训练

一、单项选择题

1. 利润表中未分配利润的计算方法是（　　）。

A. 年初未分配利润＋本年净利润

B. 年初未分配利润＋本年净利润－本年利润分配

C. 年初未分配利润－本年净利润

D. 本年净利润－本年利润分配

2. 为了直接分析企业财务状况和经营成果在同行业中所处的地位，需要进行同业比较分析，其中行业标准产生的依据是（　　）。

A. 历史先进水平　　B. 历史平均水平

C. 行业先进水平　　D. 行业平均水平

3. 下列说法中，正确的是（　　）。

A. 对于股东来说，当全部资本利润率高于借款利息率时，负债比例越高越好

B. 对于股东来说，当全部资本利润率高于借款利息率时，负债比例越低越好

C. 对于股东来说，当全部资本利润率低于借款利息率时，负债比例越高越好

D. 对于股东来说，负债比例越高越好，与别的因素无关

4. 处于成熟阶段的企业在业绩考核时，应注重的财务指标是（　　）。

A. 现金流量　　B. 资产收益率

C. 收入增长率　　D. 自由现金流量

5. 经营者分析资产运用效率的目的是（　　）。

A. 判断财务的安全性　　B. 评价偿债能力

C. 发现和处置闲置资产　　D. 评价获利能力